新 时 代 中 国 教 育 战 略 研 究 丛 书　　丛书主编 郑庭瑾 朱益明

上海教育 2035
战略规划研究

荀渊 等◎著

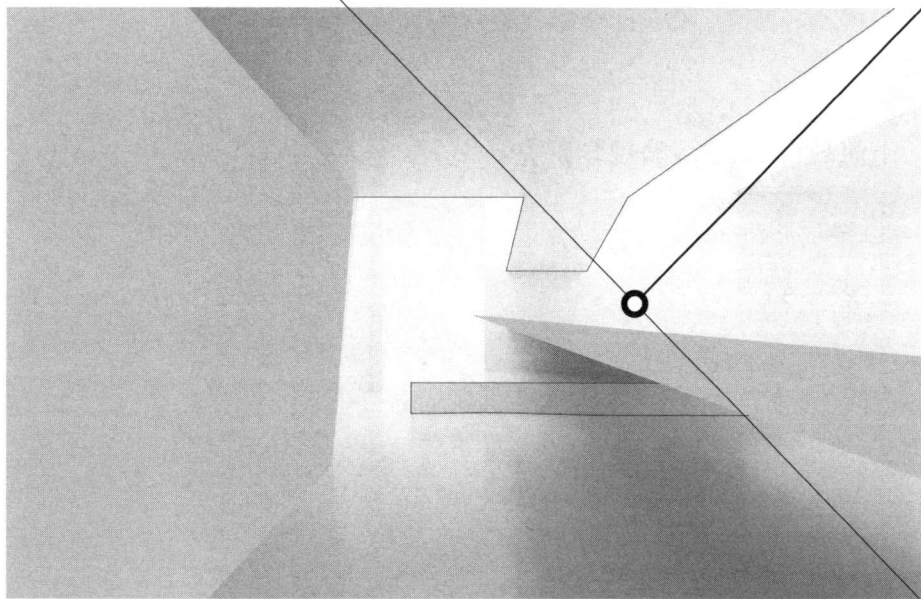

华东师范大学出版社

图书在版编目(CIP)数据

上海教育2035战略规划研究/苟渊等著.—上海:华东师
范大学出版社,2019
(新时代中国教育战略研究)
ISBN 978-7-5675-9687-0

Ⅰ.①上… Ⅱ.①苟… Ⅲ.①地方教育-教育规划-发
展战略-研究-上海-2035 Ⅳ.①G527.51

中国版本图书馆CIP数据核字(2019)第263508号

本书由上海文化发展基金会图书出版专项基金资助出版

新时代中国教育战略研究

上海教育2035战略规划研究

著　　者　苟　渊等
责任编辑　彭呈军
特约审读　张艺捷
责任校对　赵小双　时东明
装帧设计　卢晓红

出版发行　华东师范大学出版社
社　　址　上海市中山北路3663号　邮编200062
网　　址　www.ecnupress.com.cn
电　　话　021-60821666　行政传真021-62572105
客服电话　021-62865537　门市(邮购)电话021-62869887
地　　址　上海市中山北路3663号华东师范大学校内先锋路口
网　　店　http://hdsdcbs.tmall.com

印刷者　上海锦佳印刷有限公司
开　　本　787×1092　16开
印　　张　19.5
字　　数　310千字
版　　次　2020年7月第1版
印　　次　2020年7月第1次
书　　号　ISBN 978-7-5675-9687-0
定　　价　68.00元

出版人　王　焰

(如发现本版图书有印订质量问题,请寄回本社客服中心调换或电话021-62865537联系)

国家教育宏观政策研究院智库建设成果书系二：
新时代中国教育战略研究丛书

新时代中国教育战略研究丛书
序

习近平总书记指出,"'两个一百年'奋斗目标的实现、中华民族伟大复兴中国梦的实现,归根到底靠人才、靠教育"。改革开放四十年特别是党的十八大以来,党中央一直十分重视教育事业的发展,先后提出并实施了科教兴国战略、人才强国战略和创新驱动发展战略,把教育放在优先发展的战略位置上,全面深化教育改革,大力推进教育事业发展,建成了世界上最大规模的教育体系,使我国教育迈进世界中上行列,为我国社会主义现代化建设事业提供了坚实的人才支撑和智力保障,促进了我国由人口大国向人才资源大国的转变,为加快教育现代化和建设教育强国奠定了坚实的基础。但是,目前我国教育还明显存在发展不平衡不充分的问题,教育质量特别是人才培养质量相对滞后于教育规模的扩张,教育体系和人才培养体系还不完善,教育结构不能完全适应经济社会发展需要,一些不利于教育发展的体制机制障碍明显存在,教育对外开放与合作办学的水平有待提高,优质教育资源不足,区域、城乡、校际、不同群体之间的教育差距还比较明显,高水平教师队伍建设相对滞后,等等。总体上看,我国教育还不能完全满足人民群众对教育的需求和建设社会主义现代化强国的需要。尽管我国与世界教育强国的差距在不断缩小,但大而不强是我国教育的现状。习近平总书记在党的十九大报告中指出,"优先发展教育事业。建设教育强国是中华民族伟大复兴的基础工程,必须把教育事业放在优先位置,加快教育现代化,办好人民满意的教育"。办好人民满意的教育,是深入贯彻以人民为中心的发展思想的具体体现,只有办好人民满意的教育,才能为实现中华民族伟大复兴的中国梦提供源源不断的智慧支持。"教育兴则国家兴,教育强则国家强。"党的十九大作出了在全面建成小康社会的基础上到2035年基本实现社会主义现代化,到本世纪中叶把我国建成富强民主文明和谐美丽的社会主义现代化强国的战略安排,为新时代中国特色社会主义发展和中华民族伟大复兴,展现了光明前景,指明了前进方向。"时代越是向前,知识和人才的重要性就愈发突出,教育的地位和作用就愈发凸显。我国正处于历史上发展最好的时期,但要实现'两个一百年'奋斗目标、实现中华民族伟大复兴的中国梦,必须更加重视教育,努力培养出更多更好能够满足党、国家、人民、时代需要的人才。"建设社会主义现代化强国、实现中华民族伟大复兴中国梦，对新时代我国教育提出了新的使命和要求，迫切需要"对加快推进教育现代化、建设教育强国作出总体部署和战略设计"。

华东师范大学国家教育宏观政策研究院（又名教育经济宏观政策研究院，以下简称宏观院）以提高教育决策科学化、民主化水平，促进中国教育治理体系和治理能力现代化为目标；以促进国家现代化进程，完善中国特色社会主义现代化教育体系，促进教育公平，提高教育质量，办好人民满意的教育和建设人力资源强国为价值追求；以国家宏观政策和教育发展战略研究为重点；以教育整体规划与综合改革为突破口；以战略问题和教育政策为主要研究对象；以服务党和政府科学、民主、依法决策为宗旨，结合国家改革与发展中的重大理论及现实问题，多年来一直致力于发展高质量的咨政建言、理论创新、舆论引导、社会服务、公共外交和集贤育人等教育智库功能，着力打造服务国家宏观决策的思想高地和有世界影响力的中国智库品牌。

宏观院"教育智库建设成果"书系遵循"直面问题、贴近实践、服务政策、深度透析"的基本原则，把我国当前教育改革与发展中的关键问题作为研究的中心；以政策分析的视野集中审视中国教育改革与发展中所呈现的新现象与新问题。"新时代中国教育战略研究丛书"是宏观院"教育智库建设成果"书系第二辑，由《新时代区域教育现代化发展研究》《上海教育 2035 战略规划研究》等八本书构成。宏观院组织教育领域专家，就十九大报告中提出的部分重要教育命题开展系统论述和科学解读，并在此基础上编写本套丛书，丛书旨在引导全社会更好地学习十九大关于教育的论述，为政府教育决策提供可选择的观点与建议，为推进教育政策研究提供参考。"新时代中国教育战略研究丛书"的编写原则为：体现学习十九大报告的成果，以新时代中国特色社会主义思想和基本方略为理论指导；重点关注宏观性和战略性教育议题，关注影响教育改革与发展的重要现实问题；注重解决问题的观点与建议的阐述。

本套丛书立足国情，主动服务党和国家工作大局，紧紧围绕党和政府决策急需解决的重大问题，开展了一系列具有前瞻性、针对性、储备性的政策研究，提出了专业化、建设性、切实管用的政策建议。宏观院将始终站在国家宏观战略的高度，以国家重大需要为导向，从经济、产业、区域、社会等多角度全方位地对教育问题开展系统研究、跟踪研究、长期研究、深入研究，不断拓宽研究的广度和深度，全面对接国家和经济社会对教育发展的需求，为国家宏观和全局教育决策提供支持，为国家教育决策科学化和治理现代化提供专业支撑。

目录

前言

　　本书是华东师范大学课题组为编制《上海教育现代化 2035》报告开展的前期研究的成果，是集体智慧的结晶！

　　2017 年年初，为配合《上海教育现代化 2035》规划报告的编制工作，兼任国家教育宏观政策研究院院长的华东师范大学党委书记童世骏教授受上海市教育委员会的委托，组建了华东师范大学课题组，为《上海教育现代化 2035》报告的编制工作开展前期研究。

　　为做好这项工作，经童世骏书记同意，国家教育宏观政策研究院委托华东师范大学教育学部荀渊担任课题组执行组长，具体负责课题组的组建与研究任务的开展。在为期一年半的课题研究的实施过程中，课题组所有成员始终站在谋划上海教育未来发展的高度，专注于前期的调研、报告的撰写与完善以及相关政策的提出与实施策略，为课题最终报告的形成做出了积极的贡献。

　　为《上海教育现代化 2035》报告的编制做好前期研究，是本课题的核心任务。从这一核心任务出发，本课题将国际教育未来发展的基本趋势、中国教育发展的核心使命以及上海教育发展的未来站位做了较为全面的梳理，将从当前看未来和从未来看当前两个视角有机结合起来，提出了当前与未来一段时期内上海教育改革与发展的核心理念、发展思路与主要任务。尽管研究报告中很多提法或政策意见尚不成熟，或者与当前改革发展的实际不能完全符合，但都是课题组对上海未来教育改革发展的趋势与任务研究与思考结果的呈现。课题组提出的第一个概念报告——《迎接无边界教育时代的来临》，甚至还尝试勾画了信息技术、人工智能、互联网等新技术、新媒体与教育教学活动深度融合后教育发展的未来趋势。因为篇幅问题，这份报告并未出现在本书中。当然，个别专题报告也因不太成熟，此次结集出版未予收录。

　　在《上海教育现代化 2035》报告颁布实施之后，重温课题组的系列研究成果并将之出版，是一件值得庆贺的事情。

　　在此，首先要向参与课题研究的所有课题组成员暨本书的所有作者致以最崇高的敬意！鉴于课题组成员人员众多，在附上所有作者名录的同时，所有作者还将以每份报告后附的报告撰写人的形式出现在本书中。

其次，要向国家教育宏观政策研究院、华东师范大学出版社致以诚挚的谢意！正是在国家教育宏观政策研究院的全力支持下，课题研究才能得以顺利开展，也才能够得以结集出版。在这一过程中，童世骏书记始终高要求、高标准地持续推进课题研究的开展，朱益明、郅庭瑾、宛姝和范笑仙等老师也全程给予指导、帮助和关心。华东师范大学出版社的彭呈军分社长对本书的出版给予了关心和帮助。

教育现代化之路任重而道远，本书虽集结了众多学者的教育智慧，但仍难免有疏漏之处，敬请广大读者批评指正。

附：作者名录

(排名不分先后)

童世骏	华东师范大学党委书记
荀 渊	华东师范大学高等教育研究所
郅庭瑾	华东师范大学国家教育宏观政策研究院
权 衡　周佳雯	上海市社科院世界经济研究所
周海旺　惠 竞	上海市社科院人口与发展研究所
殷德生　冯晓楠	华东师范大学经济与管理学部
姜 勇　郑楚楚	华东师范大学学前教育系
刘春玲　姚小雪	华东师范大学特殊教育系
刘世清	华东师范大学教育学系
吴战杰	华东师范大学教育技术系
陆素菊	华东师范大学职业与成人教育研究所
董 辉	华东师范大学教育管理系
彭正梅　邓 莉	华东师范大学国际与比较教育研究所
周 彬　郭晓琳	华东师范大学教师教育学院
侯定凯	华东师范大学终身教育研究院
崔海丽　秦一鸣	华东师范大学教育学系
黄忠敬　肖 驰	华东师范大学教育学系
杨小微	华东师范大学教育学系
朱益民	华东师范大学教育学系
金 晨	华东师范大学国家教育宏观政策研究院
刘信阳　梁昌猛	华东师范大学高等教育研究所

第一编
上海教育现代化规划报告

一、现状与问题

改革开放 40 年以来,得益于党和国家积极融入世界经济一体化、全球化进程的战略选择,上海紧紧抓住改革开放和世界经济、贸易全球化进程带来的历史机遇,迅速发展成为全球著名的经济、金融与贸易中心和全球最具竞争力与创新活力的国际化大都市。进入 21 世纪,上海确定了到 2020 年基本建成"四个中心"和现代化国际大都市的战略目标,到 2035 年建成"卓越的全球城市,令人向往的创新之城、人文之城、生态之城"和"国际经济、金融、贸易、航运、科技创新中心和文化大都市"①的远景目标。这一战略目标和远景目标确定的总体方向,是将上海建成与中国经济实力和国际地位相匹配的、具有重要国际影响力的全球城市,成为全球高端要素集聚、流动网络的重要枢纽。上海在迈向卓越的全球城市过程中,不仅要具备硬实力,更要提升软实力。为此,到 2035 年,上海将建设与卓越全球城市远景目标相匹配的现代化教育体系与制度,建成卓越、开放的全球教育中心,全面实现教育现代化。

在 40 年的发展历程中,上海始终将教育改革发展和人力资源开发置于优先地位,持续推进科教兴市、人才强市战略,教育发展整体水平持续保持全国领先位置,培养了千千万万优秀的科技人员和产业工人,在为上海经济社会发展提供持续动力的同时,也塑造了上海市民独特的精神世界与文化品位。进入 21 世纪以

---

① 《上海城市总体规划(2017—2035)》,http://www.shanghai.gov.cn/nw2/nw2314/nw32419/nw42806/index.html(阅读时间:2017 年 12 月 15 日)。

来,为达成 2020 年率先实现教育现代化的战略目标,上海启动了教育综合改革国家试点,推进教育全面创新,教育改革与事业发展取得了更为显著的成就:各级各类教育协调发展,教育发展各项指标在全国处于领先地位①,率先基本实现了教育现代化;教育优先发展的公共财政投入机制逐步健全,公共财政教育支出在全国位居前列②;基础教育人才培养和师资队伍建设等方面成效卓著,国际影响力进一步提升③;为落实上海市教育中长期规划"为了每一个学生的终身发展"的理念,凸显学生在教育教学中的主体地位,持续推进课堂教学、课程建设和学校文化等领域的改革;致力于办好人民满意的教育,通过采取就近入学、改造薄弱学校等积极策略,持续提高教育公共服务能力,为各类学习者提供了丰富的教育资源④,不断促进教育公平;高等教育规模持续扩大⑤,为上海城市经济社会发展培养和输送了高素质人才;高校服务创新驱动发展能力不断提升,高校科研成果不断涌现⑥;继续教育、远程教育蓬勃发展,初步构建起了学习型社会与终身教育体系⑦;通过推

---

① 2015 年,上海学前三年教育毛入园率达 99%,义务教育巩固率达 100%,残疾儿童义务教育阶段入学率达 99.3%,高中阶段教育毛入学率达 98%,上海主要劳动年龄人口平均受教育年限达 11.9 年。

② 上海财政性教育经费投入从 2010 年的 417.3 亿元增长到 2015 年的 767.3 亿元,年均增长 16.8%。2015 年生均公共财政预算教育经费支出占生均经费比例达 60.72%,比全国平均水平 45.64% 高出 15 个百分点。

③ 2009 年、2014 年上海连续两次 PISA 能力测验名列全球第一,而且在测评的各项中都以明显优势领先。

④ 根据 2012 年 PISA 研究结果,上海市学生教育资源获得量和资源活动公平度在全球居于前列:生均计算机数、全职教师中拥有教师资格证的比例、校长评价的学校教育资源质量指标均处于领先地位,且不同生源背景学校之间软硬件条件上的差距明显小于绝大多数国家。

⑤ "十二五"末,普通本专科和研究生在校生为 64.03 万人,成人和网络在校生为 29.09 万人。与 2005 年相比,上海高校在校生总规模增长了 22.8%,主要劳动年龄人口受过高等教育的比例达 35%。预计到 2020 年,上海高等教育人才培养规模 105 万人左右,到 2035 年达到 150 万人左右,上海高等教育将全面进入普及化阶段。

⑥ 上海市高校共获国家科技三大奖 123 项(含参与),有效发明专利数位居全国高校前列。初步建成 29 个上海市协同创新中心,其中上海交通大学、同济大学领衔的 4 个协同创新中心入选国家"2011 计划",成为引领知识创新、推动人力资本积累的重要力量。依托复旦大学、华东师范大学、上海大学建成三家智库平台;依托学校优势学科筹建 18 个新型高校智库。截至 2017 年 6 月,依托各高校,建设 23 家国家级重点实验室、117 家省部级重点实验室;国家级工程技术研究中心 4 家、省部级工程技术研究中心 245 家;专业技术服务平台 192 家。

⑦ 2017 年上海社区学院揭牌成立,开放大学、老年大学、社区学院等一批终身教育机构,在提升劳动者职业能力、市民基本素养和城市文明程度等方面发挥了重要作用。为应对老龄化社会,目前上海建成 4 所市级老年大学,老年学员人数全年共计 2.90 万人;66 所区、高校老年大学和市级老年大学分校、系统校,老年学员人数全年共计 12.12 万人;221 所街道、乡镇老年学校,老年学员人数全年共计 24.16 万人;5 372 个居、村委老年教学点,老年学员人数全年共计 38.61 万人;5 651 个远程老年大学学习点,老年学员人数全年共计 60.16 万人,其中集中学习者有 26.68 万人。

动学校与社会教育资源的共建共享,改进考试评价机制、促进各级教育有序衔接等教育政策,为学习者提供了更为多样、更有质量的教育,带动了学生学习成就的整体提升①;教育国际化水平不断提升,成为中国第二大留学目的地城市,为汉语国际推广做出了卓越的贡献。②

当然,当前上海教育改革与发展依然存在一些短板:一是从全面实现教育现代化、保持全国领先的定位以及参与全球范围的教育竞争和对全球性城市建设的支撑能力来看,上海市教育财政支出水平还显著低于发达国家和作为追赶目标的纽约、伦敦等国际性大都市③,公共教育财政保障能力有待提高④;基础教育人才培养质量有待提高,PISA测试中上海学生总体表现出色,但"顶尖人才"比例不够大⑤;擅长于"获取知识",但"运用知识"能力有待提升,长于解决结构性问题,但在不确定

---

① 以 PISA 测评结果为例,上海市基础教育阶段学生的学习成果在大面积系统里面,没有太大差异,总体表现较好,体现在:2012 年数学、科学和阅读测评中,上海市学生的成绩均居于前列;数学素养测评中高端和低端学生的成绩分布差距较小,与其他成绩较好的国家相比,主要胜在低端成绩高;科学领域的结果与此类似,但上海学生数学成绩的差异(平均分相差 52 分)却略大于 OECD 平均差异(平均分相差 36 分)。

② 截至 2015 年底,来沪留学生数量近 8.6 万人,与短期语言进修生相比,外国留学生在上海高校攻读学位的学生比例升至 31.5%,学习期限超过半年的长期生比例则升至 73.9%,成为中国第二大留学生目的地城市;共有中外合作办学机构和项目 192 个,其中机构 29 项,项目 163 项,举办了全国第一所中美合作高校——上海纽约大学;有 12 所高校和 13 所中小学在 20 多个国家举办了孔子学院 47 所、孔子课堂 46 个,遍布世界 5 大洲,仅 2015 年在各地孔子学院(课堂)注册学生数就有近 6 万多人。

③ 从国际上看,OECD 公共教育支出占 GDP 的平均水平达到 4.8%,公共教育支出占 GDP 比重最高的芬兰达到了 6%,远高于上海的水平;作为 2Thinknow 创新城市指数 2014 年位列全球第二、第三位的纽约和伦敦,其公共教育经费支出占 GDP 的比重分别达到 6.7% 和 5.6%,同样远高于上海的水平。

④ 2015 年上海公共财政教育支出占公共财政支出的比例为 11.94%,在人均 GDP 排名前十的省份中位列倒数第一,远低于广东省的 20.45%,从体量上来看也远落后于北京、广东的公共财政教育支出水平。2010—2015 年期间,上海学前教育生均经费、小学教育生均经费、初中教育生均经费、高中教育生均经费、高等教育生均经费的增速分别为 38.16%、22.42%、40.81%、44.81%、33.29%,同期北京各级教育生均经费增速分别为 108.45%、59.4%、58.73%、71.12%、17.48%,上海仅在高等教育阶段增速高于北京。从量上看,北京学前教育至高等教育各级生均经费分别比上海高 53.79%、35.55%、54.29%、23.56%、11.17%。

⑤ OECD 把在问题解决、数学、阅读或科学的任一领域中表现出色的学生比例,作为国家"顶尖人才库"的"宽度",上海有约 56% 的学生在这个范围内,新加坡是 46%。在数学、阅读和科学 3 个领域中的任意一个达到 5,6 级水平,同时问题解决也达到 5,6 级精熟度水平的学生比例,可以看作一个国家"顶尖人才库"的"深度"。上海这类学生比例为 17.9%,新加坡为 25.0%。

性问题的解决能力及素养上有待加强①,信息素养亟待加强②;基础教育阶段普遍存在着学生课业负担过重,平均作业时间③、校外辅导班时间④和私人家教时间⑤过长,严重"倾轧"学生课外活动时间等问题。二是从建设世界科创中心的战略目标看,高等教育对城市发展的支撑还有明显差距,面临着主要劳动力平均受教育年限偏低⑥、就业劳动力产出不高⑦与科研创新中研发经费投入水平⑧、研发人员规模⑨

---

① 上海学生在问题解决评估中,平均每题学生答对率为52.6%,其中静态问题(15题)的平均每题答对率为56.7%,互动问题(27题)的平均每题答对率为50.3%。

② 一是基于计算机的通用问题解决能力,上海学生的成绩(536分)显著低于新加坡(562分)、韩国(561分)、日本(552分),低于澳门(540分)、香港(540分)。二是数字阅读能力,上海学生数字阅读平均分为531分,显著低于新加坡(567分)、韩国(555分)、中国香港(550分)、日本(545分)。上海学生的数字阅读成绩比纸本阅读测试低39分。三是基于计算机的数学能力,上海学生成绩比新加坡低4分,纸笔测试的大幅度领先优势不复存在。

③ 上海15岁学生的平均作业时间为每周13.8小时,位列所有国家(地区)第1位,比第2位的俄罗斯每周平均多4.1小时。其中,初中学生的平均每周作业时间为14.6小时,普通高中学生的平均每周作业时间为17.8小时。

④ 上海15岁学生平均每人参加私人家教的时间为每周1.2小时,参加校外私人辅导班的时间为每周2.1小时。

⑤ 上海15岁学生中有30.5%的学生请私人家教,其中初三请家教的学生比例为37.3%,高一年级请家教的学生比例为24.2%。参加由家庭付费的校外辅导班的学生占46.7%,其中初三年级的这类学生占57.0%,高一年级这类学生所占比例为48.1%。

⑥ 2015年,上海市主要劳动年龄人口平均受教育年限为11.9年,其中受过高等教育的比例为35%,而2005年的美国主要劳动力人口平均受教育年限已达到13.63年,日本达到12.9年。上海中心11个城区大专以上人口比例达到了30.81%,与东京1982年的水平相当。上海每十万人口高等教育在校生数2012年为3550人,低于伦敦4989人,纽约6741人、东京5378人等城市的水平。

⑦ 以劳动生产率看,2014年硅谷平均每个就业劳动力产出约为17.5万美元,上海则为2.8万美元(172 653元),相差6.2倍。

⑧ 2015年上海R&D总经费为9 361 439万元,研发投入占地区生产总值(GDP)的比重为3.75%,虽然大大高于全国平均水平(2.07%),但显著低于北京(6.03%)。其中,高校R&D经费为866 479万元,R&D经费在高校和企业间的分布比例为18.27%,即高校获得的R&D经费远低于规上企业所占有的R&D经费。而北京该比例在5年间均高于60%,且北京的R&D总经费体量远高于上海。从研发经费的增速看,2010年至2015年间天津的R&D总经费增速为122.24%,高校R&D经费增速为142.93%,远高于上海的94.34%、89.21%。以上数据反映出上海R&D经费的体量和增速在全国均不领先。

⑨ 2015年,上海总人口中大专以上文化程度人员所占比例为22.7%,与北京(36.8%)、南京(35.8%)的比例相差10个百分点以上,与广州市、武汉市的比例相差1个百分点。2010—2015年间,上海大专以上文化程度人口比重提高0.7%,在7个地区中增速最低。国际上,根据2Thinknow创新城市指数2014年数据,纽约和伦敦受过高等教育的人口比重分别达到32.4%和34%,巴黎甚至高达40%,而上海仅为24%。数据表明,上海市高层次人才所占比重严重偏低且增长速率相对较低。

与创新能力①等关键指标偏低的问题,亟需扩大科技创新人才的培养规模②,亟需探索贯穿各学段支持创新人才可持续发展的培养机制与模式。三是从建设卓越的全球城市看,上海城市发展的开放度还不高③,教育开放程度有待进一步扩大,国际化水平与全球城市还有明显差距④。

其中,至关重要的一点是,为建立卓越的全球城市与五大中心的国际大都市,在将教育作为提升城市文明程度、促进科技创新能力、应对国际人才竞争和第四次科技革命挑战的关键因素的同时,应该致力于为建设社会主义教育强国提供上海经验、上海智慧,同时积极应对信息科技的迅速发展对教育改革发展的挑战,构建以学习者为中心的课堂、课程、学校与教育体系及制度,从而为创新人才的可持续发展提供宽松的环境;致力于通过理解知识、教育和人类及其个体相互间关系,从而系统性、整体性地确立教育的内在价值;致力于对世界范围内未来教育变革趋势及其所蕴含的教育理想、使命与价值进行整体把握,从而进一步彰显上海教育曾经引以为傲的追求卓越的精神内核。

---

① 在 2016 年全国创新城市排名前 5 的城市中,上海以 44.8 万的研发人员占据首位,但其创新排名仅为第三;排名第一的深圳 2015 年研发人员仅为 20.6 万人,排名第二的北京则为 35.1 万人,排名第四、第五的苏州与杭州则分别为 13.9 万人、9.4 万人。分析研发人员占总人口的比例,由于人口总数较大,上海、北京明显不占优势,仅为 0.4%、0.2%,而深圳、苏州、杭州则分别为 2.8%、1.1%、3.7%。作为全球著名的科创中心,2014 年硅谷每万人专利数量为 655 件,远超 2015 年北京 61.3 件/万人、上海的 34.6 件/万人。硅谷专利涉及领域较为集中,其中 40.5% 为计算机、数据处理与信息储存领域、25.6% 为通信技术领域,科技含量较高。

② 上海每千名从业人员中高技术服务业就业人数为东京的 1/3、北京的 2/3。

③ 据统计,2014 年硅谷居民中有 37.4% 外籍常住人口(出生地不在美国),高于美国 13.3% 的外籍人口平均比重。上海当前已成为海外人员来中国工作创业的首选城市,2015 年持外国人就业证、实际在上海就业的外国人达 8.6 万人,占全国比重的 1/6,但是考虑到伦敦、纽约、硅谷均超过 30% 的比重,上海吸引的海外人才规模仍然相对偏小。由于海外人才流入贡献巨大,72% 的硅谷居民具有专科、本科及以上学历(研究生及以上学位占比为 21%),而上海仅有 21.9% 的常住人口具有本科及以上学历。

④ 2015 年 OECD 组织国家(中上等收入国家)该项指标的平均值已经达到 10%,许多国家的这一比重要高得多,如澳大利亚的国际留学生人数占其高等教育在校生总数的 18%,英国为 17%。就大都市的比较而言,在英国伦敦各高校就学的外国留学生 2005 年就高达 22%,美国纽约各高校的外国留学生规模为 1.4 万人,比例达到 15% 以上;2012 年法国巴黎外国留学生已占城市大学学生总数的 17%;2016 年东京都 23 区内大学的外国留学生数量达 25 273 人(占全国留学生总量的 35%),占大学生数量的 5%。

二、机遇与挑战

百年大计,教育为本。教育是人类传承文明和知识、培养年轻一代、创造美好生活的根本途径①。教育决定着人类的今天,也决定着人类的未来②。当今世界综合国力竞争,说到底是人才竞争,人才越来越成为推动经济社会发展的战略性资源,教育基础性、先导性、全局性的地位和作用更加突显。"两个一百年"奋斗目标的实现、中华民族伟大复兴中国梦的实现,归根到底靠人才、靠教育③。面对世界即将上演的深刻而复杂的变化,世界主要发达国家纷纷出台政策,积极应对并超前部署教育发展。在未来15年里,处在世界变化格局和中国教育变化之中的上海教育将面临前所未有的新形势、新机遇、新挑战。

一是科学技术迅猛发展,知识更新、人类文明更迭日新月异,未来世界的不确定性在不断增加。纳米、生物、信息、3D打印、人工智能、新型材料、机器人等重大颠覆性技术的涌现,对传统产业的产品、商业模式和业态产生了深刻的影响,催生出许多新的产业领域。面对新一轮全球科技革命的历史性机遇,谁拥有一流的创新人才,谁就拥有了科技创新的优势和主导权④,而一流创新人才的培养在很大程度上要依靠教育。与此同时,就可预见的前景而言,未来的世界必将是互联互通的、智慧化的学习世界。随着互联网、物联网、大数据、云计算、智能化、传感技术、机器人、虚拟现实等新技术在教育领域的应用与逐渐普及,未来20年间,人类的学习与教育将发生革命性的改变:课堂或将成为人工智能参与的智慧体验课堂,学校将会变得形式更加开放、类型更加多元、层次更加丰富、环境更加生态、服务范围更加广泛,数字图书馆、数字课程中心或将成为学习资源中心,跨界、校际之间的联结与虚拟互动将更加密切,对学生的学习与发展评估或将变革为基于大数据挖掘系统和人工智能的随时、随地、随人、随事的4A(Anytime,Anywhere,Anybody,Anyevent)评价与监测。

---

① 2013年9月25日,习近平主席在联合国"教育第一"全球倡议行动一周年纪念活动上的视频贺词。
② 2013年4月21日,习近平主席致清华大学苏世民学者项目启动的贺信。
③ 2014年9月9日,习近平在同北京师范大学师生代表座谈时的讲话。
④ 2015年3月5日,习近平在参加十二届全国人大三次会议上海代表团审议时的讲话。

二是在未来社会,创新成为引领中国经济社会发展的第一动力①。进入 2010 年以来,我国经济发展进入新常态,在"一带一路"倡议、"中国制造 2025"、"大众创业万众创新"引领下,我国正在快步迈向经济社会发展的 2.0 版。创新、协调、绿色、开放、共享成为新发展理念②。党的十九大报告进一步明确,创新是引领发展的第一动力,是建设现代化经济体系的战略支撑,强调推动互联网、大数据、人工智能和实体经济深度融合,积极实施自主创新战略、原始创新战略和非对称创新战略。创新驱动发展是实现中国 2050 年建成世界科技创新强国,上海到 2030 年基本建成"四个中心"和"科创中心"的战略目标的重要基石,在此背景之下,唯有通过教育将人口红利转化为人力资源红利,通过教育激发出人的创新意识与创造力,才能有效地释放经济社会的创新活力。

三是从世界教育改革发展的趋势看,持续推进教育变革,提升教育公共服务能力,凸显教育对促进公平与提升全民素质的价值,已经成为全球性议题。2015 年联合国通过了《变革我们的世界:2030 年可持续发展议程》(Transforming Our World:the 2030 Agenda for Sustainable Development),明确提出"确保包容、公平的优质教育,促进全民享有终身学习机会"的教育发展目标③;同年,联合国教科文组织发布"教育 2030 行动框架",提出了 7 个教育目标,核心是通过建立终身学习路径,关注不断扩大所有教育层次的入学机会,促进全纳、公平、有质量的教育和学习结果;紧跟世界步伐,中国政府提出"努力发展全民教育、终身教育,建设学习型社会,努力让每个孩子享有受教育的机会,努力让 13 亿人民享有更好更公平的教育,获得发展自身、奉献社会、造福人民的能力④"。展望未来中国人的教育与学习,应该更有质量、更加公平、更为有用、更可持续。

四是从世界各国确定的未来教育议题看,关注学习、关注以学习者为中心的教学成为未来教育改革的关键⑤。基于学习者视角和对未来人口、经济、政治、社

---

① 2016 年 3 月 5 日,习近平总书记在参加上海代表团审议时强调。
② 2015 年 10 月 26 日至 29 日,中国共产党第十八届中央委员会第五次全体会议上提出。
③ 《改变我们的世界——2030 年可持续发展议程》,http://genevese. mofcom. gov. cn/article/wjysj/201604/20160401295679. shtml(阅读时间 2018 年 10 月 16 日).
④ 2013 年 9 月 25 日,习近平主席在联合国"教育第一"全球倡议行动一周年纪念活动上的视频贺词。
⑤ 由"教育"论"教育"到"学习"论"教育",已经成为当代世界教育领域的重大事件,是人类教育观的又一次革命性突破。

会、职业和技能需求等的远景预测,世界各国、各地区或组织陆续制定了未来教育发展与变革战略,如美国《教学 2030》①德国《2030 趋势概略》②加拿大《学习2030》③欧盟《学习的未来:为变革做准备》④等。各战略规划从社会经济趋势、学习过程和策略、新技能、技术、教学法、课程等方面描绘了未来的学习图景,其共同的特点为:将能力而非知识作为 2030 学习战略的目标;技术是 2030 学习战略强而有力的支撑;学习内容个性化、定制化、情境化和问题化,突破学科界限;学习时间弹性化、终身化;学习场所广泛化、线上线下、学校与家庭社会间的壁垒打通;教学方法、策略和评价方式灵活化;教师的来源和角色多样化。显然,世界各国面向

① 美国《教学 2030》对 2030 年的教学展开了四大构想:一是教学生态发生变化。认知科学和技术的进步使教师和学生能够进行沉浸式个性化学习,教师将结合脑研究的新发现和前沿技术改善教学,基于学生的学习风格和需求定制个性化学习方案。除了读写算(Reading, Writing, Arithmetic,简称3R),学习将集中于以批判性思维和问题解决、沟通技能、合作技能以及创造力和创新技能(Critical thinking and problem solving, Communication, Colaboration, Creativity and innovation,简称 4C)为核心的 21 世纪技能,更有效地满足 21 世纪公民、职场和终身学习的需求;二是混合式学习环境(面对面与技术)更加无缝整合,学校成为社区中心。教师、学生、家庭、本地与远程专业人员、志愿者和商界人士共同参与活动,服务于整个社区;三是教师将扮演学习指导者、个人教育顾问、社区智库规划员、教育巡查员、社会人力平台开发员、测评设计师等角色。教师将传统课堂教学与新任务相结合,教师企业家充当改革代理人;四是重新思考教师教育、教师招聘和可持续发展,与医学模式和其他专业领域的方式类似,提升教学专业化水平;到 2030 年,教学将是令人尊敬的职业,政府着力从优秀的研究生中选拔教师。
② 德国罗兰·贝格战略咨询中心 2010 年发布的《2030 趋势概略》2030 年的学习将有三大特点:一是出现全球明星教师。虚拟课堂将促使全球的高效教师成为明星教师,这些教师使用网真和 3D 技术给全球学生上课。授课语言被自动实时翻译,互动媒体把不同背景和地区的教师和学生联接起来,并催生集体性的评价和质量认证新形式;二是个性化终身学习将加速学习。虚拟学习代理人将指导学习者,并满足学习者的个性化需求,为学习者量身定制终身和基于需求的学习计划,并根据个人需求随时自动更新学习计划,学习经验随将渗透学习社区;三是儿童在真实和虚拟世界中同时学习。儿童与世界互联,并与真实游戏和真实生活良好互动,物理现实与虚拟现实混合的文化将成为常态,且对学习产生积极影响,数字化游戏包含 4C 技能的学习。
③ 加拿大的《学习 2030》基于全球视角,从七个方面构想了未来的学习图景:(1)学习更多地关注终身学习和自我意识的发展,而不是具体的知识和数字;(2)学生通过跨学科和合作项目进行学习;(3)学生根据需求与不同年龄、不同成就水平、不同兴趣的同伴相互联系;(4)教师和其他专业人员作为学习的指导者和监护人;(5)通过对学生技能和能力的质性评价,即记录学习者的全部经验而不是单独的测量结果衡量学习过程;(6)学习框架由学习者、教师、家长和政府机构组成的利益群体共同决定;(7)学校给学生和教师授予权利,鼓励师生实验新想法并敢于失败,使师生有信心冒险。
④ 2011 年,欧盟联合研究中心发布面向 2030 年报告《学习的未来:为变革做准备》提出:教育与培训机构将成为学习社区,并与雇主合作确定技能需求,使大量学习和教学材料服务于学生的个性化需求,以学习者为中心、分权和定制化学习策略将变得普遍;问题解决、灵活性、创造力和反思等技能和态度将比知识更为重要;科学研究将辅助教师使学习变得更有效;学习将是娱乐性、以探究为基础的;教学法和教学策略、灵活的课程、改良的评价和验证机制将普及。

2030 的教育,致力于打通学习时间、空间、内容等方面的阻隔,还原学习者幸福完整的教育生活。

　　上海教育历来勤于探索,勇于创新,锐意进取,始终将努力为全国乃至世界提供一种中国特色的、代表中国未来的先进教育改革发展的典范而努力,始终积极为教育未来形态的塑造提供创新的路径与实践的经验。从国家要求、科技进步、国际经验、学习者需求等诸多方面考虑,促进作为社会主体的人的发展和促进技术与人、技术与社会的和谐共处乃至应对潜在的社会新形态与新模式,同样是第四次科技革命必须寻求同步解决的核心问题,也将必然成为教育这一重要的社会重塑力量的使命所在。建设全民共享的智慧型学习化城市,使学习无时不在、无处不在,让学习成为一种幸福的享受和有充分自主选择的可能,真正实现通过学习改变生活、创新定义生活和充分享受生活,无疑是作为肩负中国教育改革先行者角色的上海教育改革发展面临的一个重要课题。

第二部分

指导思想、战略目标与发展理念

新时代中国特色社会主义思想，是我们党对马克思列宁主义、毛泽东思想、邓小平理论、"三个代表"重要思想、科学发展观的继承和发展，是马克思主义中国化的最新成果，是党和人民实践经验和集体智慧的结晶，是中国特色社会主义理论体系的重要组成部分，是全党全国人民为实现中华民族伟大复兴而奋斗的行动指南，必须长期坚持并不断发展[1]，必须贯彻落实在教育改革发展的指导思想、战略目标制定与实施过程之中，必须贯彻落实在各级各类教育与学校的课程教学内容与过程之中，必须贯彻落实在教育制度建设与治理体系建设的过程之中。

一、指导思想

坚持以马克思列宁主义、毛泽东思想、邓小平理论、"三个代表"重要思想、科学发展观为指导，全面贯彻党的十九大精神特别是习近平新时代中国特色社会主义思想，坚持教育为人民服务、为改革开放和社会主义现代化建设服务，全面贯彻党的教育方针，落实立德树人根本任务，系统推进育人方式、办学模式、管理体制、创新人才培养机制改革，使各级各类教育更加符合教育规律、更加符合人才成长规律、更能促进人的全面发展和终身发展，努力让每个孩子都能享有公平而有质量的教育，培养德智体美全面发展的社会主义建设者和接班人[2]，为加快推进"四

---

[1] 习近平："习近平在中国共产党第十九次全国代表大会上的报告"，http://cpc. people. com. cn/n1/ 2017/1028/c64094-29613660. html(阅读时间：2018 年 6 月 16 日)。

[2] 习近平："习近平在中国共产党第十九次全国代表大会上的报告"，http://cpc. people. com. cn/n1/ 2017/1028/c64094-29613660. html(阅读时间：2018 年 6 月 16 日)。

个率先"、加快建设"五个中心"和卓越的全球城市,提供强有力的教育支撑、智力支持、文化引领和创新驱动。

二、战略目标

按照党中央的总体战略部署,到建党一百年时建成经济更加发展、民主更加健全、科教更加进步、文化更加繁荣、社会更加和谐、人民生活更加殷实的小康社会,然后再奋斗三十年,到新中国成立一百年时,基本实现现代化,把我国建成社会主义现代化国家。党的十九大报告明确提出:"新时代中国特色社会主义思想,明确坚持和发展中国特色社会主义,总任务是实现社会主义现代化和中华民族伟大复兴,在全面建成小康社会的基础上,分两步走在本世纪中叶建成富强民主文明和谐美丽的社会主义现代化强国。"①

为此,上海必须按照党中央的总体部署,努力实现"四个率先",即率先转变经济增长方式、率先提高自主创新能力、率先推进改革开放、率先构建社会主义和谐社会,加快推进"四个中心"即经济中心、金融中心、贸易中心和航运中心建设,加快推进全球科技创新中心建设,努力实现当前确定的"卓越的全球城市,令人向往的创新之城、人文之城、生态之城"和"国际经济、金融、贸易、航运、科技创新中心和文化大都市"②这一远景目标。

(一) 总体目标

全面实现教育现代化,建成具有全球影响力的卓越、开放的教育之城;全面建成全民共享的终身教育体系,努力办好人民满意的教育。

为实现这一战略目标,上海教育分两个阶段推进:

第一个阶段,从现在到 2025 年,率先实现教育现代化,教育主要发展指标达到发达国家平均水平;率先基本建成具有全球影响力的卓越、开放的教育之城,让每个上海市民都享有公平而有质量的教育;

---

① 习近平:"习近平在中国共产党第十九次全国代表大会上的报告",http://cpc. people. com. cn/n1/ 2017/1028/c64094-29613660. html(阅读时间: 2018 年 6 月 16 日)。

② 《上海城市总体规划(2017—2035)》,http://www. shanghai. gov. cn/nw2/nw2314/nw32419/ nw42806/index. html(阅读时间: 2017 年 12 月 15 日)。

第二个阶段，从 2025 年到 2035 年，全面实现教育现代化，教育主要发展指标达到发达国家领先水平；全面建成具有全球影响力的卓越、开放的教育之城，教育充分满足上海市民对美好生活的需要。

（二）目标内涵

1. 全面实现教育现代化

教育是发展的根本，实现教育现代化，是实现中华民族伟大复兴和建设社会主义现代化强国的必然选择。教育现代化的核心是人的现代化，教育现代化有着丰富的内涵。

（1）教育公共服务实现均等化，教育呈现出多元化发展格局，全市学龄人口以及从业人员获得正规教育和各类学习的机会更丰富、方式更便捷、渠道更多样，全民终身学习机会进一步扩大。

（2）教育质量全面提升，着眼培养全面发展的、适应现代化需求和具有国际视野的人才，使每个受教育者在心理、思想、态度、行为的塑造上都与时俱进，充分享受到教育的美好和幸福，各类人才都能够脱颖而出。

（3）教育发展成果更加公平，惠及全体人民，消除城乡、区域、校际、群体之间的教育差距，建成覆盖城乡、更加均衡的基本公共教育服务体系。

（4）教育创新能力明显提升。教育方法、手段和技术不断创新；创新型、复合型、应用型和技术技能型人才培养水平都得到显著提升；教育支撑和引领创新驱动发展能力整体提高，教育的国际吸引力、影响力、引导力都能得到大幅提升。

（5）教育体制机制更加成熟定型，政府、学校、社会之间新型关系更加明晰，教育治理体系和治理能力现代化取得重大进展，形成良好的全社会共同推动教育发展的生动局面。

（6）教育国际化水平显著提高，教育对外开放水平和国际竞争力影响力达到全球城市水平，拥有一批具有世界知名的一流大学、一流培训机构，建成国际教育交流中心城市和全球最受欢迎留学目的地城市之一，建成与“四个中心”和具有全球影响力的科技创新中心、社会主义现代化国际大都市相匹配的全球教育、科技创新资源与信息交换、传播的枢纽。

（7）教育信息化水平有力支持教育现代化进程，构建起智慧学习环境、智慧校园、虚拟学习环境，使家庭、学校、社区的教育环境更趋于情境化，有效推进真实环境与虚拟环境的结合、线下与线上学习系统的结合,搭建学校与社区、社会教育资源的共建共享平台,引导学生从课程中学习,从社区、社会中通过真实的体验学习。

(8) 教育经费投入充分满足教育发展需要,投入水平达到发达国家或全球性城市的平均水平,经费使用管理有效规范,经费使用效益显著,能够为各类教育发展和人才成长提供强大支持。

2. 建设卓越、开放的教育之城

在日益深入的经济、文化、教育全球化趋势下,"一带一路"倡议构筑互联互通的"人类命运共同体",全球范围内的相互依存、相互连通愈加紧密。上海是面向环太平洋国家和地区的重要节点城市,上海要成为卓越的全球城市,必须拥有可以连通世界、多元开放、卓越全球的现代都市教育。同时,借助"一带一路"的宏伟蓝图,上海作为最富教育创新和教育活力的最大的中国城市,理应将中国的核心价值观与文化思想"输出"到"一带一路"的各个地方,将中国的文化、中国的思想、中国的声音、中国的价值观影响、渗透、散播到"一带一路"的每个角落。

(1) 实现"卓越的全球城市,令人向往的创新之城、人文之城、生态之城"和"国际经济、金融、贸易、航运、科技创新中心和文化大都市"的城市愿景,努力使教育成为经济、科技、金融、文化创新的助推器。发挥教育在带动区域协同创新、服务国家科技创新和推动全球创新发展中的强大创新力。

(2) 建设有全球影响力的卓越的教育之城,构筑"人·教育·城市"三位一体现代化大都市教育体系与制度,教育公共服务水平显著增强,更加公平、更有质量、更具选择性、更融会贯通、更加开放包容、更具创新活力。

(3) 建设开放的教育之城,全面推进教育开放,提升教育国际化水平,建成全球有影响力的教育服务贸易中心和教育信息、资源、人才集聚与交换的枢纽。

(4) 建设全球教育创新之城,积极推进教育理念创新、制度创新、模式创新、方法创新,成为全球有重要影响力的教育理论、政策与实践创新中心。创新和完善高水平人力资源开发体系,引领创新发展的能力达到全球最高水平,成为知识创新和知识服务的重要力量。以教育现代化引领城市信息、生态、治理文明建设及文化融合,支撑上海基础资源实力、营商环境软硬实力、创新驱动力的提升和相关行业创新发展。

三、发展理念

(一) 多元融合

1. 充分满足多样化、适应差异性的教育,每个学校都有吸引适合不同学生学习需要的特色与优势,都能够满足所面向的社会成员群体的教育需求,每个社会成员都能够获得和可以选择适合自己的教育。

2. 课程更加多元、教学更具弹性、学习方式更加多元、学习评价更为综合,更为关注学习过程中学生的学习体验和学生核心素养与关键能力的养成。

3. 课程学习与信息技术实现深度融合,突破课堂与课外学习的时空界限,课程实现有效综合,跨学科学习、跨专业连通促进人文教育与科学教育的融合,跨国学习交流与传统文化教育实现高度融合,每个学生具备成为优秀公民的核心素养,具有文化与文明的高度自觉性。

4. 各级各类教育相互衔接、相互支撑、相互融通,普通教育与职业教育、继续教育的相互衔接与融合,学校教育与社会教育搭建起完善的"立交桥",全纳教育、多元文化教育得到有效实施。

(二) 开放共享

1. 构建以人工智能、信息技术、数据挖掘为基础、公共教育资源平台为媒介、移动终端为在线学习载体的全息化的教育新格局,使智慧教育成为智慧城市的支撑与品牌。

2. 教育面向社会,凝聚全社会关心、支持、投资教育的力量办大教育,实现教育与社区、城市的互通互联与协同发展,推进教育全方位服务经济社会发展与城市建设。

3. 教育面向世界,将世界发达国家与城市教育理念、内容、方法与经验融合于本土教育实践之中,同时彰显本土教育的全球价值与上海经验,建设全球具有影响力的教育服务贸易中心和教育信息、资源、人才集聚与交换的枢纽,共同构筑一个互联互通的学习化世界。

(三) 创新驱动

1. 以创新理念引领教育内容、方法、手段创新,以信息技术和互联网技术带动整个教育系统的变革,在人才培养、科学研究、社会服务和文化传承等领域实现人与技术、人与环境的高效整合。

2. 营造创新文化与集聚创新人才,改革人才培养、引进、使用机制,努力造就一批世界水平的科学家、科技领军人才、工程师和高水平创新团队,培养一线创新人才和青年科技人才。

3. 实施开放式创新,集聚全球创新要素资源,强化高校和企业技术创新的主体地位,推进产学研一体化与产教有效融合,发挥高校、科研机构、研发平台的创新功能。

4. 注重教育形态的创新,基于人工智能、互联网技术、虚拟技术等创造未来课堂、未来学校和未来教育的新形态,探索智慧学习、智慧教育、智慧型学习化城市的建设路径;积极回应新技术、新需求、新环境为教育带来的革命性、颠覆性、突破性的变革并作出创新性的回应,使教育形态的创新成为常态。

5. 着眼建设卓越的教育之城,积极推进教育理念创新、制度创新、模式创新、方法创新,成为全球有重要影响力的教育理论、政策与实践创新中心。

(四) 可持续发展

1. 实践以人为本的发展理念和发展模式,围绕人的需求和全面发展,全面提高教育公共服务能力和均等化水平,推进以人为本的教育治理体系和治理能力现代化。

2. 以环境、人口与可持续发展教育为核心内容,将相关学科内容综合起来,贯穿到科学知识的学习、思想教育与生活实践之中,注重培养学生终身学习和终身发展所需的可持续发展思想与能力。

3. 关注每个人不同阶段的意识、能力、态度与价值观的发展,强调学会生存、学会生活和学会发展,使其能够有效地参与地方、国家的可持续发展行动,以建立更具有公平性和可持续性的未来,使其具有整合环境、经济与社会问题的决策能力。

第三部分
战略举措与发展任务

一、全面实现教育现代化，建设卓越、开放的教育之城

（一）全面加强与体现党的领导

加强和改善党对教育工作的领导，必须明确"中国特色社会主义最本质的特征是中国共产党领导，中国特色社会主义制度的最大优势是中国共产党领导，党是最高政治领导力量，提出新时代党的建设总要求，突出政治建设在党的建设中的重要地位"。

1. 坚持教育发展的社会主义方向

（1）加强和改善党对教育工作的领导。必须牢牢把握党对学校意识形态工作的主导权，加强和改进学校思想政治工作，加强校园文化建设。要用马克思主义中国化的最新理论成果武装党员干部、教育广大师生，深入推动中国特色社会主义理论体系进教材、进课堂、进头脑，深入开展社会主义核心价值体系学习教育。必须加强和改进教育系统党的建设，健全各级各类学校党的组织，着力扩大党组织的覆盖面。坚持和完善公办高等学校党委领导下的校长负责制，加强学校领导班子和领导干部队伍建设，加强在优秀青年教师、优秀学生中发展党员工作，重视学校共青团、少先队工作，充分发挥党组织在教育改革和发展中的作用。各级党委必须把推动教育事业优先发展、科学发展作为重要职责，及时研究解决教育改革发展的重大问题和群众关心的热点问题；把推进教育事业改革发展作为各级党委政绩考核的重要内容。必须进一步加强教育系统党风廉政建设，完善体现教育系统特点的惩治和预防腐败体系，坚持从严治教、规范管理，积极推行基层党务公

开,坚决惩治和有效预防腐败,坚决纠正损害群众利益的各种不正之风。①

(2) 完善中国特色社会主义教育体系。坚持以马克思主义为指导,全面贯彻党的教育方针,扎根中国,融通中外,立足时代,面向未来,坚定不移走自己的路,增强道路自信、理论自信、制度自信、文化自信,培养中国特色社会主义合格建设者和可靠接班人。不断推进建立中国特色社会主义教育体系的建立和完善,在坚持公平的前提下,逐渐推进建设满足广大群众日益增长的多层次、多样化教育需求的现代国民教育体系,形成与社会主义市场经济体制相适应、符合中国国情、适应党和人民事业发展需要的教育体系,充分发挥中国特色社会主义教育体系的优越性。

(3) 坚持教育为社会主义现代化建设服务的根本导向。要将提高我国软实力,增强国家核心竞争力,实现中华民族伟大复兴,作为当前我国教育战线面临的重大而紧迫的战略任务对待。要将教育发展方向同城市发展、国家发展的现实目标和未来发展方向紧密联系在一起,努力使得教育发展"为人民服务,为中国共产党治国理政服务,为巩固和发展中国特色社会主义制度服务,为改革开放和社会主义现代化建设服务"。要引导学生正确认识世界和中国发展大势,从党探索中国特色社会主义历史发展和伟大实践中,认识和把握人类社会发展的历史必然性,不断树立为共产主义远大理想和中国特色社会主义共同理想奋斗的信念和信心,正确认识中国特色和国际比较,全面客观认识当代中国、看待外部世界,正确认识自身时代责任和历史使命,激励学生自觉把个人理想的追求融入国家和民族的事业中。

2. 牢牢掌握党对教育工作的领导权

(1) 坚持党的领导的坚强阵地。习近平总书记在全国高校思想政治工作会议上有的放矢地指出,牢牢掌握党对高校工作的领导权,关键是要确保高校始终成为"坚持党的领导的坚强阵地"和"培养社会主义事业建设者和接班人的坚强阵地",关键在于牢牢掌握高校意识形态工作的领导权,基础在于牢牢掌握高校思想政治工作的主导权。要充分认识到,在作为重要的教育阵地,也是重要的思想文

---

① 陈子季:"全面加强党对教育工作的领导——深入学习习近平总书记教育思想(十二)",http://www.moe.gov.cn/jyb_xwfb/moe_2082/zl_2017n/2017_zl37/201710/t20171016_316341.html(阅读时间:2018年10月13日)。

化阵地的各级各类高校,强化思想引领与价值塑造是牢牢掌握党对高校工作领导权的核心抓手。既要对各种错误思潮保持警惕、有效防范,防止其以各种形式在高校抢滩登陆、争夺阵地、争夺师生、争夺人心;要加强对课堂、讲座、论坛、报告会、研讨会以及境外非政府组织在高校活动的管理,有效防范校园传教,防范敌对势力渗透,确保高校和谐稳定;要联系学生思想实际,针对性地回答一些学生感到困惑的综合性、深层次理论认识问题。①

(2)坚持党的领导的根本制度,完善学校治理结构。坚持党的领导的根本制度,牢牢掌握党对学校工作的领导权,使党委对学校工作实行全面领导,承担管党治党、办学治校的主体责任。保障学校意识形态领域的安全,保障学校办学政治方向的坚定。学校党委在工作中需要不断增强"政治意识、大局意识、核心意识、看齐意识",切实做到对党忠诚、为党分忧、为党担责、为党尽责,自觉在思想上政治上行动上同党中央保持高度一致,全面贯彻党的教育方针,不折不扣将党中央的各项决策部署落到实处。进一步提高学校党建工作水平,以党建促发展,推动学校改革创新和提升学校办学水平,使得学校成为坚持党领导的坚强阵地。

(3)发挥基层党组织战斗堡垒作用。加强党对教育工作的领导,要全面推进党的建设各项工作,有效发挥基层党组织战斗堡垒作用和共产党员先锋模范作用。基层党组织建设和党员队伍建设是学校党的建设的基础工程,团结、组织广大师生的凝聚力工程。坚持把党支部建在教研团队上、建在班级课堂上、建在学生社区上、建在学生社团上,确保教学科研推进到哪里、党的建设就跟进到哪里、党支部的战斗堡垒作用就体现在哪里,寓党建于服务之中,厚植学校党建基础,为办好中国特色的各级各类学校提供坚强组织保证。②

3. 坚持党要管党、从严治党

坚持和完善党的领导同勇于自我革命、从严管党治党是相统一的。党要管党、从严治党,是党的建设的一贯要求和根本方针。实践也一再表明,对于教育战

① 陈子季:"全面加强党对教育工作的领导——深入学习习近平总书记教育思想(十二)",http://www.moe.gov.cn/jyb_xwfb/moe_2082/zl_2017n/2017_zl37/201710/t20171016_316341.html(阅读时间:2018 年 10 月 13 日)。

② 陈子季:"全面加强党对教育工作的领导——深入学习习近平总书记教育思想(十二)",http://www.moe.gov.cn/jyb_xwfb/moe_2082/zl_2017n/2017_zl37/201710/t20171016_316341.html(阅读时间:2018 年 10 月 13 日)。

线来说,党要管党,才能管好党,才能发展社会主义教育事业;从严治党,才能治好党,才能办好中国特色社会主义学校。要持之以恒反"四风"、雷霆万钧反腐败,层层落实党风廉政建设的"两个责任",用好党内监督"利器",发挥巡视"利剑"作用,建立有力的督查督办制度,做到有责必问、有责必查、有责必究,收到积极成效。①

(二) 推进公共教育服务均等化

建成以义务教育为核心、涵盖学前教育和高中阶段教育的、覆盖城乡的基本公共教育服务体系,完善进城务工人员随迁子女、家庭经济困难学生和特殊儿童的教育保障体系,逐步实现基本公共教育服务均等化,基本建成服务全民的教育信息与资源共享平台。

1. 率先普及学前教育

按照全球领先世界一流、中国特色、上海示范引领的要求,立足于本土国情、上海实际情况,积极探索先进、领先的学前教育改革模式与经验,当好全国学前教育改革创新的排头兵和先行者。到 2035 年,率先实现学前教育现代化、国际化、信息化、智能化、生态化,学前教育水平迈入世界先进行列,建成与社会主义现代化国际大都市相匹配的一流学前教育。

(1) 到 2035 年,全面普及学前三年教育,区域"入园难、入园贵"问题得到有效解决,优质普惠性学前教育资源充足,人民群众对于学前教育满意度显著提升,学前教育数量和质量得到有效增长,广大人民群众充分享受到改革和学前教育发展的成果。

(2) 率先尝试推进上海市 0—6 岁一体化机制的探索。以街道为中心,建立教育、卫生、计生、街道多部门合作运转机制,努力实现早教中心全覆盖,为每位家长提供准确、科学、高质量的早期教育保育指导服务。

(3) 明确政府职能,增强提升社会服务的意识与能力。新时期,进一步把握政府在引领学前教育事业发展与建设中的主体地位,明确和落实"政府主导、社会参与、公办民办并举"的办园体制,提升公办园的学前教育质量,制定企事业单位、集体办园和普惠性民办园补助政策,统筹社会各方力量为幼儿发展提供良好的社会

---

① 陈子季:"全面加强党对教育工作的领导——深入学习习近平总书记教育思想(十二)",http://www.moe.gov.cn/jyb_xwfb/moe_2082/zl_2017n/2017_zl37/201710/t20171016_316341.html(阅读时间:2018 年 10 月 13 日)。

环境,满足社会对学前教育的日益多样的需求。

（4）建设、建立科学、良好、合理的幼儿园教师队伍储备制度,进一步推进学前教育质量监测管理体制的建设,制定学前教育质量标准和评级体系,推进学前教育规范化发展。

（5）树立品牌意识,总结上海学前教育发展的经验与特色,构建上海 ECE 学前教育发展模式,发挥上海作为现代化国际大都市在全国及国际上学前教育发展中的领先和示范作用。

2. 实现义务教育高水平均衡发展

（1）促进城乡之间、学校之间义务教育均衡发展,形成开放、优质、多样、可选择的基础教育体系,为每个学生的终身发展奠定基础。科学运用地理信息资源（GIS）分析系统(融合地理学、信息科学、遥感学、教育学等)对上海市的各区、城乡之间义务教育阶段学校的资源配置与结构布局进行长期、系统的追踪研究,为实现义务教育均衡化、高质量的发展与科学布局提供决策支持。

（2）全面推进学区化和集团化办学,提升义务教育服务等级,形成义务教育学校优质均衡发展新格局。实施新优质学校集群式发展计划,引领学校坚持育人本源,促进每一个学生全面健康发展。实施城乡学校携手共进计划,建立城乡学校互助发展新格局。全面保障符合条件的随迁子女义务教育权益。

3. 全面普及高中教育

普及高中阶段教育,全面满足初中毕业生接受高中阶段教育需求。落实政府主体责任,将普及高中阶段教育作为政府主导的一项重大民生工程,动员社会各方面力量参与。立足上海经济与社会未来发展需要,提升高中职业教育质量,优化高中阶段教育结构,促进普职协调发展,满足学生多样化选择需求。

（1）建立合理的成本分担机制。落实以财政投入为主、其他渠道筹措经费为辅的普通高中投入机制,完善政府、行业、企业及其他社会力量依法筹集经费的中等职业教育投入机制。

（2）完善财政投入机制。建立完善中等职业学校生均拨款制度和普通高中生均拨款制度,按照非义务教育阶段受教育者合理分担教育成本的要求,确定学费标准,并严格学费标准调整程序,建立动态调整机制。

（3）开展综合高中办学试点,推进普通教育与职业教育的互相渗透融合,致力于培养具有普通高中文化基础知识和中等职业教育专业知识与专业技能,具有继续学习能力和一定就业能力的高素质毕业生;整体设计综合高中课程,使普通高中文化课程和专业技术课程有效结合,实现普通高中文化基础知识教育和中等职业教育的专业知识与专业技能教育一体化。

4. 大力推进特殊教育

(1)完善特殊教育体系。探索建构特殊儿童早期发现与早期干预体系,为0—3岁特殊儿童及其家庭提供干预服务;建立覆盖全体特殊教育对象的从学前至高中阶段教育体系,保障全体特殊儿童接受免费适当的教育;大幅提高特殊人群接受高等教育机会。拓展特殊教育对象至全体有特殊教育需要的儿童,满足残疾儿童、学习障碍、情绪与行为障碍以及病弱等各类儿童接受特殊教育服务的需求。深入推进融合教育,实现特殊教育与普通教育的有机融合与相互促进;促进各教育阶段、各种安置形式的有效衔接与均衡发展,保障特殊儿童平等接受教育的机会。

(2)优化特殊教育资源。依据特殊儿童的发生、分布情况,合理设点布局,配置优质特殊教育资源,满足特殊儿童就近接受教育及相关服务的需求。有效整合教育、心理、医学、社会学等多学科资源,搭建特殊教育服务平台与服务网络,建立高素质特殊教育专业队伍,提供高质量特殊教育及相关专业服务;充分利用普通教育资源,发挥普通学校在融合教育中的能动作用;有效利用社会和特殊学生家庭资源,探索实施特殊教育的多元模式。

(三)提高创新人才培养质量

树立以提高质量为核心的教育发展观,深化教育结构性改革,创新人才培养模式,优化人才培养结构,增强学生社会责任感、创新精神、实践能力。深化教育内涵发展、特色发展与多样化发展,鼓励学校办出特色、办出水平,出名师,育英才。

1. 构建教育质量的上海标准体系

(1)率先建立上海教育指标体系。按照"最高标准、最好水平"的要求,上海要率先建立教育质量的上海标准,为提高上海教育质量奠定理论基础和评价依据,为学校内涵发展和特色发展提供科学可靠的行动依据,为准确评价学校和学生的发展状况、改进教育教学工作提供重要反馈信息,为优化教育资源配置、促进教育发展模式转变、优化教育结构与缩小教育差距提供重要参考。

(2) 将促进人的全面发展、适应社会需要作为衡量教育质量的根本标准。必须明确,教育的本质属性是培养人,同时由于人具有社会属性,因此教育质量既要满足个人发展的需要,又要符合社会发展的需要,教育质量的高低与教育满足个人和社会发展需要的程度直接相关。为此,以人才培养质量为核心的教育质量的根本标准包含两个方面:一是教育能否适应经济社会发展的需要,既满足社会当下对人才数量和规格的需求,又为未来发展做好必要的人才储备;二是看能否适应人的发展需要,既能保证对公民基本素质的培养,又能够提供个性化的发展空间。

2. 全面提高学前与基础教育质量

(1) 聚焦学前教育质量。始终坚持以儿童为本。树立科学的儿童观、教育观,真正做到尊重儿童、发现儿童、敬畏儿童。尊重幼儿身心特点,因地制宜设置开放、多样的区域活动空间,提供丰富、适宜的玩具、操作材料,坚持以游戏为基本活动,促进幼儿多方面发展;牢牢把握立德树人根本任务,增强幼儿园教师"立德树人"的意识与能力,提升"立德树人"教育的现代化手段和科学方法,加强幼儿园教师队伍建设,把好学前教育质量的"教师关";推动建立中小幼贯通协作机制,促进幼小衔接体制机制的系统改革,通过学制改革、建立幼小教师教研协作共同体等,帮助幼儿顺利实现幼小衔接,克服"小学化""早抢跑"等令广大家长盲目跟风的严重问题倾向;深化学前教育结构性改革,促进学前教育资源的质与量的科学、有机的协调统一;构建完善的保教质量评估督导体系,发挥常规性、制度化督导评估对学前教育质量提升的促进效应,建立全面的、科学的、人文的、可持续发展的学前教育质量监测体系,构建开放、多元、生态性的学前教育体系,为所有幼儿提供个性化、可选择的教育服务。

(2) 推进义务教育质量提升。创新区域教育内涵发展机制,完善课程标准,减少课时总量,调整课程要求,严格执行课时计划,控制作业量和考试难度,切实减轻学生过重的课业负担。加强学校、家庭与社会之间的沟通和协作,切实把减负贯穿于教育教学和校内校外各个方面。[①] 加强国际理解教育,培养学生的国际视

---

① 《上海市中长期教育改革和发展规划纲要(2010—2020 年)》, http://old. moe. gov. cn//publicfiles/business/htmlfiles/moe/s4604/201010/110458. html(阅读时间 2018 年 10 月 15 日)。

野与本土情怀;增强学生国际交往和竞争能力,提升学生的全球胜任力。建立自我导向、自我服务、自我发展的基础教育质量评价和监测体系,实施教育教学质量综合评价改革试验。

（3）全面提高高中教育质量。坚持内涵发展、特色发展与多样发展,加强学生的自主学习、个性学习和综合素养提升,注重创新能力与实践能力培养,满足学生的多样化与个性化教育需求,为学生的成长、成人与成才奠定基础。深入推进面向信息社会的普通高中课程改革,构建区域"高中课程选课系统",加强课程内容现代化,优化课程结构,推进多样化选修课程建设,深入推进个性化学程,为学生提供更多选择,促进学生全面而有个性的发展。推进高中综合素质评价,深化考试评价改革。高中学校要建立健全学生成长记录规章制度,明确本校综合素质评价的具体要求,注重在日常教育教学活动中,指导学生及时收集整理有关材料,避免集中突击。要充分发挥学校党团、学生组织的作用。政府要加强对高中综合素质评价的指导,协调各方面专业力量,为学校开展综合素质评价提供支持和帮助;加强培训提升校长和教师实施综合素质评价的能力;建立综合素质评价工作电子化管理平台,为招生录取工作和用人单位提供服务;把综合素质评价工作作为评估地方各级教育行政部门和学校工作的重要内容。

（4）全面提升特殊教育质量。面向全体特殊学生,全面提高教育质量。改革特殊教育课程和教学,增强课程的选择性、针对性和实效性,促进特殊教育课程与普通课程的衔接与融合;尊重特殊学生的差异化需求,基于评估,量身定制个别化教育计划,促进每个特殊学生获得适当教育;探索有效教学方法,重点关注融合课堂有效教学方法、重度多重残疾学生以及自闭症学生的有效教学方法;充分发挥现代信息技术独特优势,灵活运用辅助技术,创设便捷、融合和无障碍的环境,创新特殊学生教育教学与康复服务方式,为特殊学生的有效学习提供技术支持和专业服务;建立特殊教育质量监测标准与监测制度,跟踪评估特殊学生的发展状况以及特殊教育成效。促进每个特殊学生获得适当教育、更好地融入社会。

3. 推进高等教育内涵发展,建设中国特色世界一流大学

（1）推进高等教育内涵建设,全面提高高等教育质量。坚持走创新型、开放型、特色型、服务型发展之路,提高创新人才培养水平,增强知识创新和知识服务

能力。① 推进高校分类发展和布局优化。进一步统筹全市各类高等教育资源,围绕国家战略和上海城市发展有序推进高校布局结构调整,优化高等教育规模、类型、层次和空间布局,促进高校内涵发展、特色发展和多样化发展。

(2)加快世界一流大学与一流学科建设步伐。必须坚持以一流为目标、学科为基础、绩效为杠杆、改革为动力,不断改进实施办法创新财政支持方式,健全绩效评价办法持续实施引导和支持具备一定实力的高水平大学和高水平学科瞄准世界一流,汇聚优质资源,吸引并培养国际一流人才,产出国际一流成果,加快走向世界一流。

——坚守党委领导下的校长负责制,努力建设中国特色的现代大学制度。党的建设和党的领导作为大学发展的根本保证,把社会主义核心价值观作为大学精神的思想基础,坚持立德树人,把思想政治工作作为大学育人的独特优势。要认真吸收世界上先进的办学治学经验,更要遵循教育规律,扎根中国大地办大学。要引导和支持高等学校优化学科结构,凝练学科发展方向,突出学科建设重点,创新学科组织模式,通过体制机制改革激发高校内生动力和活力,打造更多学科高峰,带动学校发挥优势、办出特色。要加强科研院所和高校合作,使目标导向研究和自由探索相互衔接、优势互补,形成教研相长、协同育人新模式,打牢我国科技创新的科学和人才基础。

——积极引导建立上海市"双一流"大学建设联盟,建立以"双一流"大学为龙头的区域高校联盟,积极推进"双一流"大学在师资、科研、实验资源等方面的共享,协同推进科研创新,并推进"双一流"大学向普通高校的优质资源的辐射与影响。政府参与协调指导区域内的大学联盟建设,根据经济社会发展需要,引导高校将联盟建设目标与区域发展战略相结合,出台相关政策鼓励企业、行业协会积极参与大学联盟建设,为大学联盟加强产教融合改革体制机制解决政策阻碍;出台支持大学联盟发展的特殊政策,在协同创新、重大攻关项目研究等方面给予政策倾斜。

——完善人才引进政策体系。要坚持以用为本,按需引进,重点引进能够突

---

① "《上海市中长期教育改革和发展规划纲要(2010—2020年)》",http://old.moe.gov.cn//publicfiles/business/htmlfiles/moe/s4604/201010/110458.html(阅读时间2018年10月15日)。

破关键技术、发展高新技术产业、带动新兴学科的战略型人才和创新创业的领军人才。放手使用人才，在全社会营造鼓励大胆创新、勇于创新、包容创新的良好氛围，既要重视成功，更要宽容失败，为人才发挥作用、施展才华提供更加广阔的天地，让他们人尽其才、才尽其用、用有所成。要完善促进人才脱颖而出的机制，完善人才发现机制，不拘一格选人才，培养宏大的具有创新活力的青年创新型人才队伍。

（四）促进有质量的教育公平

促进教育公平要努力做到兜底线、保基本和上水平。**兜底线**，就是要保障每一个孩子都有学上。要重视农民工子女教育，把农民工随迁子女义务教育纳入流入地教育发展规划和财政保障范畴，努力保证他们能在当地就读，完全由公办学校接收暂时有困难的，可以采取向民办学校购买服务的方式解决。努力做好随迁子女在当地升学考试工作，扩大进一步接受更高一级教育的机会，进一步完善特殊教育体系，大力推进融合教育。**保基本**，就是要使每一所学校都达到基本办学条件。要统筹城乡义务教育资源均衡配置，加快发展郊区农村义务教育，改善办学条件，提高教育质量。增加对郊区农村义务教育薄弱学校改造资金投入，提高农村中小学生均公用经费基准定额。**上水平**，就是要不断扩大优质教育资源覆盖面。要优化学校布局，创新学校管理模式，鼓励强校带弱校，实行公办学校标准化建设，加大校长教师交流轮岗力度。要充分利用教育信息化扩大优质教育资源覆盖面，为促进教育公平、提高教育质量作出贡献。

1. 促进学前教育的机会与过程公平

深入推进城乡学前教育一体化，办好每一所家门口的幼儿园，为每个儿童提供高质量、超便利、好生态的学前教育。实现学前教育的过程公平，构建特殊儿童早期干预与学前教育体系，加快落实上海市"住房租购同权"政策，赋予符合条件的承租人子女就近入学的权益，切实保障进城务工人员随迁子女、特殊儿童等处境不利儿童的平等入园机会和接受高质量的学前教育。要坚持学前教育的科学性和公益性，为所有儿童健康、幸福成长实施快乐的启蒙教育。[①] 政府主导，设置

[①] "《上海市中长期教育改革和发展规划纲要（2010—2020 年）》", http://old.moe.gov.cn//publicfiles/business/htmlfiles/moe/s4604/201010/110458.html（阅读时间 2018 年 10 月 15 日）。

专项经费和专职部门,推进上海市 0—3 岁儿童早教指导工作开展,加强婴幼儿早期教养专业指导服务,基本满足 0—6 岁儿童父母或者其他法定监护人对学前教育指导服务的需求。健全幼儿园教职工和保育人员配置标准。

2. 实现义务教育公平优质科学发展

义务教育是面向所有适龄儿童的基本公共教育服务。要坚持公平优质的价值取向,提高每所学校的现代化办学水平,为学生提供生存、生活与发展所需要的必备品格与关键能力的教育,使学生在思想道德、学习兴趣、身心健康、行为习惯方面得到良好培育和优质发展。[①] 在保障适龄儿童入学机会公平的基础上,推进义务教育过程的公平,面向所有学生,全面提高教育质量。完善课程体系,改进教学方法,加强数学和科学技术教育,充分发挥人工智能对课堂教学与教育形态变革的积极作用,注重生存、生活与发展所需要的基本知识和能力的教育。

3. 促进高中教育特色化多样化发展

坚持特色发展,注重学生自主学习和个性发展,加强创新能力培养,克服应试教育倾向,为每个学生成长、成人、成功奠定基础。创新办学体制,扩大优质资源,探索创新人才培养途径,形成高质量、多样化、有特色、可选择的发展格局,为不同发展需求的学生提供适合的高中教育。加大学生资助力度,完善普通高中和中等职业学校学生国家资助政策。按照精准资助、动态管理原则,对家庭经济困难学生继续给予助学金补助。

4. 提升高等教育公平

实现高等教育普及化,形成完善的分类考试、综合评价、多元录取的考试招生制度,建立公开、公正、公平的竞争入学方式,满足每个愿意进入高等教育的学习者提供学习的机会。引导高等学校目标定位多元和办学特色多样,符合城市发展需求,引导高校根据上海社会发展、经济结构调整尤其是战略性新兴产业布局,确立各种办学目标定位,形成鲜明的办学特色,形成与上海城市功能布局相匹配、服务于上海经济社会发展及其上海市民发展需求的高等教育格局,使每个高校毕业生都能在城市发展过程中获得自我发展、自我提升的机会。

[①] “《上海市中长期教育改革和发展规划纲要(2010—2020 年)》”, http://old. moe. gov. cn//publicfiles/business/htmlfiles/moe/s4604/201010/110458. html(阅读时间 2018 年 10 月 15 日)。

5. 促进特殊教育融合优质公平发展

特殊教育要面向全体有特殊教育需要的人群,针对个体需求提供有针对性的教育与相关服务。建设特殊儿童发现、诊断、评估、安置、教育与转衔服务体系,为特殊儿童提供全面的、持续服务;普通幼儿园、中小学、职业学校、高等院校全面实施融合教育;推进跨部门多学科合作服务体系的建设,教育、卫生、民政、残联等部门建立合作制度与管理运行机制;建设高质量特殊教育师资队伍,提升普通学校教师实施融合教育的能力;建立特殊教育专业支持体系,使每个特殊儿童都能享受优质公平的特殊教育与相关专业服务。

(五)实施创新驱动发展战略

1. 推进科教协同,加强创新创业教育

把加强创新创业教育作为提高人才培养质量的关键突破口,以促进学生知识、技能、思维力协调发展为核心,以创新创业理念引领深化教育教学改革,培养具有专业素养、创新能力和创业意识的人才,使每个学生都具有可持续的自我发展能力。一是促进教育教学与科学研究紧密结合,促进科教协同育人。研究型大学要坚持科教协同理念,系统完善培养方案和课程设置体系,深度挖掘课程创新创业教育内涵,强化科研创新训练和综合实践环节,充分发挥高水平科学研究对于创新人才培养的支撑引领作用。二是尊重学生教育主体地位,创新知识传授模式。以现代信息技术改进提升教育教学,改进课堂教学方法,开展启发式、讨论式和参与式教学,注重批判性、创新性思维培养;改革学业考核评价机制,着重考察和培养学生运用知识提出问题、分析问题和解决问题的能力。三是改善创新创业教育条件,强化实践创新能力培养。开设一批创业教育课程,组建专兼职结合的创新创业教师队伍;加强实践平台建设与开放共享,建设校内外实践教育基地、创业孵化基地、大学生创业园,充分发挥大学科技园功能,广泛争取社会资源,设立学生创业投资基金,开展各类创新创业竞赛,为更多创客实现创意构想、开展创新创业实践提供广阔舞台。

2. 推动科技创新,走中国特色自主创新道路

实施创新驱动发展战略,最根本的是增强自主创新能力,大学要抢占创新制高点:一是把握世界科技与产业革命趋势,加强基础和前沿研究,增强自主创新和原始创新能力。基础研究的深度和广度,决定着自主创新和原始创新的动力和活

力,没有引领性的基础研究,就没有颠覆性的技术创新。要瞄准能源与资源、信息网络、新型材料与先进制造、生命科学与生物技术、农业、生态环保、人口健康、空间海洋等显现革命性突破先兆的前沿领域,做好前瞻性、战略性研究布局,促进服务国家需求与开展自由探索密切结合,着力突破关系长远发展的重大科学问题和前沿技术,取得一批标志性的原始创新成果。二是适应学科交叉融合趋势,实施有组织地协同创新。要针对学科间行政壁垒、学术组织分散化、集成攻关能力不强的问题,积极推进交叉集成,整合不同学科创新资源,以重大科学问题和重大战略需求为导向,建立基础性、前沿性、跨学科的研究院(研究中心),促进核心创新要素融合共享,培育新的创新生长点。三是服务国家重大决策,建设新型高端智库。围绕"四个全面"战略布局,发挥思想库和智囊团作用,研究提出"一带一路"倡议、经济转型升级、区域协调发展、生态文明建设、社会治理创新等方面建设性的意见,创造高质量的思想产品,为国家重大决策提供高水平的咨询建议。

3. 坚持需求驱动,促进科技与经济紧密结合

上海高校要面向上海国民经济主战场,深度融入国家和区域发展,把促进产业转型升级作为创新导向,围绕产业链部署创新链,围绕创新链部署资源链,为提升产业核心竞争力提供不竭的源头活水。要紧紧抓住"中国制造2025"、"互联网+"、生态文明建设、农业发展方式转变等重大机遇,加强产学研紧密协作,从制约产业发展的关键技术难题中凝练创新方向,以创新成果推动产业转型升级提质增效,构建科技与经济之间的桥梁,打通从研究强、科技强到产业强、经济强、国家强的上升通道。

4. 坚持开放驱动,以全球视野谋划创新

大学要把服务国家和上海的对外开放战略作为提升自身创新能力的必然选择,主动参与国际创新竞争与合作,在更高起点、更大舞台上谋划和推动创新。一是聚焦全球性问题,融入世界创新网络。围绕气候变化、能源、环境、粮食安全、食品安全、重大疾病防控等重大问题,积极建设国际联合实验室、学科创新引智基地,参与国际大科学合作项目,并以学术通行标准开展创新能力和学科水平国际评估。二是坚持引进来与走出去相结合,创新教育合作模式。一方面,借鉴吸收国外最新教育理念和内容方法,与一流名校开展教育合作,创办实质性、国际化、创新型联合学院,引进优质教育资源,推进教师互派、学生互换、学分互认、学位互

授联授,让更多中国学生在国内享受高质量国际化教育;另一方面,精准化加强外国留学生教育,有计划、有重点地培养发展中国家的精英人才和青年领袖,大力培育知华友华的未来外交人脉资源。三是着眼国际关系发展大局,积极开展中外人文交流。广泛参与国家对外文化、艺术、体育、卫生、青年等领域交流往来。特别是依托校际合作大学加强孔子学院建设,不断增强中华文化海外影响力和国家软实力。[①]

5. 坚持人才驱动,打造高水平科研队伍

重点培养和集聚高层次领军人才、青年科技人才和科技创业人才。加快形成与国际惯例接轨的人才制度,探索实施更加开放、灵活和柔性的人才引进和流动政策。在人才的集聚、流动和激励管理中,实施有利于引进海外高技术人才的居留许可制度,争取海外人才技术移民制度试点,优化上海海外人才居住证管理。充分发挥市场对资源的配置作用,构建创新人才"社会人"机制,形成适应创新活动规律的人才培养和配置体系。聚焦高水平研究开发人才、高技能生产人才和高层次管理人才三大群体,创造有利于人才成长和不断创新的政策环境,打破"单位人"向"社会人"转化的体制壁垒,探索建立充分调用人才创新活力的弹性就业机制。

(1) 遵循人才发展规律,创新人才工作机制,根据科技创新与学科建设需求,树立国际标杆,严把学术关口,下大力气引进海外领军科学家和优秀青年人才。

(2) 以激发各类人才创新活力为目标,实施人才分类管理、分类发展,着力建设教学科研并重型、科研为主型和小规模高水平的教学为主型三支人才队伍,大力发展专职科研队伍,始终保持大学创新活力。

(3) 积极与国际通行的人才选聘制度接轨,打破岗位聘任"终身制",实施"预聘—长聘"机制,细化岗位职责,严格聘期考核,逐步探索建立考核退出机制。积极探索创新团队支持机制,重点建设一批能够引领国际学术前沿、解决国家重大需求、具有国际影响力的创新团队。

(4) 用好激励杠杆指挥棒,建立动态、灵活的薪酬体系,改革科技成果使用处置和收益分配办法,激发科研人员进行成果推广转化动力。要以创新质量和实际

---

① 孙其信:"担当发展使命 提升创新能力",《中国高等教育》2016 年第 5 期。

贡献为核心,摒弃评价指标单一化、评价标准定量化、评价方法简单化的做法,鼓励在不同领域做出特色、追求卓越。

(5)坚持分类指导,完善多元化考核体系,对于基础和前沿技术研究实行同行评价,注重中长期目标和科学价值,突出原创质量和学术贡献,关键看是不是解决重要的科学问题,取得同行公认的理论突破。对于应用性研究和公益性研究,注重服务需求和转化推广目标,着眼突破产业技术难题,突出技术成果转化率和产业发展贡献度,增强关键共性技术供给能力。促进软科学研究更加满足决策需求,形成高质量战略研究报告。①

6. 坚持体制创新,提高科技成果转化水平

以建设具有全球影响力的科创中心为目标,聚焦张江,以张江国家自主创新示范区、中国(上海)自由贸易试验区、国家(上海)全面创新改革试验区联动为契机,依托高校建设一批高水平创新基地,建成若干国际领先的国家实验室、国家科学中心等综合性大平台,建设一批特色鲜明的国家重点实验室、国家工程(技术)研究中心、国家工程实验室等国家级科研平台,与科研院所和企业联合建立一批国家技术创新中心,使上海成为全球认同的创新重镇。

(1)推进科技体制创新。健全有利于激发创新活力和促进科技成果转化的高校科研体制。破除束缚创新和成果转化的制度障碍,优化创新政策供给,形成创新活力竞相迸发、创新成果高效转化、创新价值充分体现的体制机制。坚持需求导向,进一步整合资源,突出重点,建设完善科技创新的功能性平台。加快推进创新成果的集成应用和示范推广,加强科技基础能力建设,包括科技创新基础设施和研究机构、服务平台等建设,着力完善创新基础条件。着眼形成要素齐全、布局合理、功能完善、合作开放的创新体系,加快推进各类创新主体和科技金融、研发转化、政策法规、优先区域、协同创新五大功能融合发展,营造良好创新生态系统。

(2)深化科技转化体制改革。优化科技创新成果转化组织体系,提高创新能力。明确各类创新主体功能定位,构建政产学研用一体的创新网络。推进科教融合发展,促进高等学校、职业院校和科研院所全面参与国家创新体系建设,支持一批高水平大学和科研院所组建跨学科、综合交叉的科研团队。依托企业、高校、科

---

① 孙其信:"担当发展使命 提升创新能力",《中国高等教育》2016 年第 5 期。

研院所建设一批国家技术创新中心,支持企业技术中心建设。推动高校、科研院所开放科研基础设施和创新资源。深化科技转化管理体制改革,扩大高校和科研院所自主权,实行中长期目标导向的考核评价机制,更加注重研究质量、原创价值和实际贡献。赋予创新领军人才更大人财物支配权、技术路线决策权。支持自主探索,包容非共识创新,深化知识产权领域改革,强化知识产权司法保护。

完善科技成果转化和收益分配机制,全面下放创新成果处置权、使用权和收益权,提高科研人员成果转化收益分享比例,支持科研人员兼职和离岗转化科技成果。建立从实验研究、中试到生产的全过程科技创新融资模式,促进科技成果资本化产业化。实行以增加知识价值为导向的分配政策,加强对创新人才的股权、期权、分红激励。积极探索建立健全归属清晰、权责明确、保护严格、流转顺畅的现代产权制度。实施严格的知识产权保护制度,完善有利于激励创新的知识产权归属制度,建设各级知识产权运营交易和服务平台,建设知识产权强国。[①]

(六) 建设卓越的教师队伍,构建多元开放的教师教育和管理体系

1. 提高教师待遇与社会地位

建立可以提高教师地位和待遇的保障机制:一是依法保障教师平均工资水平不低于或者高于国家公务员的平均工资水平,通过改革财政经费拨款机制,实施集体性绩效工资和个体性绩效工资相结合,以进一步落实教师绩效工资制度,优化教师绩效工资结构并大幅度提高教师绩效工资基准,增强教师职业的待遇优势及吸引力。二是完善农村教师工资、职务等倾斜政策和津贴补贴制度,稳定农村教师队伍。留住高学历教师对于农村郊区教育的发展作用至关重要,要对在远郊区县农村地区长期从教及贡献突出的教师给予奖励。三是研究制定教师住房保障政策,建设专家公寓和青年教师公寓。四是切实保障民办学校及教育机构教师的社会地位与待遇,保障民办学校教师与教育机构教师及公办学校教师得到公平对待。

2. 加强师德师风建设

落实大中小学师德师风建设长效机制,坚持教书和育人相统一、言传和身教

---

① 《中华人民共和国国民经济和社会发展第十三个五年规划纲要》,http://www.xinhuanet.com/politics/2016lh/2016-03/17/c_1118366322.htm(阅读时间 2018 年 10 月 15 日)。

相统一、潜心问道和关注社会相统一、学术自由和学术规范相统一，引导广大教师以德立身、以德立学、以德施教。开展多种形式的师德教育，把职业理想、职业道德、法治、心理健康等教育融入教师培养、培训和管理的全过程，构筑覆盖各级各类学校的师德建设制度网络，全面加强教师队伍学风、教风、作风建设，努力建设一支有理想信念、有道德情操、有扎实学识、有仁爱之心的教师队伍。①

3. 强化教师培养与培训

为教师知识更新、教学技能提升提供针对性和系统性的课程群或课程包，保证教师专业发展的充分性和系统性。

建立和完善教师教育和教师培训的一体化体系，改革并形成灵活、多元、丰富、创新的教师教育学制。② 在中小学、教师进修学院与师资培训中心、大学之间建立教师培养与培训的立交桥，共享教师专业发展的教育资源，推进教师教育职前和职后一体化。建立教师专业发展的课程系统，根据教师专业发展的需要，为教师知识更新、教学技能提升提供针对性和系统性的课程群或课程包，保证教师专业发展的充分性和系统性。

4. 建设高校一流人才队伍

加快推进人才发展体制机制改革，优化人才发展环境，充分激发人才创新创业活力。落实好"千人计划""万人计划"等重大人才工程，深入实施"长江学者奖励计划"。改进人才培养支持机制，大力培养引进学科领军人才、高层次科技创新人才和青年拔尖人才。实行更积极、更开放、更有效的人才引进政策，对国家和城

---

① "国务院关于印发国家教育事业发展'十三五'规划的通知"，http://www.moe.gov.cn/jyb_xxgk/moe_1777/moe_1778/201701/t20170119_295319.html（阅读时间 2018 年 10 月 16 日）。

② 在"全面二孩"的政策下，根据 Leslie 模型的测算，如果按照"低水平方案"预测，2019 年—2024 年全市户籍人口有可能新增出生人口 6 万—12 万人，每年约新增 2 万—3 万人；流动人口在沪出生平均每年新增 2 万人左右，上海市常住人口出生数量平均每年在 26 万人左右，2016 年—2018 年将处于相对高峰期，2019 年以后出生人口数量将逐步回落。如果按照"中水平方案"和"高水平方案"的预测，新出生人口数量将达到 25 万和 77 万之多。面向 2030 年的上海学前教育资源配置必将受到"全面二孩"政策的极大影响，特别是幼儿园教师数量将陷入严重不足的局面。为此，我们或者可以借鉴非洲国家马拉维共和国的优秀经验，尝试 2 年制(24 个月，前 3 个月在大学学习理论与技能，中间 19 个月在幼儿园实习，最后 2 个月总结与思考)的幼儿园教师培养的"副学士"制度，在短期内培养合格的幼儿园师资；或者可以借鉴美国很多州实施多年的教师入职改革的成功经验，即建立"替代认证制度"，允许热爱学前教育的非专业人士，通过伦理审查制度和最低的学历要求后即可以进入幼儿园工作，在工作的 3 年之内必须取得幼儿园教师资格，这是一种"先就业后取得认证的制度"，可以在短期内弥补教师队伍数量的不足。

市急需紧缺的特殊人才,开辟专门渠道,实行特殊政策,实现精准引进。完善引才配套政策,解决引进人才的任职、社会保障、户籍、子女教育等问题。①

5. 完善教师治理制度

建立和完善民主、多元、共管、协调、和谐的现代教师治理制度,建立年度"教师专业发展日"和聘期内带薪修假的"教师学术假期"制度。健全教师专业标准,明确师德和心理健康要求,完善教师资格制度。依照科学合理、分类指导原则,幼儿园新入职教师须取得幼儿园教师资格证,依法实施中小学教师资格考试制度,进行中小学教师定期登记。探索将行业企业从业经历作为取得职业学校专业课教师资格的必要条件,将新入职教师岗前培训和教学实习作为取得高等学校教师资格的必备条件。深入推进高校教师考核评价制度改革,坚持德才兼备,以实际能力为衡量标准,注重凭能力、实绩和贡献评价人才,克服唯学历、唯职称、唯论文等倾向,引导高校教师潜心教书育人,围绕国家和城市发展战略需求开展科学研究。②

(七) 推进治理体系与治理能力现代化

党的十九大确立并阐述了新时代中国特色社会主义思想体系,其中,"坚持全面深化改革"作为基本方略之一,也再次强调了不断推进国家治理体系和治理能力现代化的重大意义。从国家机构和行政体制改革到加强和创新社会治理,蹄疾步稳的改革举措已经铺开;就教育领域而言,近五年来已初步完成"四梁八柱"的体制革新,在新时期"内部装修"阶段,既要在宏观和中观层面继续完善框架性的治理结构的优化,更需要在各个层面参与主体的教育实践中进一步增强能力建设。对上海而言,教育治理体系完善和能力建设的重点,主要集中在如下方面。

1. 加强法制建设、促进依法治理

继续完善地方教育法律体系。目前,上海出台国内首部地方高等教育法规《上海市高等教育条例》,为院校依法自主办学提供法律支撑,这是教育治理体系

---

① "国务院关于印发国家教育事业发展'十三五'规划的通知",http://www.moe.gov.cn/jyb_xxgk/moe_1777/moe_1778/201701/t20170119_295319.html(阅读时间 2018 年 10 月 16 日)。

② "国务院关于印发国家教育事业发展'十三五'规划的通知",http://www.moe.gov.cn/jyb_xxgk/moe_1777/moe_1778/201701/t20170119_295319.html(阅读时间 2018 年 10 月 16 日)。

现代化推进的重要一步。① 着眼 2035 的上海教育,需要进一步研究并制定以"学习者"权益保障为核心,适应上海全球性城市建设和学习型社会构建的法律体系。从硬法与软法两个层面双管齐下,明确政府及社会各主体所应当承担的法律责任和角色意识,努力在法律上确保每一个学习者在学习机会获取、学习资源享有、学习能力提升等方面的基本权益。努力为管办评相分离的教育治理体系构建以及能力提升扫清法律障碍。

2. 转变政府职能,提升服务质量

改进政府的教育管理方式,减少行政对于办学的干扰,进一步促进管办评的分离,提升政府综合运用法律规则、标准与问责、信息服务等现代治理手段,推动教育改革发展的能力和水平。坚持放管服相结合,深化简政放权、放管结合、优化服务改革,把该放的权力坚决放下去,把该管的事项切实管住管好,加强事中事后监管,构建政府、学校、社会之间的新型关系。强化政府在创设制度环境、优化资源配置、提供支持服务、加强督导问责等方面的治理职能。进一步推动服务型政府的建设,强化服务理念、明确服务内容、提升服务质量,提升教育服务的专业化、便捷化水平。

3. 优化治理结构,促进多元参与

遵循"人人有责、人人享有"的共治精神,建立有助于实现无边界学习和无边界学校体系建构的政—校—社主体结构,深化推进管办评、放管服改革,针对关于人民群众切身利益的各级各类教育所面临的关键问题、热点问题和难点问题,明确各利益相关者的边界和权责清单,建立问题研究、方案设计、协商行动、成果共享的联盟,健全各方有效参与教育治理的法律、规章、政策和制度体系。充分整合政府、市场和社会网络等多种动员与协作机制,努力打造广泛参与、权责明确、充满活力、灵活高效、运行规范、互惠共享的教育治理结构和格局。

4. 完善治理机制,增进协同合作

进一步完善社会参与教育决策的机制,提升各级教育决策过程中的公众参与水平,通过常态化教育舆情调查,及时吸纳热点问题进入决策议程,有效提升政府的政策回应能力。健全和优化社会参与教育评价和监管的机制,大力培育第三方

---

① 范国睿:"为上海高等教育治理现代化提供法律保障",文汇报,2018 年 3 月 19 日,第 8 版。

专业教育服务机构。探索建立向高资质、高信誉的专业教育服务机构购买学校管理、研究咨询、教育考试和鉴定、教育质量监测评价、课程资源供给等服务的机制。[①] 建立并优化社会参与学校办学和管理的机制。鼓励开放办学,努力形成家、校、社以及用人单位、行业协会、基金会和公益组织等共同参与学校教育治理的局面。改善家校关系、促进良性的家校互动,发挥育人合力。创新学校理事会和家长委员会组织机制,增加学校治理透明度。提升社区参与学校治理的程度,引导学校和社区形成互利互助的共建关系,实现基础教育的社区化治理、聚通社会和社区的教育合力。积极探索混合所有制办学,鼓励和吸引社会力量以多种方式参与办学。支持培育新型教育业态,鼓励发展互联网形态新型学校,推进办学主体和发展模式的多样化。[②]

5. 提高治理水平,彰显系统效能

努力促进现代教育治理各层次、各方面参与主体专业能力的不断提高,从而激发教育治理体系的活力、提升系统效能。一是要提升教育治理专业知识的生产能力。大力推动高水平教育智库的建设,为无边界学习及相应的教育治理体系的建设提供卓越的智力支持;积极推动跨部门教育知识生产共同体的形成、推进以数据和证据为基础的研究范式转型,促进先进教育理念和科学教育知识的传播与共享。二是要提升各方运用知识参与治理实践的能力。全面提升政府科学管理和民主决策、学校依法自主办学、社会参与监督评价的质量与效能。三是提升各主体参与、共建共享的协同能力。通过优化权力的配置、畅通理性协商和对话的渠道,培育多方信任关系和各自的角色认同,强化对于教育治理共同体卷入感和归属感,确保集体行动和公共治理的制度化。

6. 参与全球治理、扩大教育影响

进一步依托国际教育测评项目密切与国际组织的合作。积极参与国际组织重大教育行动,充分挖掘提炼中国和上海教育的成功经验,深度参与国际教育规则、标准、评价体系的研制,不断开拓与国际组织的教育合作方式,积极为国际组

---

① "上海市人民政府关于印发《上海市教育改革和发展"十三五"规划》的通知",http://www.shdrc. gov.cn/fzgggz/sswgg/ggwbhwgwj/27706.htm(阅读时间 2018 年 10 月 15 日)。

② "上海市人民政府关于印发《上海市教育改革和发展"十三五"规划》的通知",http://www.shdrc. gov.cn/fzgggz/sswgg/ggwbhwgwj/27706.htm(阅读时间 2018 年 10 月 15 日)。

织提供人才支持,广泛吸纳国际组织及其二级机构落户上海,扩大对于发展中国家的教育援助。努力为环太平洋和"一带一路"国家和地区创设更为开放、便捷和高效的教育咨询、资源、人才集聚与交换的平台,成为全球教育理念与制度创新、模式和方法创新的策源地、孵化地。努力跻身国际教育"领跑者"行列,对全球教育发展发挥更有建设性的引领作用。

7. 营造社会氛围,支撑治理转型

重塑人们关于"学习"和"学校"的常识,在更深层次上推动学校教育变革。通过各种形式和渠道的文化启蒙与宣传教育活动,改变人们关于"学习"和"世俗成功"之间在认知上的狭隘关联,让学习和教育回归本真价值,以每个人的全面发展、个性发展、终身发展为根本落脚点,以个人和公共福祉的增益为价值归宿。转变人们关于学校教育形态的"刻板印象",选取能够体现"更加开放的课堂与学校、更加融合的知识与技术、更加和谐的人与技术的关系、更加注重人的创造力的开发"的教育和学习载体,以此为突破口,改变教育者、学习者以及其他利益相关者对教育和学习的陈旧认识,为无边界学习及多元教育治理的理念与实践的运行奠定观念基础。

(八) 加快推进教育国际化进程

1. 推进教育全方位开放,提升教育国际影响力与辐射力

(1) 大力推进双向留学。健全国际学生教育质量保障体系和社会服务体系。探索高校学历留学生的学分制教学和收费制度,完善学历留学生数量统计分析与信息发布制度。鼓励高校开发特色优势专业课程,加大品牌专业和品牌课程建设力度,提高全英语授课专业数量和质量;进一步完善留学生教育质量评估和认证机制,加强质量保障。[①] 设立若干个国际学生服务中心、国际汉语教育中心、中国文化体验基地等,增进国际学生对中国文化的理解和学习环境的适应。建立健全国际学生辅导员制度、多层次奖学金体系以及校外勤工助学管理,完善国际学生的学业与生活服务机制。健全学生海外学习支持保障机制和管理机制。继续实施高校学生海外学习实习计划,加快推进其他类别教育的海外学习实习计划,扩

[①] "上海市教育委员会关于印发《上海教育对外开放"十三五"发展规划》的通知",http://www.shmbjy.org/item-detail.aspx? NewsID=6942(阅读时间 2018 年 10 月 16 日)。

大政府资金对优秀在校生的海外短期学习资助力度。① 完善全链条留学人员管理服务体系,加强自费出国留学中介管理,建立评估机制,加强事中、事后监管,优化出国留学服务。

(2) 提升国际合作教育办学水平。支持外国一流高校来沪合作办学,探索建立若干所具有国际化新机制的一流大学或二级学院,鼓励职业院校联合企业与外国院校、行业开展合作办学;鼓励本地学校、社会组织、企业行业等开展境外办学,争取建成若干个境外办学项目或机构。拓展孔子学院(课堂)的海外建设空间,建立上海孔子学院工作联盟,开展高质量、多元化活动,进一步提高孔子学院(课堂)的影响力。通过完善准入制度,改革审批制度,开展评估认证,强化质量预警和信息公开制度等多项措施保障中外合作办学质量。完善外籍人员子女就读的教育体系,满足在沪外籍人员子女就近入学需求,健全外籍人员子女教育信息管理和服务系统。

(3) 加强国际科研合作,促进中外人文交流。支持高校与国外相关机构建立联合科学实验中心、联合研究中心,积极吸引国际创新力量和资源,开展高水平人才联合培养和科学联合攻关,加强国际前沿和薄弱学科建设,促进协同创新。探索高校与国际知名科研机构合作办学新模式,支持高校自主打造国际化科研平台,面向全球引进高层次科技创新人才,推动建立国际化人才培养、实质性产学研和成果推广的合作联盟。

充分利用国家人文交流合作机制,利用上海市的区位优势和政策资源,与部分国际友好城市建立教育合作伙伴关系,整合搭建政府间教育高层磋商、教育领域专业人士务实合作、教师学生友好往来的国际合作交流平台。打造一批中外人文交流品牌项目,鼓励学校与国外学校、机构间开展多种形式的教育人文交流活动,完善中外人文交流机制相关制度,积极开展国际理解教育。②

积极配合国家的"一带一路"倡议,组织实施专项教育合作计划,建立上海"一带一路"产学研协同推进联盟,支持各级各类学校加强与"一带一路"沿线国家(地

---

① "上海市教育委员会关于印发《上海教育对外开放"十三五"发展规划》的通知",http://www.shmbjy.org/item-detail.aspx? NewsID=6942(阅读时间 2018 年 10 月 16 日)。

② "开创更有质量更高水平的教育对外开放新局面",人民日报,2016 年 4 月 30 日,第 1 版。

区)教育交流合作,资助"一带一路"沿线国家(地区)优秀人才培养培训项目,拓展与"一带一路"国家人文交流和教育合作的空间,推动上海优秀教育模式、教育经验、教育制度的对外辐射。①

2. 培养具有国际竞争力的创新人才

(1)培养更具国际竞争力和跨文化领导力的创新人才。培养一大批熟悉国际经济运作又了解各国国情、法律、文化,而且能熟练掌握外语、科技的更具国际竞争力和跨文化领导力的创新型人才。各级学校要树立国际化的办学理念,更新课程教学内容及管理制度,优化国际化教育实践模式,打造自身特色,强化自身实力,广泛吸收全球学生和人才。高校应致力于构建追求卓越的学习文化,提供多元发展的机会,以国际化视野选择具备发展潜力的特定领域,开展人才培育与科学研究的探索与实践,全面提升毕业生的知识创新能力与国际竞争力。②

(2)提高师生参与国际对话与国际竞争的能力。加强上海学生外语与计算机应用能力的课程教学,确保所有学生能够运用现代信息技术进行创造性的、富有成效的学习活动;加强教师的专业培训,包括如何在多用户虚拟环境中工作,帮助学生参与开放式、合作性探究以及运用虚拟工具评价学生的学习,使教师成为学习科学专家。共建全球教育资源共享平台,通过全球网络系统和实时同步翻译系统,推动教师与全国各地、世界各地的教师、研究者和专家在教学内容、课程、教学法等方面开展互动、交流与合作。积极扩大上海教师的全球影响力,充分运用全球网络连接,构建全球各地的教师授课体系,打造上海的全球明星教师,参与全球教学市场,为全球教育发展贡献上海优秀教师的经验。

3. 构建上海高等教育国际化联盟

遵循"合作、开放、共享、双赢"原则,根据区域内高等学校办学传统、特色优势与实际情况,有效整合各类教育资源,建立面向全球的上海高等教育国际化联盟,形成从招生、培养到就业等全链条、一条龙的信息共享与资源联盟,在更大范围内带动区域内高校的共同发展,共同打造国家乃至世界高等教育国际化发展高地。

---

① "上海市人民政府关于印发《上海市教育改革和发展"十三五"规划》的通知",http://www.shdrc. gov.cn/fzgggz/sswgg/ggwbhwgwj/27706.htm(阅读时间2018年10月15日)。
② 徐飞:"高等教育的深度国际化",http://edu.people.com.cn/n1/2016/1130/c1006-28912955.html (阅读时间2018年10月15日)。

（1）建设统一的招生信息平台。加强统筹力度，根据实际需求，建立上海高等院校国际招生联盟，统筹规划各高校的留学生教育工作。由上海高等教育国际化联盟制定统一的招生政策，利用互联网技术建设面向全球的统一的招生网络信息平台。每所具备留学生招生资格的高校，对应在世界各国设立"上海留学教育办事处"，负责招生及其他相关交流合作事宜，统筹协调各高校在该国的招生信息发布、咨询等事宜，统筹协调开展对国际留学生来华前的相关服务、咨询工作，加强信息资源互通、共享，提高工作效率。

（2）打造留学生人才培养平台。建设上海高等教育国际化联盟的留学生培养平台，根据各高校自身特色和发展优势，针对不同的留学生人才培养，大力推进校际间学科专业、课程教材共建、学分互认、文献信息等资源共享，尤其是大力推进当前较为流行的MOOCs课程的共建共享。充分调配区域内优质教师资源，开展教师互聘、名师共享工作，建立区域优质留学教育师资资源库，共同打造优质留学教育教学资源库，致力于提升留学人才培养质量，构建"留学上海"品牌的核心竞争力。同时，依托面向全球的高等教育国际化联盟，开放小语种优质课程资源，引导与世界各国共设共建在经济、文化、教育合作等领域前景广阔的专业，以全球国家语言为第一外语或优先选修的第二外语开展教学，培养具有国际视野、通晓小语种、熟悉贸易规则、能够参与国际竞争的专业化复合型国际化人才。高校留学生的培养应着力拓宽来华留学生的专业知识面，增强应用性课程及社会实践课程。针对来自不同国家、处在不同阶段和类别的留学生，通过实施留学生学业指导、一年免费汉语培训、全英文课程和面向留学生的文化讲座课程、留学生跨校文化交流活动等，强化留学过程的"精准"培养，使留学生更快地适应学习与生活，更好地融入中国文化。

（3）打造留学生就业服务公共平台。建设上海高等教育国际化联盟统一的留学生就业服务公共平台，与招生、人才培养平台形成互动机制。在政府相关部门的规划、指导下，各高校间以联盟方式开展留学毕业生就业工作，建立一套完善的面向留学生的就业工作服务体系和市场开发体系，利用强大的联盟网络体系，通过与世界各国在上海以及周边城市投资的企业、跨国公司建立长期的合作关系，为留学生提供全方位的就业指导、信息咨询以及就业合同咨询等工作。利用上海现有的创业孵化基地、创业示范基地资源，搭建面向留学生的创业公共平台，提供创业信息服务、创业基金资助和创业政策咨询服务，引导留学生毕业后在上海开展自主创业。

4. 建设全球教育与科技资源中心

整合现代教育市场资源包括资本流、技术流和信息流等，实现在全球教育网络中的充分流转和合理配置，确立全球教育网络资源要素流转和配置结点与中心的地位。

(1) 建设全球教育与科技资源配置中心。处理好教育与科技市场和政府的关系，在政府用战略引领资源配置的同时，充分满足市场主体需求，营造与优化教育与科技资源集聚的环境，在全球教育与科技资源配置的竞争中抢占制高点；紧紧抓住当前产业转型升级提供的重大机遇，催生新产业、新企业的崛起，吸引、孕育催生新产业、新企业的教育与科技创新成果；对标参与教育与科技资源配置竞争的城市，采取优势竞争、错位竞争、制度竞争、环境竞争等策略，赢得竞争优势；立足产业基础、人才优势等条件，积极顺应信息革命的浪潮，为全球教育与科技资源配置中心提供全方位的信息化环境与平台支撑。在此基础上，积极开展对全球教育变革、科技创新趋势的预测与策略研究，发挥上海高校、科研院所和企业在科技创新优势，努力集聚全球创新资本、创新机构，积极推动协同创新，引领全球科技前沿核心技术、关键技术先行突破的技术创新源，将上海建设成为全球教育与科技资源配置中心。[1]

(2) 建设全球教育与科技信息、人才枢纽。依托上海的教育市场优势和金融、贸易、创新、文化等功能基础，建设具有全球影响力的教育市场信息、技术信息、文化信息策源中心。[2] 集聚具有国际影响力的各类传媒机构和信息平台，吸引与引导发展高度发达、传播广泛、识别度高的网络新媒体和自媒体平台，集聚多元信息服务主体集成大数据产业集群，构建世界级的教育信息服务中心城市，打造泛在、互联、智慧、智能的未来教育与未来城市。推出具有竞争优势、开放的政策，提供具有竞争性的税收政策，积极吸引经济性移民和海外留学生，确保企业能够招聘

---

① 马海倩、杨波："上海迈向 2040 全球城市战略目标与功能框架研究"，《上海城市规划》2014 年第 6 期。

② 马海倩、杨波："上海迈向 2040 全球城市战略目标与功能框架研究"，《上海城市规划》2014 年第 6 期。

到优秀的创新人才,推动世界一流大学建设进程,吸引更多高水平科技创新领军人才,提高就业的政策灵活性,努力营造吸引创新人才宜居的、充满活力的人文与自然环境,创造促进各类创新人才流动的政策环境,重点吸引四种人才:一是引领潮流的人才,主要包括能够创造新产品、新市场,创造就业岗位、具备创业观念、善于识别创业机会及其潜力的创新、创业、创意人才;二是掌握资源的人才,主要包括掌握全球资本的人才、掌握全球信息的人才、掌握全球人才资源的人才、掌握国际社会资本的人才;三是具有卓越影响力的人才,例如卓越领导人才、业界精英、科技或者文化大师等;四是最具潜力的人才,例如海外留学生以及青年人才。在此基础上,逐步将上海建设成为集聚创新人才的全球枢纽。[①]

(九) 以信息化全面推进教育现代化

1. 加强智慧校园与智慧学习环境建设

推进智慧学习环境、智慧校园、虚拟学习环境的建设,使家庭、学校、社区的教育环境更趋于情境化,有效推进真实环境与虚拟环境的结合、线下与线上学习系统的结合,引导学生从课程中学习,从社区、社会中通过真实的体验来学习。

将各种学习载体、空间与内容相互连接,创设智能或智慧化的学习环境。基于多种学习理论,为学生学校生活创设提供多样化的、可变形、可重组的活动与交往空间,促进学生的全面发展。支持教师开展多样化的教学活动,需要创新学校的空间布局,打破固定功能的设计思维,促进学生学习区、活动区、休息区等空间资源的相互转化与重组,利用新的技术实现真正的泛在学习(U-Learning),强化图书馆、博物馆、专业机构等场所的教育功能,增加虚拟的信息系统,为每个学习者构建个性化、连续性的学习环境,突破实体学习场所与虚拟空间的界限。建立"人人通"云教学平台,构建"学习圈"。

2. 构建个性、多元的学习资源公共服务平台

打造在线课程学习平台,全面实现学习者的个体资源库。建立支持内容展示、学生学习、交流互动等功能的统一在线学习平台,支持 MOOCs、微课程等各种资源的有效应用。建立学习资源平台。重点包括中小学电子课本、专用图书库、MOOCs 系统、自适应题库系统、课程资源平台、课程 APP 资源库等。实施数字教

---

① 汪怿:"我国亟待构建全球人才枢纽",《光明日报》,2016 年 3 月 1 日,第 16 版。

材工程。推进各类教材的数字化工作,构建多媒体交互式的新型教学资源体系,以虚拟现实、混合现实等技术为基础,开发各类创新型学习资源,支持学习路径与方式的改变。

3. 构建学习大数据平台,提供精准的学习分析

推进大数据、云计算、物联网等新技术的不断创新与在学校环境中的应用。构建全市统一的学生数据库和过程性分析系统。以信息技术为支撑,建立学习者学习记录与分析系统。综合使用学生档案袋、统一学籍系统、在线学习平台等体系自动采集学习者各类学习数据、社会活动数据、日常表现数据等,为学习者综合评价提供重要依据。各个学科按照年龄阶段建立学习者能力指标和学科知识基本要求,建立能力常模,并以此建立自适应题库系统。把学习者的学科知识要求明确化,分离考试的知识考察和选拔功能。在各个学科建立标准化的计算机测试系统,充分应用计算机自适应考试等技术建立完整的学科能力与知识水平检测体系。基于大数据技术、学习者能力水平要求等构建基于数据的学习者评价模型。研究并制定各学科的认知诊断模型,通过过程性评价发现学习者在学习过程中的认知缺陷,实施适当干预。建立综合评价模型评测学习者的能力水平和特长,为各类选拔提供有效支持。评估学生的学习特征与优势潜能,为每一位学生提供定制化的"学习课程与进度表",因材施教,促进学生的个别化学习与成长。以 AI 技术为代表的技术创新将带来教育与教学的全面改革。跟踪全球技术发展趋势,建立技术驱动的创新机制,结合上海教育特点,创造性地解决各类教育教学问题,使上海成为教育创新的重要策源地。

(十)加强教育保障能力建设

1. 继续加大财政性教育经费投入,优先保障教育事业发展

保证教育投入是公共财政的重要职能,各级政府应依法履行财政性教育经费投入的责任。一是建立财权与事权相匹配的教育财政体制,保证各级政府财政性教育经费的稳定增长。继续加大市级财政对教育的投入,财政性教育经费占财政支出的比例应达到高收入国家和城市 2035 年的预测水平。同时合理配置公共教育经费,突出重点领域和薄弱环节,向郊区以及经济欠发达地区倾斜。二是构建科学合理的教育财政配置结构。完善城乡一体化的财政保障机制,缩小区县间公共教育财政性经费的差距,均衡区县内公共教育财政性投入水平。优化公共财政

在教育系统内各级各类教育间的分配比例,加大公共财政对基础教育的投入力度,建成普惠性基础教育体系。三是建立激励和考核机制,调动区县政府投入教育的积极性,建立区县严格执行教育经费预算、决算向同级人民代表大会或其常委会报告制度,建立对区县政府教育经费投入的监督机制,将预算内教育经费占财政支出的比例作为考核区县政府对教育投入强度的指标。[①]

2. 调动社会资本的积极性,优化经费分担机制

创新教育的投融资机制,提高全口径教育经费水平。一是落实《民办教育促进法》,结合上海的财政能力、教育发展水平与经济发展速度的适应情况,测算财政性经费与社会资本分担的弹性比例,形成政府财政与社会投入双轮驱动的动态调整机制。二是对社会捐赠教育应当给予更加优惠的税收政策。参照国际通行做法,对企业捐赠、投入教育的支出超过企业年度利润总额12％的部分,准予在五年内从当年应纳税所得额中扣除。[②] 三是完善非义务教育阶段的成本分担制度,根据各学科生均成本、政府拨款、物价水平等因素,参照国际标准,合理调整非义务教育阶段学校的学费不低于生均总成本的25％。建立学费正常调整机制和成本补偿机制,同时逐步健全学生资助与奖励体系。

3. 加强经费管理,提高使用效率

全面推进教育经费精细化、科学化管理,坚持开源、节流并重的原则,一手抓增量,一手抓管理。一是建立科学的教育财政预算机制,严格各级各类公办学校基本办学标准、生均经费标准、生均拨款标准,为编制学校预算和教育预算提供科学的依据。二是完善经费统计体系。建立统一、科学的统计口径,及时准确地掌握各区县各学校师生员工的实际数量和教育成本。三是形成学校内部经费支出的合理配比,建立普通高等院校、高等职业院校财政预算教育事业费支出比例、人员经费支出比例,确保财政性经费的充足合理使用。四是注重资金使用绩效评价,逐步探索建立绩效预算,加强教育经费的监测问责,发挥教育投入的最大效益。[③]

---

① 杨冬华:"浅析优化教育投入的路径",《教育导刊(上旬刊)》2012 年第 4 期。

② 全国人大科教文卫委员会调研组:"加大教育经费投入,保障教育事业发展",《求是》2011 年第 4 期。

③ 全国人大科教文卫委员会调研组:"加大教育经费投入,保障教育事业发展",《求是》2011 年第 4 期。

二、建设学习型社会，完善全民共享的终身教育体系

（一）推进学习与课程变革

1. 打造智慧化课堂与校园学习空间

打破知识与生活界限，面向真实问题重组教学内容，采用主动的、探究式的、项目化的学习方式，创设更多的实践与动手操作机会，鼓励学生将知识学习与问题解决、创新能力提升结合起来，让学生运用所学知识解决实际问题，建立掌握知识与实践变革之间的深层联系，在积极体验中学习知识、培养能力、养成个性。

（1）建立新技术条件下的课堂规范，从个体需求的层面建立课堂标准。建立支持信息化学习的软硬件体系。学校内全面实施数字化教室、数字化实验室、数字化阅览室等标准功能教室建设。有条件学校可开展基于物联网等技术的智能校园建设。

（2）实施课堂实体延伸工程。在图书馆、博物馆、动植物园等场馆建立数字化学习设施，支持学习者课外学习的记录，建立社会场馆的统一数字化学习资源，通过身份识别、自动定位等多种技术把优质学习资源推送给学习者，支持学习者在真实情境中的学习。建立家庭教育支持体系，提供家庭教育咨询服务，建立家校互动体系。

（3）构筑虚拟学习平台。利用互联网、虚拟现实技术、人工智能等新技术，构筑以学校、社会教育场所为节点的虚拟学习平台，实现实体学习环境与虚拟学习环境的高度融合，充分发挥各自优势，全面支持学习的有效性。

2. 构建个性、联结与跨学科的课程体系

引导课程内容突破学科与生活界限，加强学生个体与自然、社会生活的联系，通过校内外课程资源的有效整合，丰富学生的课程内容选择。在课程教材、教学设计上广泛应用数字技术，促进学习内容的可视化、虚拟化、全息化，促进学生的深度体验与问题学习，变革以知识为核心的学习模式，培养学习者的创新能力与问题解决能力。加强各学科之间的融合，通过序列化的问题把各学科知识串联起来，形成更加全面、相互衔接、融会贯通的课程结构，引导学生形成更加完备的思

想、思维和知识体系。①

（1）推进标准课程建设。基于核心素养、知识与技能，构建统一的课程体系基础上，推动全市共建共享课程与学习资源平台，推进课程与学习资源的多样化，从资源共享走向课程、学习内容的全面共享。

（2）个性化课程支持计划。基于学习者个性特征与自主意愿，实现学习者的个性化课程选课，开展以学校为节点的学习者个性化课程方案的设计与实施，在学校之间、区域之间实现课程的学分互认。利用大数据、云计算、物联网等新技术，搜集学生学习的过程信息，评估学生的学习特征与优势潜能，为每一位学生提供定制化的"学习课程与进度表"，为教师提供个性化的教学方案。②

（3）打造在线课程学习平台。建立支持内容展示、学生学习、交流互动等功能的统一在线学习平台，支持 MOOCs、微课程等各种资源的有效应用，全面建设面向学习者的个性化资源库。

3. 促进跨界的主动学习与深度学习

面向真实问题重组教学内容，采用主动的、探究式的、项目化的学习方式，促进学生学习方式向交互性、情境性、连续性转变，促进学生主动、深度与跨界的学习，让学生在积极体验中学习知识、养成个性、培养能力。打破知识与生活的界限，鼓励学生将知识学习与问题解决、创新能力提升结合起来，让学生运用所学知识解决实际问题，培养创新能力、问题解决能力。继续加强对深度体验与学习的评价，实现多样化多层次评价。推进信息技术在知识表征、师生互动、教学评价等方面的有效应用。

（1）建立学习者过程性评价系统。综合使用学生档案袋、统一学籍系统、在线学习平台等体系自动采集学习者各类学习数据、社会活动数据、日常表现数据等，为学习者综合评价提供重要依据。通过过程性评价发现学习者在学习过程中的认知问题，实施适当干预。建立综合评价模型评测学习者的能力水平和特长，为各类选拔提供有效支持。

---

① 曹培杰："未来学校的兴起、挑战及发展趋势——基于'互联网＋'教育的学校结构性变革"，《中国电化教育》2017 年第 7 期。

② 曹培杰："未来学校的兴起、挑战及发展趋势——基于'互联网＋'教育的学校结构性变革"，《中国电化教育》2017 年第 7 期。

（2）建立学科标准化测试系统。各个学科按照年龄阶段建立学习者能力指标和学科知识基本要求，建立能力常模，并以此建立自适应题库系统。把学习者的学科知识要求明确化，分离考试的知识考察和选拔功能。在各个学科建立标准化的计算机测试系统，充分应用计算机自适应考试等技术建立完整的学科能力与知识水平检测体系。

（3）探索多样化的学习模式。研究学习者在不同条件下的学习模式，建立线上—线下学习、正式—非正式学习的一体化学习模式，包括在人工智能环境下的学习模式。

4. 促进学习资源的有效变革

利用数字技术实现学习内容的可视化、虚拟化、全息化，实现深度体验与学习。改变传统教育中以课本和教辅材料为核心的资源供给模式，改变资源呈现方式，革新资源管理与推送模式，为每一个学习者提供合适的个性化教育资源。利用智能终端、人工智能等新型技术，实现学习资源的多样性，在微观层面基于个性化测试建立资源的个性化推送机制。

（1）建立学习资源平台。重点包括中小学电子课本、专用图书库、MOOCs系统、自适应题库系统、课程资源平台、课程APP资源库等。

（2）推进数字教材工程。推进各类教材的数字化工作，构建多媒体交互式的新型教学资源体系，以虚拟现实、混合现实等技术为基础，开发各类创新型学习资源，支持学习路径与方式的改变。

（3）建立资源个性化推送机制。借鉴谷歌、百度搜索引擎功能，开发线上学习资源推动机制，同时充分了解教师、学生的学习需求，结合课程内容、学生能力水平，将基于信息技术打造的多样化的相关资源进行定期推动和定点推送。

（二）促进学校教育形态的变革

1. 重塑教师角色

随着新技术的普及与应用，课堂时空界限的突破，传统学校模式下的以教师为中心的知识传授角色与职能将被消解，新的教师角色将被重塑，教师将承担更加多样的职能。

（1）引导教师成为学生学习的协同者。在学生学习过程中，教师与学生构成学习共同体，围绕着学生的发展目标与学习任务，协同参与学生问题解决与知识创新过程。在学生学习的探索与创新过程中,教师积极激发、鼓励学生敢于面对学习中的不确定性与风险,促进学生基于问题的探索与知识创新,激发学生潜能,促进学生创新素养的发展提升。

（2）培养教师成为学生学习的评估者。教师突破传统的纸笔标准化测试,借助于信息技术平台,全面收集学生学习与发展的数据信息,综合评估学生发展状态,及时将信息反馈给学生,与学生一起依据评估信息调整学习进展情况。教师重视对于学生创新能力、合作能力、学习适应与社会责任等关键能力的评估,采用观察、档案袋等多样质性评估方法评估学生学习状态。

（3）鼓励教师成为学生发展的交流者。教师除了承担学生学习的"传道""授业""解惑"等职能外,还要承担学生发展的引领与交流作用。教师应重视学生在非学习领域中的发展问题,及时与学生交流,了解学生发展中存在的身心困惑与问题,平等、民主地与学生交流,引导学生合理认识,引领学生跨越成长困扰,促进学生个性而全面地发展。

（4）促进教师成为专业成长的学习者。教师作为学科知识的学习者,及时更新知识储备,了解学科发展前沿,把握学科发展的脉络与趋势,以更好地应对学生学习的需求与挑战,为学生的学习提供信息与可能指导。教师作为教学专家的学习者,及时总结反思自身的教学专业发展状况,明晰自身教学中存在的问题,不断更新教学理念,倡导探究式、启发式的教学方法,创新教学模式与策略,更好地激发学生学习兴趣,促进学生健康、快乐地学习成长。

2. 重构以学习为中心的学校文化

信息时代的到来必将打破传统学校中存在的以教学、学科与标准为核心的学校文化,新的以学习为中心的学校文化将被重构。

（1）塑造新的学习文化。在学校教育中,建设以学生为中心的学习文化。学校教育与教师工作的一切内容与方式都是为学生的学习服务的,都是围绕着学生学习活动构建与创设的。学习成为学校文化中的核心关键词,学习的内容与方式将产生颠覆性的变化,学生的学习不再局限于传统意义上的课堂学习与知识学习,而是突破时间与空间的局限,弥漫于整个学校环境与教育内容之中,时时、处处、随时随地皆可以学习。

（2）营造问题解决文化。学习重视知识的实践意义,注重学生基于问题解决的学习文化,注重学生问题解决与创新能力的培养。学校与教师将创设更多、更真实的问题情境,引导学生面对现实问题,利用已有的知识与信息解决现实问题。促进学生学习方法的多样化,探索基于问题的学习、基于项目的学习、基于方案的学习、基于合作的学习、基于线上线下的学习、混合学习等学习方法,提升学生学习的效果,培养学生学习关键能力与素养的提升。

(3) 打造个性文化。强调个性文化,尊重学生个体的兴趣与天赋差异,追求适合的教育,为学生量身打造个性化的学程,促进学生的个性化成长。强调个性化,尊重学生在学习过程中的特征与差异表现,不再用一把尺子去衡量所有学生,而是强调用多把尺子去评价学生,积极肯定与鼓励学生的成长进步,促进学生成为成功的学习者。

3. 重建以互联网络为中心的学校环境

在信息化时代,学校日程的严格性、学习和生活的清晰界限将发生变化。学习将超越学校围墙,灵活的学习群体、时间安排与学习空间将使学习者能随时随地地利用学习资源,开展学习活动,学校将重建以互联网络为中心的学校环境。

(1) 构建智能的学习环境。推进大数据、云计算、物联网等新技术的不断创新与在学校环境中的应用,将各种学习载体、空间与内容相互连接,创设智能或智慧化的学习环境。基于互联网络全面搜集学生学习的过程信息,评估学生的学习特征与优势潜能,为每一位学生提供定制化的学习课程表,因材施教,促进学生的个别化学习与成长。

(2) 探索灵活的学习方式。正式学习、非正式学习、非正规学习等学习方式将随着学习边界的连接与跨越,而生成灵活多样的学习活动。学生在课堂内外与学校内外将产生大量的学习行为,如浏览网页、观看科普节目、参与教育游戏、参加MOOCs 等。加强校外学习资源平台建设,引导学习者依据其兴趣与意愿,主动投入和搜集信息、寻找教学资料、注册在线课程与追求校外知识等。

4. 创新多样开放可选择的学校制度

学习的变革将带来学校教育的制度变革,打破封闭、单一与割裂的传统学校教育制度,创设多元、开放与可选择的学校教育制度。

(1) 多样化。在信息技术的助推下,学习将不再是谋生的手段,而是学生个体成长与发展的重要方式。基于学生的个性与发展差异,学校制度将针对学生的多元与分化,提供多样化的学习时间、空间与内容,构建基于学生差异的多样化学校制度,为学生的个性发展提供制度保障。

(2)开放性。未来学校教育将打破普通教育与职业教育、学校教育与社区教育等教育边界,在普通学校与职业学校、基础教育学校与高等教育院校、学校与社会之间建立联系与对接的途径和机制,构建开放性的学校制度。学生可随时在不同的学校环境接受不同的教育内容。通过评估与审核之后,将获得相应的认证学分,自由地在普通教育与职业教育、学校教育与社区、企业等机构之间流动往返。

(3)可选择。学校教育以学生为中心,以学习为中心,这就意味着要充分尊重学生,个性化教育将成为学校教育的核心诉求。建立可选择的学校制度将成为学生自由、自主发展的基本保障。学校将基于学生个性与学习进度,提供多种资源、多种渠道和多种模式,基于网络信息平台提供良好的选择机制,不断提高适合学生发展水平的教育,差异化对待学校中的每一位学生,尤其是学习困难学生和特殊儿童,确保每一个孩子都能成功。

(三)构建互联互通的学校教育体系

倡导与实践以学习者为中心、以促进学习为主线,促进课内与课外、课程与非课程学习资源、学校与社区以及各级各类教育之间的相互衔接,系统地构建全方位、全过程支持学习者自主学习的课堂、课程、学校与教育体系、制度。致力于推进信息技术、互联网技术、虚拟现实技术等在教育教学中的普遍应用,使学习从课堂延伸到课外、从学校延伸到社区,学生的学习活动不再受制于时空与场景、真实与虚拟,打造以学校为枢纽、连通社区与家庭的学习资源枢纽,构建互联互通、开放共享的教育新形态。

1. 推进0—6岁托幼体系建设

(1)建立以社区为依托、以幼儿园为主要基地、以企业为辅助、以市场机构为补充的多样化的托幼教育机构,形成保教与教育相结合、机构与家庭相联系的、以儿童健康发展为导向的0—6岁托幼体系。

(2)建立由政府部门承担主要责任,健康服务站、家庭、社区等多方社会力量支持与协同的教育发展的体制机制。组建由高级儿童保护官员、学前教育专家、心理学家、儿科医生、咨询师和其他领域的专家以及与家庭合作的相关机构包括社区部门、卫计委、民政局、妇联、教育局等单位的人员组成的托幼联合教育委员会,设立分管不同事项的部门,如法律部门、家庭教育部门、社区教育部门、特殊教育部门、医疗保障部门、营养保障部门等,共同制定托幼教育政策,促进、协调托幼教育事业的发展。政府作为主导方与协调方,要为教育授受主体提供法律保障。

2. 顺利实现幼小衔接一体化

树立"以人为本"和"儿童本位"的幼小衔接理念,建立健全幼小衔接教育机制,科学、有效地解决幼儿园教学过程中小学化倾向的问题,做到资源整合、体系打通,实行教师跟班、教学过渡,教育资源均衡配置一体化,具体包括:

(1) 教育模式一体化。打破学前教育和小学教育的边界,构建连续性教育体系,让幼儿在入园前、入园后及进入小学后的学习、课程和能力标准等具有连贯性。根据儿童发展规律和不同年龄阶段学习特征,划分三个"学习发展阶段":早期学习阶段(2—4岁),初级学习阶段(幼儿园大班—小学2年级),进阶学习阶段(小学3年级—5年级)。设置连续性学习阶段,可以有效防止重复学习,避免幼儿园教育目标与小学入学标准不对等。

(2) 教师教学一体化。形成幼小教师合作团队。鼓励幼儿园教师与小学教师合作,一起编制课程、教案,进行教学互换和走班制教学(小学教师到幼儿园任教,幼儿园教师到小学低年级任教),围绕共同主题定期交流研讨,形成长久的、深度的合作伙伴关系。[1] 双方定期开展听课、评课等教研活动,彼此了解幼儿在不同学习阶段的教学状况和发展特点,实现轮岗学习、双向联动、资源共享。

(3) 学校家庭一体化。开展家校互访、园校合作,依据不同的家长需求,开设相应的指导类课程,采用家园沟通平台实时交换教育信息,社区家长学校定期开展育儿专题讲座,聘请业内专家,小学或幼儿园资深教师进行定期指导,相关研究团队实时跟进,不断引导家长向科学化的育儿方向发展。

(4) 儿童发展的生态系统一体化。加强儿童的幼小衔接,促进儿童更好地入学过渡,不能仅仅着眼于提高儿童的"入学准备",而应该在家庭、学校、托幼机构、社区等多方面做好"准备":注重儿童所处生态系统对幼小衔接的影响,充分认识到儿童发展所在的生态系统,包括处在微系统的学校、托幼机构和家庭,外系统的

---

[1] 邬春芹:"西方发达国家促进幼小衔接的国际经验",《比较教育研究》2013年第2期。

家长工作、社会服务、健康保障等以及宏系统的社会文化价值观、政治制度等都对儿童的幼小衔接产生影响。[①]

3. 建立贯通融合的职业教育和继续教育体系

（1）开展中小学生职业体验学习。增加选修课和拓展性学习活动，提供中小学生多样性职业体验学习和职业探索机会，培育学生职业认知和职业意识，开展职业技能学习。

（2）搭建中小学生职业体验平台。综合利用职业教育开放实训基地、课程和师资，开展"职业教育活动周""职业学校体验日"等活动，推动在普通中小教育中的职业教育渗透。

（3）建立普职融通、中高本贯通的学校职业教育体系。建立普通高中和中等职业学校之间的合作融合，建立中等职业学校和普通高中统一招生平台，探索"课程互选、学分互认、资源互通"。完善中高职衔接和中本贯通机制，为学生进一步学习深造打开上升通道。发展技术应用型本科教育，使学习者在职业技术教育体系和学术的两个平行体系之间自由和畅通的流动，实现技术技能人才的衔接和贯通培养。

（4）推进学校职业教育与成人继续教育的有机融合。推进学校职业教育与职业培训的并举与融合。加强对企事业单位员工和转岗、再就业人员等社会群体的职业技能培训，支持各类职业院校面向社会开放教育培训资源。利用与开发学校机构资源，开展校企合作和工学结合，为在职成人提供技术和职业教育与培训、不同形式的高等教育以及成人学习的机会，建立多元化的职业学习路径。适应上海产业发展和促进就业的需要，面向不同社会文化背景的高校毕业生、在职职工、退役士兵、来沪从业人员、职业农民、农村富余劳动力、失业人员等群体，大规模开展就业技能培训、岗位技能提升培训和创业培训。

（5）建立和促进跨部门多元主体合作的育人机制。制定跨部门的合作政策。在职业技能发展、技术和职业教育与培训和高等教育之间，消除不同形式的部门壁垒。制定多元主体合作的育人机制。以政府为主导，推进职业院校内涵发展和

---

① 李敏谊、崔淑婧、刘颖："近十年国外不同利益相关者对于幼小衔接问题看法的研究综述"《外国中小学教育》2010 年第 5 期。

专业建设,推进课程开发;以企业行业为主体,以职业院校为基础,以职业培训机构为补充,建立终身职业教育和学习格局,形成政府、行业、企业与学校合作的职业育人机制。加强"双师型"教师队伍建设,设立职业教育教师专业发展专项资金,鼓励专业教师获得专业技术资格或职业技能资格,成为"双师型"教师;吸引企业专业人才和能工巧匠担任兼职教师,形成专兼结合的"双师制"教学团队。实施市民终身学习促进工程,鼓励各级政府部门、各级各类学校、企事业单位和社会力量办学机构为社会提供教育教学资源,充分发挥公共文化设施、新闻媒体的社会教育职能。[①]

(6)建立学分积累转换制和职业资格框架。建立学分积累与转换制度。由于职业能力开发和终身学习超越了正规教育体系,还包括工作、社区和休闲生活中的非正规、非正式学习,因此需要以政府为主导,发挥企业行业的作用,完善培训补贴政策,探索实施在职人员带薪继续教育假制度,健全继续教育激励机制,建立劳动者培训个人账户,整合各种学习情境中的非正规和非正式学习成果,实现技术技能等学习成果的互认和衔接。建立国家资格框架体系。制定职业资格框架,确立透明、高效的技术和职业教育与培训质量保证系统,提高技术和职业教育与培训资格证书的透明度和认可度,建构连接技术技能型人才供需之间的纽带,实现学习者和劳动者之间的转换,确保职业教育与培训适应劳动力市场的需求。

4. 加强高中教育与高等教育的衔接

伴随着高中教育的普及与高等教育进入普及化,高中教育与高等教育相互衔接、相互合作的共生关系将日益显著。积极建立高中和大学的有效合作机制,鼓励大学向高中开放课程、实验室、图书馆等教学资源,开展大学先修课程,为高中学生开辟学习发展的新途径与新空间。[②] 加强高中与高校科研院所、社会机构合作交流,推进课外与校外创新教育,为学生的自主成长与创新发展提供更多机会和更多平台。

---

① "《上海市中长期教育改革和发展规划纲要(2010—2020 年)》",http://old. moe. gov. cn//publicfiles/business/htmlfiles/moe/s4604/201010/110458. html(阅读时间 2018 年 10 月 15 日)。
② "《上海市中长期教育改革和发展规划纲要(2010—2020 年)》",http://old. moe. gov. cn//publicfiles/business/htmlfiles/moe/s4604/201010/110458. html(阅读时间 2018 年 10 月 15 日)。

（1）推动高等教育与基础教育的全方位贯通。高校加强顶层设计,打通大学与中学人才培养的各个环节,实现高等教育与基础教育全方位的贯通和融合。推进高中与高校的人才培养理念的融合,遵循"专业方向分类指导、强势项目重点建设"的原则,将高校的人才培养理念和方式向高中教育延伸,同时通过在高中共同设立创新班、开发课程、师资进修培养、建设实践创新体系、共建共享实验室、共建优势项目、开设夏令营等,构建高校—高中多样化协同模式,积极推动高校与高中开展深度合作,促进高中教育与高等教育的协同发展,为青少年从高中教育到高等教育的可持续发展创造良好的制度环境与基础。

（2）实施高中与大学课程合作计划。高校应主动对接中学办学特色和需求,形成一套理论与实践、学习与探究、体验与创新相结合的课程体系。[1] 一是实施大学先修课程(AP课程)计划:高校与高中合作系统开发衔接高中教育与高等教育的先修课程体系,课程目标、内容与教学方式以顺利衔接高校专业教育为宗旨,以问题的提出、发现和资料分析整理为特点,以小组合作学习为主要形式,重在培养学生的批判性思维、专业学习的态度和意识。积极推进大学慕课先修课程的建设,并提供两种学习模式:一是随堂学习模式,即规定课程开始与结束时间,每周固定学习任务,与面对面课堂教学相似;二是自定步调学习模式,学习者可随时随地学习。二是高校和中学应聚焦学生专业兴趣的培养和专业志向,共同建设与开设以学生兴趣发掘为导向的研究拓展性课程,共同开发课程教材与开展教学研究,逐步搭建高校—高中课程教学共建共享的合作平台。同时,高校应遴选一批MOOCs课程,供学有余力和感兴趣的高中学生自由选读。

（3）探索建立多元评价体系。建立基于"知识探究、能力建设、人格养成"三位一体的早期创新人才评价标准,打破"唯分数论"的人才选拔机制,推进综合评价,探索形成高中学业水平考试、高校考核、综合素质评价相结合的多层次评价体系。[2] 在坚持统一考试的前提下,改变高考一考定终身的选拔方式,逐步实现招考分离、综合评价、多元录取,继续扩大高校招生自主权,逐步全面推行"学校自主招生、学生多次选择"的高校招生录取模式。

---

[1] 张杰:"大学中学一起携手　共架人才培养桥梁",《上海教育》2013年第19期。
[2] 张杰:"大学中学一起携手　共架人才培养桥梁",《上海教育》2013年第19期。

(四) 打造学习型社会，构建终身教育体系

1. 推进城市文化氛围营建工程

(1) 打破城市空间隔离，整合城市文化资源。建构以政府为主导、社会力量共同参与的智慧化学习型城市。以上海市文广局为主体，通过推出文化创新工程，充分利用城市博物馆、美术馆、公共图书馆、各级文化馆、文化站、文化活动室、工人俱乐部、青少年活动中心、活动营地、艺术表演场馆、公共文化活动场馆等，构建覆盖全市的公共文化基础设施网络，形成"15分钟公共文化服务圈"，为上海市民开展学习、享受文化活动提供坚实基础和重要场所。借助开放空间打造公共艺术，发挥公共场所的文化载体功能，将富有教育意义和价值的知识、理念融入城市空间，充分利用城市地铁、车站、机场、交通站点、户外大屏、公园、文化创意园区、广场绿地和居住集聚区等公共空间资源，为市民营造无时无刻、无所不在的学习资源和学习氛围，构建具有上海特色的"学习"型城市。

(2) 打破教育资源封闭，实现学习资源无障碍流通。建立市图书馆异地借还书"一卡通"服务，实现全市图书资源的无障碍借还。倡导在地铁、车站等公共场所开展"图书漂流"活动，在各区开展"公益巡演""城市开放讲座""免费巡展"等活动，打通学习资源封闭、静止现状，实现学习资源馆与馆、区与区、人与人间的自由流动和传递，为市民获得优质、充足、平等、便利的学习资源提供机会，推进全市人民共享城市文化成果。

(3) 推动学校教育资源向社会开放。以高校和正规教育培训部门为主体，逐步为市民开设包括艺术欣赏、文学修养、社会活动、情绪心理等通识性开放学习课程，并借助网络平台，将课程内容进行同步直播。着力推进城市网上学习课程和资源库建设，发挥高校在城市学习和公民教育的引领和示范作用。

(4) 推动学习型城市的跨部门协作和资源整合。以政府为主导，发挥全社会资源，建立起以政府、城市各级各类职业培训机构、正规教育部门、公司商业组织、社会文化机构、青少年活动机构、民间组织、非营利性组织及非政府组织等为主体的广泛联系的上海学习城市网络，促进相关伙伴关系建立，整合资源，共同创立"联合学习型街道建设"和"区域学习项目"，为市民提供各具特色、内容多样的学习项目和课程活动。

(5) 开展城市网络学习计划。利用信息和通信技术提升全民教育与培训质

量,尝试利用数字化阅读项目、虚拟校园、推进教师教育与教师培训活动、监测广大市民网络学习情况等,推进市民整体学习效率的提升,满足民众的多样化学习需求。

(6) 开发个人学习账户,建立个人学习积分银行。加强对非正规和非正式的学习成果评估和认证,实施市民学习账户制度,在不同形式学历教育或非学历教育不同课程间开展学分认定、累积和转换;逐步在所有教育机构和培训部门系统地、逐步地推进非正规和非正式学习认证,为学习成果的认证提供了良好的平台,搭建各类学习的"立交桥",支撑互联互通的、终身化的教育体系建设。

2. 推进教育资源共享与终身学习

(1) 打破学校资源界限,实行教师、校长校际轮岗制。实行上海市各区校际校长、教师轮岗制。规定同级公办学校正、副校长在同一所学校任职满 6 年、同级公办在编在岗教师在同一所学校任职满 6 年必须进行交流轮岗。可考虑在学区化管理、学校联盟、集团化办学、名校办分校的办学模式内,以包括全职交流轮岗、跨校兼职兼课、名校长教师工作室等多种形式开展校长教师交流轮岗,打破学校资源界限,推进优秀教师资源校际流动。

(2) 建立教育资历一体化框架,推动多种学习成果认证。建立涵盖基础教育、职业教育与培训、高等教育等不同阶段和不同类型教育资历的一体化资历框架体系,将城市教育资历框架从基础教育阶段纵向贯通至博士层级教育,横向上使职业教育、职业培训与学术教育相互打通,为各类学习活动提供相对统一的质量标准和认定机制。通过推动制定《教育资格框架》,将学习者学习成果进行层级划分,对应学历资格、职业资格,构建起涵盖正规学习、非正规学习和非正式学习在内的所有学习成果类型和等级的资格等级系统,实现对非正规、非正式学习活动及其成果的价值认可,为市民提供横向沟通、纵向衔接的学习路径。

(3) 鼓励企业为员工提供更多的交流和学习机会。关注在职者学习及其同职业相关的知识技能的掌握,制定成人及其学习支持计划,将行业组织、信息服务中心、非营利性组织、企业、志愿者团体及研究中心纳入支持计划,为成人学习者提供促进其个人发展及改善就业前景的针对性教育服务。与此同时,推广学习休假制度和学习费用援助制度,规定企业员工在满足一定条件后可享有带薪休假学习待遇,或参加学习获得相应的经费资助,激发在职人员学习热情,实现终身学习的发展目标。

3. 打破教育场所限制，建立家、校、社区联动机制

（1）活跃社区学习氛围，以社区为中心建立学习中心。各区组建各学段的专家团队，包括教师、社会工作者、医护人员、心理咨询、青少年工作者、警务人员等在内的专业工作者，定期到各个学校、各社区、街道进行巡回指导。创建社区、街道家庭教育服务中心，为社区居民提供家长课堂巡讲、心理健康辅导、亲子互动和上门辅导等活动。建立城市"客座教员制"，规定同一个社区对特定领域话题满30人可申请个性化定制讲座，由社区负责统筹、承办，区政府出资，邀请客座教员进入社区，针对性地提供讲座服务。对于有特殊需要的家庭，应联合公益组织进行长期系统的入户指导和跟踪服务。

（2）开办父母课堂、家长学校，将学校教育延伸至家庭。充分调研并了解家长参与需求和愿望，每学期要按照规定开展系列化活动，提供不同类型的课程，面向家长传授基本的教育理念、理论和方法，提高家长运用科学教育方法的能力。将"婚姻家庭教育"列为中专及其以上学校学生的公共必修课。

（3）建设一体化家长、社区、学校网络云平台。推动上海市家庭教育研究会、上海市妇联、上海市儿童基金会等组织协同合作，统一建设一体化的家长、社区、学校网络平台，并开发对应的手机APP，提供针对0—18岁不同阶段孩子的家庭教育资讯，为家长、学校、社会组织提供学习、交流、合作和发展的平台。教育行政部门为各级各类学校推荐相关的国内外优秀的家庭教养书目，向贫困家庭免费发放家庭教育的读物等学习资料；鼓励各级各类有条件和有能力的学校编写家长学校培训校本教材，进行经验宣传和推广。

4. 构建跨区域学习资源、教育资源共建共享平台

（1）形成长三角区域教育管理体制平台。推动长三角教育联动发展，共同建立都市圈教育，联动发展新机制，增强上海教育的辐射带动作用，在长三角、长江经济带及全国教育发展中心发挥上海核心城市的示范引领和辐射带动作用。整合各级地方政府因不同利益诉求导致的政策法规间的冲突及地方保护主义行为，为长三角区域教育资源共建共享提供实质性支持政策，提供有力的制度保障；加强教育与科技创新、环保等行业的多层次合作；建立学校、师生间的基层合作动力机制。

（2）形成长三角区域人才培养体制平台。聚焦区域人力资源水平，推动区域教育有效合作与联动，实现区域教育一体化，为打造世界级城市群提供人才支持和智力服务，大幅提升区域教育整体的国际竞争力。通过长三角教育协作发展、教育对口支援等方式，发挥上海对全国及周边的辐射和带动作用。统筹、集中、调整区域教育资源，将更多优质资源配置到区域共同急需的高层次、创新性人才的培养项目上，形成学科集群与产业集群的协同效应，实现人才等资源要素自由流动；建立起长三角地区高层次应用型人才、创新人才培养的协作机制和流动机制，为提升整个区域人才培养水平奠定制度基础，对全面推进素质教育、提升区域人力资源水平发挥基础性推动作用。①

（3）形成长三角区域合作办学体制平台。在长三角区域内推动共享区域内学科专业设置、自主招生共享新机制，推动长三角教育资源的共享和效益最大化；推动学校形成办学特色，实现自主发展，真正形成区域统筹教育资源合理配置和教育全方位合作与联动发展的长效机制。

三、落实立德树人根本任务，培养社会主义建设者与接班人

（一）全面加强思想政治教育工作

1. 培育和践行社会主义核心价值观

全面贯彻党的教育方针，遵循教育规律和学生成长规律。大力弘扬中华优秀传统文化，把培育和践行社会主义核心价值观融入国民教育全过程，倡导富强、民主、文明、和谐，倡导自由、平等、公正、法治，倡导爱国、敬业、诚信、友善。要立足中国国情，具有世界眼光，面向全体学生，促进人人成才。高举中国特色社会主义伟大旗帜，推动社会主义核心价值观进教材、进课堂、进头脑，着力培养学生高尚的道德情操、扎实的科学文化素质、健康的身心、良好的审美情趣，努力使学生具有中华文化底蕴、中国特色社会主义共同理想、国际视野，成为社会主义合格建设者和可靠接班人。建成高校、中小学各学段上下贯通、有机衔接、相互协调、科学

---

① 共建"长三角教育综合改革试验区"课题组，薛明扬、沈健等："推进长三角教育综合改革　实现区域教育联动发展"，《教育发展研究》2012 年第 5 期。

合理的课程教材体系,确立教育教学主要环节相互配套、协调一致的人才培养体制,形成多方参与、齐心协力、互相配合的育人工作格局。[①]

2. 推进思想政治教育工作贯穿教育教学全过程

积极组织广大师生学习和吸收先进理论,正确认识国家的前途命运,认识自己的社会责任,始终保持、不断坚定走中国道路、建设中国特色社会主义的信心信念,引领知识教育、引领师德建设,加强中华优秀传统文化和革命文化、社会主义先进文化教育,加强党史、国史、改革开放史、社会主义发展史教育,引导广大师生做社会主义核心价值观的坚定信仰者、积极传播者、模范践行者。

3. 加强思想政治教育舆情管理

加强校园网站联盟建设,建设市级部门、区县部门与各级各类学校联动的舆情工作模式,实施校园网络信息管理系统建设工程。强化课堂教学纪律,加强课堂管理和教学过程督导,教育引导教师在课堂教学中坚持正确的政治方向,坚持底线思维和理性批判,在国家法律规定的范围内开展教学活动。同时加强完善宣传思想阵地管理制度,落实哲学社会科学报告会、研讨会、讲座、论坛一会一报制度。

(二) 加强理想信念教育和道德教育

1. 加强马克思主义中国化最新成果教育

加强马克思主义中国化最新成果教育,引导学生形成正确的世界观、人生观、价值观;加强理想信念教育和道德教育,坚定学生对中国共产党领导、社会主义制度的信念和信心;加强以爱国主义为核心的民族精神和以改革创新为核心的时代精神教育;加强社会主义荣辱观教育,培养学生团结互助、诚实守信、遵纪守法、艰苦奋斗的良好品质。加强公民意识教育,树立社会主义民主法治、自由平等、公平正义理念,培养社会主义合格公民。加强中华民族优秀文化传统教育和革命传统教育。[②]

2. 构建大中小学有效衔接的德育体系

构建大中小学有效衔接的德育体系,把德育渗透于教育教学的各个环节,贯

---

① "教育部关于全面深化课程改革　落实立德树人根本任务的意见",http://old. moe. gov. cn/publicfiles/business/htmlfiles/moe/s7054/201404/167226. html(阅读时间 2018 年 10 月 15 日)。

② "国家中长期教育改革和发展规划纲要(2010—2020 年)",http://old. moe. gov. cn/publicfiles/business/htmlfiles/moe/info_list/201407/xxgk_171904. html(阅读时间 2018 年 10 月 15 日)。

穿于学校教育、家庭教育和社会教育的各个方面。创新德育形式,丰富德育内容,不断提高德育工作的吸引力和感染力,增强德育工作的针对性和实效性。① 以教育部《关于全面深化课程改革落实立德树人根本任务的意见》和《中小学德育工作指南》为基础,结合当前上海市德育工作面临的重智轻德、单纯追求分数与升学率、学生的社会责任感、使命感和家国情怀较为薄弱、教师育人意识和能力有待加强、课程资源开发利用不足、教育评价、考试、招生制度滞后于教育教学改革等突出问题,对立德树人进行详尽的制度安排和宏观设计,明确未来全市立德树人工作的重点、核心、方向、关键环节、主要内容和重要举措,做好立德树人的顶层设计工作,为各级各类学校德育实践和推动立德树人任务落地提供制度保障和方向指引。

(三) 以课程改革为抓手,落实立德树人的根本任务

明确立德树人是发展中国特色社会主义教育事业的核心所在,坚持德育为先、能力为重、全面发展的教育理念,要充分认识全面深化课程改革,以课程改革为抓手,充分发挥课堂教学的主渠道作用,整体构建符合教育规律、体现时代特征、具有中国特色的人才培养体系,建立健全综合协调、充满活力的育人体制机制,从而落实立德树人的根本任务。②

1. 明确课程建设目标

明确以德为先、能力为重的立德树人重点,推动社会主义核心价值观进教材、进课堂、进头脑、着力培养学生高尚的道德情操、扎实的科学文化素质、健康的身心、良好的审美情绪,将努力使学生具有中华文化底蕴、中国特色社会主义共同理想、国际视野、成为社会主义合格建设者和可靠接班人作为课程改革的重要目标。③

2. 深化课程内容改革

明确各学段、各学科具体的育人目标和任务,组建专家团队认真修订课程标

---

① “国家中长期教育改革和发展规划纲要(2010—2020年)”,http://old. moe. gov. cn/publicfiles/business/htmlfiles/moe/info_list/201407/xxgk_171904. html(阅读时间2018年10月15日)。
② “教育部关于全面深化课程改革 落实立德树人根本任务的意见”,http://old. moe. gov. cn/publicfiles/business/htmlfiles/moe/s7054/201404/167226. html(阅读时间2018年10月15日)。
③ “教育部关于全面深化课程改革 落实立德树人根本任务的意见”,http://old. moe. gov. cn/publicfiles/business/htmlfiles/moe/s7054/201404/167226. html(阅读时间2018年10月15日)。

准,进行高校、中小学相关学科教材的编写、修订工作。在课程内容中有机融入社会主义核心价值观的基本内容,全面传承中华优秀传统文化,弘扬社会主义法治精神,充分体现民族特点,根据社会发展新变化、科技进步新成果,及时更新教学内容。将理想信念教育、社会主义核心价值观教育、中华传统文化教育、生态文明教育、心理健康教育、劳动教育等重要的德育内容融入到现有课程内容中,同时关注学科与学科之间、不同学段之间内容的衔接,强化相关学科、各学段横向协调配合和纵向有效衔接。在课程内容中尤其关注各学段年龄的不同特点,循序渐进。

3. 推进教学方式改革

不断深化人才培养模式改革,推广自主、合作、探究的学习方式与启发、讨论、参与的教学方式,提升育人的针对性和时效性。开展跨学科主题教育教学活动,将相关学科的教育内容有机整合,提升学生综合分析问题、解决问题的能力。充分利用现代信息技术手段,改进教学方式,适应学生的学习需求,①构建网络化、数字化、个性化、终身化的教育体系,建设"人人皆学、处处能学、时时可学"的学习型社会。

4. 优化课程评价制度

政府要建立育人为本的教育政绩观,要将推进教育事业科学发展作为各级党委和政府政绩考核的重要内容,完善考核机制和问责制度。② 各级教育行政部门应建立育人为本的教育评价观,推动建立学生素质档案评价制度,将学生体育课、艺术课学习情况纳入考试招生和评价体系中,促进学生提高身心健康水平和审美素养,同时将过程性评价作为学生毕业的基本要求。加强考试招生和评价的育人导向,注重综合考察学生发展情况,引导学校实施素质教育,科学选拔人才。③

(四) 整合教育资源,形成协同育人机制

立德树人是一项复杂的系统工程,也是一项立体化的长期任务。学校是立德

---

① "教育部关于全面深化课程改革 落实立德树人根本任务的意见",http://old. moe. gov. cn/publicfiles/business/htmlfiles/moe/s7054/201404/167226. html(阅读时间 2018 年 10 月 15 日)。
② "国家中长期教育和改革发展规划纲要(2010—2020 年)",http://old. moe. gov. cn/publicfiles/business/htmlfiles/moe/info_list/201407/xxgk_171904. html(阅读时间 2018 年 10 月 16 日)。
③ "教育部关于全面深化课程改革 落实立德树人根本任务的意见",http://old. moe. gov. cn/publicfiles/business/htmlfiles/moe/s7054/201404/167226. html(阅读时间 2018 年 10 月 15 日)。

树人的主阵地,要坚持中国特色社会主义办学方向;教师是立德树人的引路人,要全面提升教师的思想政治素质和教育工作水平;社会是立德树人的软环境,要统筹协调、协同推进,营造良好的育人环境和教育氛围。完成立德树人的根本任务,需要整合学校、教师、社会各方面的力量,形成协同育人的机制,实现全员育人、全过程育人、全方位育人。各级党委、政府和全社会应该从实现中华民族伟大复兴的中国梦,培养社会主义事业建设者和接班人的高度提供立德树人的基本资源,保障高校立德树人所需的学科建设、人才培养、教学科研、校园建设等硬环境建设。要融合协调家庭、学校、社会的育人合力,在全社会、全领域构建立德树人的良好氛围。要弘扬大学精神、彰显大学文化,自觉坚持和守护大学的精神和原则,激发和保护教师、学生对于学术的兴趣、热情和追求,①让教育者和受教育者有时间、有能力、有条件关注自身、关注变革、关注世界,教学相长、携手进步,承担起自身的社会责任。

1. 探索文化育人机制

依据学校办学理念,结合文明校园创建活动,因地制宜开展校园文化建设,使校园秩序良好、环境优美,校园文化积极向上、格调高雅,提升校园文明水平,让校园处处成为育人场所;同时关注网络文化建设,开发德育网络资源,积极建设校园绿色网络。

2. 完善活动育人模式

以学校、区为单位,精心设计、组织开展主题明确、内容丰富、形式多样、吸引力强的教育活动,通过开展节日纪念活动、仪式教育活动、校园节等活动,以鲜明正确的价值导向引导学生,以积极向上的力量激励学生,促进学生形成良好的思想品德和行为习惯。

3. 积极推进实践育人

与综合实践活动课程紧密结合,广泛开展各类主题实践活动,实施"实践育人共同体建设计划",利用爱国主义教育基地、公益性文化设施、公共机构、企事业单位、各类校外活动场所、专题教育社会实践基地等资源,开展有利于学生身心发展的实践活动,不断增强学生的社会责任感、创新精神和实践能力。

---

① 纪宝成:"变革的时代呼唤宁静的校园",《教育》2008 年第 28 期。

4. 构建协同育人体系

积极争取家庭、社会共同参与和支持学校德育工作,加强家庭指导,引导家长注重家教、家风,营造积极向上的良好社会氛围;主动联系及本地宣传、综治、公安等相关部门,建立多方联动机制,搭建社会育人平台,实现资源共享共建,构建社会共育机制。

报告执笔人(按姓氏笔画排序):邓莉、冯晓楠、权衡、朱益民、刘芳、刘世清、刘春玲、刘信阳、杨小微、肖驰、吴战杰、金晨、陆素菊、周佳雯、周彬、周海旺、郑楚楚、荀渊、侯定凯、姜勇、姚小雪、秦一鸣、殷德生、郭晓琳、黄忠敬、崔海丽、梁昌猛、彭正梅、董辉、惠竞。

第二编

专题报告一

第一篇

上海经济运行与产业结构变化预测研究

上海社科院世界经济研究所

党的十九大把创新作为引领发展的第一动力,把创新驱动作为建设现代化经济体系的战略支撑,明确提出"瞄准世界科技前沿,强化基础研究,实现前瞻性基础研究、引领性原创成果重大突破"的新目标新定位,也对高校的教育和人才培养工作提出了新要求。上海拥有 60 多所高校、70 多万师生,承担着人才培养、科学研究、社会服务、文化传承与创新等重要功能,理应成为上海经济发展动力转换和建设具有全球影响力科创中心的一支不可忽视的重要力量。本报告基于对上海经济增长与产业结构变动态势的总体分析,阐述全球科创中心建设对上海人才需求的影响,提出加快推进上海人才培育体系建设的政策建议。

一、世界经济发展趋势与新旧经济周期转换

(一) 从发展趋势看中国在世界经济中的地位

改革开放以来,中国经济经历了近四十年的高速增长,1978 年到 2016 年间中国平均 GDP 增长率高达 9.7%,堪称奇迹。从 GDP 总量来看,当前中国已经超越日本成为全球第二大经济体[①],仅次于美国。从国际货币基金组织(IMF)数据来看,2016 年美国 GDP 总量为 18.62 万亿美元(占世界 GDP 比重为 24.7%),中国为 11.23 万亿美元(占世界比重为 14.9%),日本为 4.94 万亿美元(占世界比重为 6.5%),紧随其后的是德国(4.6%)、英国(3.5%)、法国(3.3%)、印度(3.0%)、意

---

① 此处各国 GDP 均以汇率换算,如果采用购买力平价(PPP)来换算,根据 IMF 数据,中国已经是世界第一大经济体。

大利(2.5%)、巴西(2.4%)、加拿大(2.0%)。① 如果将 2016 年中国 GDP 总量标准化为 1,则美国、日本、德国、英国、法国、印度、意大利、巴西、加拿大各国的 GDP 分别为 1.66、0.44、0.31、0.23、0.22、0.20、0.16、0.16、0.14。

从人均 GDP 来看,中国当前与巴西水平大致相当,距离美国、日本等发达国家仍然有不小的差距。从国际货币基金组织(IMF)数据来看,2016 年中国人均 GDP 约为 8 123 美元,如果与 GDP 前十的国家相比,美国人均 GDP 最高为 57 608 美元,约为中国的 7 倍,日本、德国、英国、法国、意大利、加拿大人均 GDP 则位于 30 000 到 43 000 美元之间②,约为中国的 3—5 倍。在全球 GDP 总量最高的十大经济体中,只有中国、印度和巴西三个国家 2016 年人均 GDP 尚不足一万美元,其中,巴西(8 727 美元)略高于中国,印度人均 GDP 则仅为 1 742 美元。③

根据国际比较项目 Penn World Table 提供的数据,如果采用购买力平价换算④,中国 2014 年人均 GDP 值比较接近美国在 1950 年、英国在 1963 年、德国在 1968 年的水平,中国经济距离欧美发达国家仍然有较大差距,未来发展空间广阔。与东亚国家相比,中国 2014 年人均 GDP 值仅类似日本在 1971 年、韩国在 1990 年、新加坡在 1976 年的水平。⑤ 从日本、韩国、新加坡的历史发展轨迹来看,其经济增长都符合"收敛假说",也就是随着人均 GDP 提升,经济增速都出现了由高转低的过程。⑥

---

① 德国、英国、法国、印度、意大利、巴西、加拿大 GDP 总量分别为 3.48、2.63、2.47、2.26、1.85、1.80、1.53 万亿美元。

② 日本、德国、英国、法国、意大利、加拿大人均 GDP 依次为 38 883、42 177、40 050、38 178、30 507、42 225 美元。

③ 如果将 2016 年中国人均 GDP 标准化为 1,则美国、日本、德国、英国、法国、印度、意大利、巴西、加拿大各国对应的人均 GDP 水平分别为 7.1、4.8、5.2、4.9、4.7、0.2、3.8、1.1、5.2。

④ 此处主要采用的最新版本 Penn World Table 9.0 数据计算(更新至 2014 年),人均 GDP 为该国实际 GDP 除以人口数量计算(2011 年为基年),其中 GDP 均为采用购买力平价(PPP)折算,因此人均 GDP 单位均为 2011 年国际元/人,与之前采用汇率换算版本不可直接比较。

⑤ 根据 PWT 9.0 数据,按照购买力平价(PPP)换算的 2014 年中国人均 GDP 为 12 513 国际元,1950 年美国人均 GDP 为 14 619 国际元,1963 年英国人均 GDP 为 12 615 国际元,1968 年德国为 12 543 国际元,1971 年日本人均 GDP 为 12 416 国际元,1990 年韩国人均 GDP 为 12 339 国际元,1976 年新加坡人均 GDP 为 12 808 国际元。

⑥ 例如日本在 20 世纪 50 年代和 60 年代的平均年度 GDP 增长率高达 8.3%和 10.5%,而在进入 70 年代后增长率出现明显下滑,1971 年—1980 年间平均增长率为 6.1%,1981 年—1990 年间平均增长率为 4.3%,之后更是进入"失去的十年",增长率下降至 2%左右韩国也有类似表现,例如其在 1965 年至 1990 年间人均 GDP 年均增长率高达 7.5%,但从 20 世纪 90 年代之后减速现象明显,1990 年至 2010 年韩国人均 GDP 年均增长率为 4.21%。

为此,根据世界银行与国务院发展研究中心联合发布的《2030年的中国》①报告预测,中国的GDP增长率将从2010年—2015年间的8.5%左右下降至2025年—2030年的5%左右②,主要原因在于经济增长已经把第一轮政策改革的成果消耗殆尽,如农业向工业转移带来的潜力已经实现、资本—劳动比已经大幅提高、人口红利已经消失、生产率增长放缓等,因此未来中国将面临进一步经济结构与增长动力的调整,这是中国经济增长的机遇与挑战。

从国际经验来看,随着人均收入水平的增长,一国的产业结构也将发生转变,主要表现为第一产业占比下降、第三产业占比提升,第二产业则表现出比重先上升后下降的趋势。从国家统计局公布的数据来看,2015年中国三次产业(农业、工业、服务业)增加值占比依次为8.8%、40.9%、50.2%,就业占比依次为28.3%、29.3%、42.4%。如果根据张军等(2016)③的预测,中国2035年时第三产业的增加值和就业占比将进一步提高至55.8%和52.2%,第一产业的增加值与就业占比将降低至2.8%与17.5%,第二产业将跨过拐点,表现出下降趋势。如果按照世界银行与国务院发展研究中心的预测结果,那么中国未来二十年内产业结构变动将更加剧烈,中国2026年—2030年工业增加值和就业占比将下降至34.6%和28.5%,服务业增加值和就业占比将提升至61.1%与59.0%,较2015年增加9.9与17.6个百分点。

伴随着产业转型与经济增长动力转换,中国经济当前对于人才需求的变动也将发生转变。考虑当前已经非常高投资率以及人口老龄化与人口红利消失的背景,资本和劳动要素已经难以快速增长,为保持长期中高速的增长,中国经济将从依靠传统要素驱动型增长转为更多依靠技术进步推动,此外,中国当前工资水平的快速提升④,也在倒逼产业升级转型,促使纯粹依靠廉价劳动力的加工贸易类产

① 世界银行与国务院发展研究中心联合课题组:《2030年的中国:建设现代、和谐有创造力的社会》,北京:中国财政经济出版社2013年版,第10页。
② 在《2030年的中国》中,课题组预测2016年—2020年中国年均增长率为7.0%、2021年—2025年中国年均增长率为5.9%、2026年—2030年中国年均增长率为5.0%。
③ 张军,徐力恒,刘芳,《鉴往知来:推测中国经济增长潜力与结构演变》,《世界经济》,第39期。
④ 从劳动生产率角度来看,中国从1978年时的916元/人提高至14 348万元/人(单位均以1978年为基年的不变价),劳动生产率实际年均增长率高达7.8%;从可支配收入来看,中国城镇居民人均可支配收入从1978年时的343元提升至2015年的31 194元,农村居民人均纯收入从134元提升至11 421元。

业退出中国市场,而促使有更高增加值的产业发展。因此通过技术创新、资源配置效率来促使生产率提高将成为中国未来经济发展重点,这将直接体现为两类需求,一方面是更多的对科技研发、创新创业人才投入,提升中国的技术前沿水平;另一方面则是通过增加教育投入、积累人力资本,通过劳动力质量的增长弥补劳动力数量的下降。

(二) 世界经济正处于新旧周期转换的关键时期

放眼世界,近年来,英国脱欧、特朗普胜选、印度废钞、土耳其政治转向、韩国总统被弹劾、意大利修宪公投失败等一个又一个黑天鹅事件频频发生;加之美国的特朗普新政迄今效果尚不明朗,欧洲各国大选孕育新的变局,亚洲的中日韩也面临诸多不确定性,世界经济正受制于一系列深层次的结构性困境,难以走向复苏和增长。[①] 经济上的不景气又同政治上的"民粹主义"和逆全球化分歧交织在一起,使得世界发展格局扑朔迷离。

其实,要走出世界经济的结构性困境并由此走向快速复苏和新的增长,仅仅依靠传统的再平衡政策范式已很难奏效。当前的世界经济既无力在旧有框架下再次回归到原有平衡状态,更不可能在本轮周期内重新恢复到危机前的高增长模式,而是需要通过深刻的经济结构性改革与创新,推动世界经济由再平衡走向新常态,并通过技术革命和产业创新,开启世界经济新的发展周期。[②]

目前,新技术革命仍处在量变阶段和突破前夜,且迄今为止以信息技术智能化应用为主的创新仍属于信息技术革命的延续和深化,短期内将难以产生类似蒸汽机、电力和信息技术的新通用技术。这显然不利于世界经济走向新一轮增长周期。推动世界经济迈向发展新周期,一要加快全球产业结构调整。发达经济体以再工业化为核心,以绿色增长和智能增长为基本方向,以新能源技术和新一代信息技术为主要特征。发展中国家则应抓住全球价值链重构机遇,提升在全球产业链中的地位。二要培育和推动世界经济新周期。纵观世界经济周期演化规律,全球经济每一次高速增长的上升周期,归根结底主要依赖新兴产业的培育、兴起和

---

① 上海社会科学院世界经济研究所宏观分析组:"疲弱复苏的世界经济:新变量、新趋势与新周期——2017 年世界经济分析报告",《世界经济研究》2017 年第 1 期。
② 上海社会科学院世界经济研究所宏观分析组:"疲弱复苏的世界经济:新变量、新趋势与新周期——2017 年世界经济分析报告",《世界经济研究》2017 年第 1 期。

快速发展。随着新技术产业革命的渐趋成熟,新兴产业的引擎功能将逐步完善,从而带动新一轮世界经济长周期。三要加强全球宏观经济政策协调。加强世界各国在重大政策上的沟通与协调,是共同应对下行风险和不确定性、维护全球经济稳定健康发展的必然选择。四要完善全球经济治理机制。通过改革、创新和完善全球经济治理机制,实施集体行动,推动全球性结构改革,抵御和克服世界经济衰退的风险。①

大量研究表明,技术革新是新一轮经济长周期的触发器,世界经济长周期与技术替代具有高度关联性,世界经济的历次增长周期分别对应蒸汽机械革命、铁路化、电力普及、计算机和信息技术的兴起。因此,世界经济长周期是重大科技创新的结果,是推动世界经济周期性转换的关键,是要以新技术革命开启世界经济的熊彼特周期。从目前技术革命端倪和世界产业变革总态势看,支撑第六长波周期新繁荣的动力可能来源于以智能化、智慧化为主要特征的IT技术革命的深化,以及基于新能源技术、新环保技术、生物工程技术、新材料技术等大汇流、大综合形成的新科技产业革命。另外,大数据革命也可能引发第六次技术变革,进而开启新一轮经济长周期。虽然目前新一轮科技产业革命距离真正爆发可能仍需时日,但已初露曙光,而这或许就是世界经济新长周期开启的前奏。②

历史经验表明,每次世界经济出现周期性转换总是蕴含着重大发展机遇。就中国而言,此次世界经济长周期转换的特别之处在于,它同中国经济的大阶段转换并行交织、相互作用,这对我国经济发展的战略机遇期具有重要意义。中国需敏锐抓住世界经济长周期的转折性态势和历史性机遇,以中国发展新理念引领世界经济新周期,让世界经济新周期助推中国经济新发展。③

① 上海社会科学院世界经济研究所宏观分析组:"疲弱复苏的世界经济:新变量、新趋势与新周期——2017年世界经济分析报告",《世界经济研究》2017年第1期。
② 上海社会科学院世界经济研究所宏观分析组:"疲弱复苏的世界经济:新变量、新趋势与新周期——2017年世界经济分析报告",《世界经济研究》2017年第1期。
③ 上海社会科学院世界经济研究所宏观分析组:"疲弱复苏的世界经济:新变量、新趋势与新周期——2017年世界经济分析报告",《世界经济研究》2017年第1期。

二、上海经济增长与产业结构变动的总体态势

(一) 上海经济增长与产业结构的阶段性特征及 2035 年增长趋势

当前,上海经济正处于推进创新驱动发展与经济转型升级的攻坚阶段,也是加快"四个中心"建设和社会主义现代化国际大都市建设的关键时期。经济增速正从高速转向中高速,经济结构正从增量扩能为主转向存量与增量并存的深度调整,发展方式正从规模速度型转向质量效率型,发展动力正从传统增长点转向新增长点。[①]

首先,从增长速度看,上海经济已经处于下行通道,新常态下的上海经济增速大致是在 5.5%—7.5% 的区间范围内。2008 年国际金融危机之后,上海面对的社会经济发展的国内外环境条件都发生了重大变化,在全国范围内率先出现经济增长乏力、工业投资增长停滞甚至是负增长、商品和服务出口受阻、商务成本不断攀升、高层次人才匮乏等增速放缓现象[②],从 2007 年的 15.2% 下滑到 2008 年的 9.7%,降幅达 5.5 个百分点,2014 年之后年度 GDP 增长率跌破 7%。2010 年以后季度经济增速进一步下降,2015 年第一季度跌破 7%,为 6.6%;到 2017 年上半年维持在 6.9% 左右,略有企稳态势。

其次,从发展阶段看,上海经济已经进入后工业化时代,2016 年人均 GDP 超过 1.7 万美元,经济结构尤其是需求结构(包括产业结构和消费结构)趋向服务化、信息化、个性化与多元化。达到并超过了高收入国家或地区人均国民收入水平(11 116 美元以上),服务业占比已超过 65%。人民生活水平和生存质量在全国处于领先地位,城乡恩格尔系数分别下降到 0.35 和 0.40 以下,需求结构从温饱型向发展型升级。金融业、信息技术、智能制造、健康医疗等产业发展迅速,市场前景广阔。

第三,从发展模式看,上海正处于从要素驱动、投资驱动向效率驱动、创新驱动转型的重要节点,传统意义上廉价的劳动力成本优势、土地成本优势、东部区位

---

① 权衡、李凌、刘芳等:"新常态与上海经济增长潜力研究",《科学发展》2016 年第 3 期。

② 权衡、李凌、刘芳等:"新常态与上海经济增长潜力研究",《科学发展》2016 年第 3 期。

优势等快速削弱,新的科技优势、信息化优势、金融优势和市场规模优势等正在培育之中。与全国经济新常态略有不同的是,上海经济新常态更多地指向发展模式的转换。2008 年金融危机以来,上海的传统的增长动力日渐消失殆尽,新的增长动力正在孕育。以大数据、云计算、物联网等技术为支撑,生产方式在局部已发生剧烈变化,呈现个体化、定制化、分布式、网络化、智能化、集成化和服务化趋势,突出表现在新能源、新材料和遥感通讯领域,而且随着平台经济、分享经济等商业模式的推陈出新,上海在产业转型升级的过程中,离不开创新驱动以积极应对投资边际产出下降和服务业"鲍莫尔病"可能带来的双重效率损失。正是预见到世界科技发展的新变化,2014 年上海提出加快建设具有全球影响力的科技创新中心,这是新形势下中央对上海的新要求,也是上海发展动力切换的重要决策。

第四,从发展动力看,人力资本是知识承载的重要活体。在企业的成长、竞争与发展过程中,人力资本的影响力已经逐渐超过了物质资本的影响力,成为推动经济发展的首要资本。所以在这个意义上,人力资本对现代经济增长的贡献远大于物质资本,是现代经济发展最重要的内生变量和决定性要素。上海拥有 60 多所高校、70 多万师生,承担着人才培养、科学研究、社会服务、文化传承与创新等重要功能,理应成为经济发展动力转换的一支不可忽视的重要力量。从人力资本存量数据看,上海的人力资本存量处于全国三甲地位,2014 年城镇人口的平均受教育年限和大专及以上受教育人口占比分别达到 11.53% 和 32.19%,高出全国平均水平 0.36% 和近 7 个百分点,但与北京还有一定的差距。

第五,从改革任务看,上海要有力有效推进供给侧结构性改革。对上海而言,供给侧结构性改革的核心任务就是提高全要素生产率,包括两层含义:一是促进技术进步、二是优化资源配置效率,需要大量的技术人才和管理人才。因此,供给侧结构性改革近期而言是技术进步和优化配置,但长期而言就是人才集聚。通过推进供给侧结构性改革,进一步促进要素优化配置和自由流动,进一步激发各类市场主体活力,着力增强供给结构对需求变化的适应性,提高全要素生产率,更好地满足人民群众物质文化生活和生态环境需要。[①] 同时,上海要率先实现现代化,

---

① "上海市人民政府关于本市推进供给侧结构性改革的意见",http://www. shanghai. gov. cn/nw2/nw2314/nw2319/nw2404/nw40924/nw40925/u26aw49669. html(阅读时间 2018 年 10 月 15 日)。

教育要优先现代化,充分发挥上海教育的引领和辐射作用,面向长三角、面向全国、面向世界。

第六,从发展趋势看,上海将着力构建开放型经济新体制。在国际标准引领下,随着要素流动逐步加快,全球人才会进一步聚集在上海,上海自贸区建设为人才发展带来了新机遇。如果说建设全球科创中心是内生的,那么自贸区开放带来的人才需求就是外生的。为此,以上海自贸区建设为重要平台,紧密结合建设全球科创中心国家战略,实施"双自联动"战略,加快建立健全与国际投资贸易规则相衔接、与现代市场经济相适应的制度规范,形成开放型经济新优势,进一步发挥好改革开放的示范引领作用。[1]

简而言之,上海作为中国改革开放的"排头兵"和科学发展的"先行者",正处在创新驱动发展,经济转型升级的关键时期。在"十三五"期末,基本建成国际经济、金融、贸易、航运"四个中心"和现代化国际大都市目标,并为创建具有全球影响力的科技创新中心奠定基础,到 2035 年形成科创中心城市的核心功能。[2]

我们设置了三种场景对上海 2035 年经济增长情况进行了预测[3]:(1)基准路径中,假设未来上海全要素年均增长率保持 2.2%[4],固定资本形成占上年 GDP 比重为 25%[5],就业人员增长率为 1.5%[6],则 2018 年—2035 年上海 GDP 平均增长率为 5.24%,2035 年人均 GDP 约为 4.57 万美元[7];(2)在低增长路径中,如果全要

---

[1] "上海市人民政府关于本市推进供给侧结构性改革的意见",http://www.shanghai.gov.cn/nw2/nw2314/nw2319/nw2404/nw40924/nw40925/u26aw49669.html(阅读时间 2018 年 10 月 15 日)。

[2] 权衡、李凌、刘芳等:"新常态与上海经济增长潜力研究",《科学发展》2016 年第 3 期。

[3] 这里预测方法和路径参数设置主要参考:上海市统计局综合处课题组(2015)发表于《调研世界》的论文("上海经济发展阶段特征及十三五经济增长动力研究"),2015 年第 4 期。

[4] 根据我们的测算,上海自 2010 年以来(2011—2016)全要素生产率平均增长率约为 2.12%。其中1978 年—2007 年上海市资本存量数据直接引用自王桂新和陈冠春(2008),2008 年—2016 年数据为本报告根据王桂新和陈冠春(2008)方法自行测算,其中折旧率设为 6%,每年投资额流量采用上海固定资本形成总额,资本存量采用永续盘存法,到 2016 年上海资本存量值(1978 年为基年)约为17 642 亿元。测算上海全要素生产率时,本文直接令资本产出弹设为 0.6,劳动产出弹性设为0.4。

[5] 这里采用 2007 年—2017 年固定资本形成和实际 GDP 均为实际值(1978 年为基年)。如果采用名义固定资本形成和名义 GDP,则 2007 年—2017 年上海投资率约为 35%—45%,平均值为 37%。

[6] 1978—2016 年间上海从业人数平均增长率约为 1.7%左右,与我们设置的参数非常接近。

[7] 2017 年上海人均 GDP 约为 12.46 万元/人,折合约为 1.92 万美元/人,如果假设常住人口数量不变,则到 2035 年人均 GDP 增长率与实际 GDP 增长率相同。

素增长率和投资率受外生冲击均出现下滑,如全要素生产率降至1.7%,投资率降至20%,则2018年—2035年上海平均增长率为4.21%,到2035年上海人均GDP为3.87万美元;(3)在高增长路径中,假设上海全要素生产率在未来20年内能够有较快增长(如年均增速4%[1]),投资率与就业人员增长率保持基准假设不变,则2018年—2035年上海GDP平均增长率能达到7.45%,2035年人均GDP为6.5万美元。

根据我们的判断,到2035年时,上海的经济增长率大致在4%—5%,人均GDP将超过4万美元,服务业占比将达到85%以上,贸易、金融和信息产业高度集聚,在科技创新和产业变革方面,集成电路进入"后摩尔时代",互联网进入"后IP时代"(即基于IPv6的下一代网络兴起),商业模式进入"平台时代"。云计算、大数据和物联网将改变上海经济增长方式,形成基于信息化、数字化、平台化的教育、科研、制造、贸易、金融、物流与治理的新模式。因此,作为上海建设科创中心的重要主体和动力来源,上海的高等院校应成为科创中心的知识源头、工程和科学研究重镇、重大科技成果策源地、创业创新人才荟萃的培育场、创新驱动发展的智力资源库。

(二)上海发展与纽约、巴黎、伦敦、东京的对标

与纽约、巴黎、伦敦、东京四个国际大都市相比,当前上海的地区生产总值总量与人均值指标上均有较大的差距。从GDP总量来看,2016年上海地区生产总值约为纽约的45.2%、巴黎的55.4%、伦敦的78.4%、东京的43.0%[2];就人均指标而言,2014年纽约、巴黎、伦敦的人均GDP分别为5.75万、4.95万、4.65万美元,东京的人均GDP略低一些,为3.70万美元,与此相对,上海人均GDP仅为1.45万美元[3],也就是说,上海人均GDP水平约为纽约的25.3%、巴黎的29.4%、伦敦的31.3%、东京的39.3%。由此可见,上海距离纽约等国际化大都市的差距仍然较大。

---

① 根据本文测算,1978年—2016年上海全要素生产率年增速为4.4%,因此在高增长路径假设到2035年仍维持4%增速。

② 根据世界银行数据,如果以汇率换算,纽约在2016年GDP为9 006.8亿美元,巴黎为7 350.6亿美元,伦敦为5 187.8亿美元,上海为4 066.3亿美元。

③ 北京人均GDP为1.5万美元。

就人均生产总值来看,上海 2015 年人均 GDP 达到 1.44 万美元,同比增长 6.7%,大约相当于 1978 年—1983 年东京和纽约的平均水平、伦敦 1985 年—1990 年的平均水平。从历史发展轨迹来看,这一时间段正属于这三个城市经济从重化工业阶段向后工业化阶段转型、从制造中心向服务中心转型的中后期,主要的趋势是:以金融、商贸服务业为主的第三产业在地区经济中的比重达到 70% 以上(并且持续扩张),制造业总体的产值、就业比重持续下降,高能耗、劳动密集型产业持续转移出至其他低成本地区,技术密集型产业、高新技术产业成为制造业的主体。

从历史发展趋势来看,在上海对应发展阶段中,纽约、东京、伦敦等城市的制造业继续收缩,第三产业(尤其是生产性服务业)成为经济增长的主要推动力[①]。首先是消费者服务业比重有缓慢下降的趋势[②],而生产者服务业则增长明显[③],就业结构也有着相似的发展趋势[④],但这一时期生产者服务业的增长,并非基于强大的制造业基础,而是多与金融中心发展相配套的服务业发展,工业中心与金融中心有着不同的生产者服务体系有关。上海在 2012 年第二产业就业人口比重为 39%,制造业比重为 30%;第三产业为 57%,其中金融业就业人口仅占 2.7%,房地产业占 3%,租赁和商业服务业占 6%,就业比例低于同发展阶段的其他国际化城市,产业就业结构转型升级需要加快。

从制造业来看,当前上海第二产业比重略高于纽约、东京、伦敦在对应阶段发展过程中比重,未来可以预期将出现进一步下降趋势。纽约 1980 年、东

[①] 纽约从 1980 年到 1990 年地区生产总值增长了 109%,制造业只增长了 55%,制造业所占比重下降 4.8 个百分点;伦敦制造业在地区生产总值中的比重从 1989 年的 13.9% 下降到 1995 年的 11.7%,东京十年间则下降了 7.6 个百分点,制造业的从业人员有着相同的变化。

[②] 纽约批发零售业所占地区生产总值的比重由 1980 年的 9.3% 降低到 1990 年的 8.4%,伦敦从 1989 年的 14% 降低到 1990 年的 11.5%,东京从 22.4% 下降到 18.8%。

[③] 纽约从 1980 年到 1990 年,金融保险业增长了 125%,法律服务业增长了 268%,社会服务增长 219%;伦敦金融商业地产业占地区生产总值的比重从 1989 年的 34.3% 上升到 1995 年的 37.3%,东京从 1990 年的 16.7% 上升到 1990 年的 19.2%。

[④] 从 1977 年到 1980 年,纽约生产性服务业就业增长较快,如计算机服务超过 50%,管理咨询和公共事务、工程和建筑、会计、证券等部门的就业增长率达 20%—30%,金融、保险和房地产业就业增长了 7.7%,通讯和传媒增长了 9.4%,商务服务业增长了 24.7%;1981 年—1987 年间,伦敦商务服务业就业增加 30%,个人服务业就业增加 20%,银行、证券业就业增加 13%。其中,某些服务部门的就业增长率极高,信息、研发、广告业就业增长 134%,房地产增长 124%,法律服务增长 30%,会计增长 43%。

京1980年、伦敦1989年3个年份制造业比重均值为19.2％,而上海2015年工业占地区生产总值的比重为28.4％。当前,为避免产业空心化、保持经济多样性,上海在"十三五"规划中提出"2020年制造业增加值占全市生产总值比重力争保持在25％左右"的发展目标,这意味着未来制造业在上海经济中仍将占据重要位置,通过推动重点产业与战略性新兴产业发展,实现制造业升级和增长。

在这一阶段,纽约、东京、伦敦等城市制造业内部结构也在不断变化,最突出的特点是重化工业、传统制造业的衰落,制造业向技术密集的现代制造业、高新技术产业有集中的趋势。伦敦、纽约和东京在制造业总体衰退的过程中,以印刷出版业、服装业、食品加工业等为主的都市工业始终处于稳步发展状态,在地区总产值中占有一席之地。[1][2]

就经济中心建设目标来看,上海地区生产总值总量相比其他国际大都市仍有较大差距,占全国GDP的比重虽领先于国内其他城市[3],但相对优势呈减弱的趋势,跟纽约、伦敦、东京相比,在国家经济总量中的占比偏低[4],影响力偏弱。跟国际三大都市同一发展阶段的对比来看,上海在经济结构上第二产业占比仍然较高,第三产业发展相对滞后,金融保险业、商业服务业、法律健康服务业等在地区经济中的地位偏低。从国际城市的发展经验来看,上海从工业经济为中心向服务经济为中心的转型时间要短很多,转型压力较大;同20世纪80年代对比而言,信息经济、平台经济、网络经济等新型服务经济的发展更为多样化、复杂化;且我国是发展中国家,总体上处于工业化中期,上海作为全国的资本、技术、高科技人才聚集城市,仍需要大力发展部分高新技术、资本密集型、对国民经济运行有强影响力的制造业,不能完全照搬纽约、伦敦、东京在发达国家经济转型的模式;这些因

---

[1] 详细可见附录图5。伦敦1980年比重在前四位的行业是:仪器及相关产业(占地区生产总值的2.42％)、工业机械和装备业(2.36％)、印刷和出版业(2.35％)、电子产品制造业(1.76％),这四个行业占纽约制造业的48％。而1990年排前四位的制造行业是:印刷和出版业(2.30％)、仪器及相关产业(1.81％)、工业机械和装备业(1.56％)、电子产品制造业(1.33％),这四个行业占制造业比重为52％。

[2] 周振华:"伦敦、纽约、东京经济转型的经验及其借鉴",《科学发展》,2011年第10期。

[3] 2012年上海地区生产总值占全国比重为3.9％。

[4] 纽约、伦敦、巴黎、东京城市GDP占对应国家GDP比重分别为7.7％(2012年)、18.8％(2006年)、28.3％(2008年)、17.6％(2009年)。

素都对上海经济中心建设提出了重要挑战,也使得新时期的经济转型更需要创新驱动。

(三) 上海与硅谷:目前的人才与创新能力比较

上海正在推进建设有全球影响力的科创中心,美国硅谷(Silicon Valley)自然是首选参照目标。当前,无论从经济指标还是创新指标来看,上海距离硅谷仍有一定差距,需要进一步加大建设力度、创造良好的创新环境。

从自然条件来看,上海人口密集度远高于硅谷。硅谷是一块位于美国加利福尼亚北部、旧金山南部的狭长谷地,面积约 4 802 平方公里①,2014 年人口约 300万人;上海面积为 6 340 平方公里,2015 年常住人口为 2 415 万人,上海土地面积约为硅谷的 1. 32 倍,而人口则约为其 8 倍之多。

从经济发展程度来看,虽然上海 GDP 总量略高于硅谷,但是从人均收入、人均产出等指标来看,上海则距离硅谷差距较大。2014 年硅谷人均收入为 7. 9 万美元②,而上海人均可支配收入约为 0. 7 万美元(47 710 元),相差 10 倍。如果以劳动生产率来看,2014 年硅谷平均每个就业劳动力产出约为 17. 5 万美元,上海则为 2. 8 万美元(172 653 元),相差 6. 2 倍。上海与硅谷在劳动生产率方面的差距,很大程度上体现了上海在人力资本、生产技术等方面相比仍处于较低水平,发展空间仍然巨大。

从高校与高科技企业角度来看,硅谷不仅拥有众多全球排名顶尖的高校、并且高校与科技企业紧密联系,塑造了"产学"结合的典范。硅谷地区包括斯坦福大学、加州大学伯克利分校、加州大学旧金山分校等理工名校,科研实力雄厚,在1901 年—2014 年共有 32 位教授获得诺贝尔自然科学奖、8 名教授获得诺贝尔经济学奖。③ 硅谷良好的研发和创新环境促使高新技术企业能得到快速的孵化与发展,成为全球新技术和新产品的重要发源地,著名高科技企业如惠普、谷歌、英伟

---

① 根据《2016 硅谷指数(Silicon Valley Index)》报告,硅谷占地面积为 1 854 平方英里。
② 2014 年美国人均收入为 4. 6 万元,硅谷远高于美国平均水平。
③ 以同样的诺贝尔奖获奖频次指标来作比较的话,伦敦(90 位自然科学奖、13 位经济学奖)、纽约(83位自然科学奖、22 位经济学奖)、波士顿(69 位自然科学奖、24 位经济学奖)均超过了硅谷,而慕尼黑(34 位自然科学奖、无经济学奖)、东京(5 位自然科学奖、无经济学奖)则略低于硅谷。

达、特斯拉等均诞生于硅谷。①

　　从人力资本角度来看,硅谷居民(仅统计成年人口)的平均受教育水平较高,其中海外人才流入贡献巨大。72%的硅谷居民具有专科、本科及以上学历(研究生及以上学位占比为21%)②,而上海仅有21.9%的常住人口具有本科及以上学历③。其中,硅谷的海外人才贡献非常突出,据统计,2014年硅谷居民中有37.4%外籍常住人口(出生地不在美国),高于美国13.3%的外籍人口平均比重。上海当前已成为海外人员来中国工作创业的首选城市,2015年持外国人就业证、实际在上海就业的外国人8.6万人④,占全国比重的1/6,但是考虑到伦敦、纽约、硅谷均超过30%的比重,上海吸引的海外人才规模仍然相对偏小。⑤

　　从创新指标来看,上海的专利授予量和人均专利数量均不及硅谷,研发投入也亟待提升。根据国家知识产权局统计数据,2015年上海的发明专利授权量位居全国第5名⑥(17 601万件),占全国发明专利总量(35.9万件)的4.9%,北京的发明专利数量(35 308件)约为上海的2倍,占全国比重为9.8%。而硅谷2014年专利注册数约为19 414件⑦,占美国全部当年注册专利数量的13.4%,约等于北京与上海比重之和。此外,2014年硅谷每万人专利数量为655件,远超2015年北京61.3件/万人、上海的34.6件/万人。⑧ 其中,硅谷专利涉及领域较为集中,其中

----

① 根据统计,斯坦福大学校友在1939年—2012年间在硅谷创办了众多科技企业,其中众多成长为后来的国际性大公司,如惠普(1939年创立)、杜比实验室(1965年创立)、太阳微系统(1981年创立)、思科(1984年创立)、英伟达(1993年创立)、谷歌(1998年创立)、特斯拉汽车(2003年创立)、Instagram(2012年创立)。

② 数据来源于《2016年硅谷指数》,在2015年,21%硅谷人口具有研究生及以上学位,27%为本科学位,24%的人口拥有专科学位,只有28%的人口受到高中及以下水平教育。

③ 数据来源于《上海市2010年第六次全国人口普查主要数据公报》,其中上海市常住人口为2 301.9万人,具有大学(指大专以上)文化程度的人口为505.3万人;具有高中(含中专)文化程度的人口为482.6万人;具有初中文化程度的人口为839.3万人;具有小学文化程度的人口为311.6万人(以上各种受教育程度的人包括各类学校的毕业生、肄业生和在校生)。

④ 其中超过90%具有本科以上学历。

⑤ 如果按照2015年上海常住人口2 400万来看,如果要达到全球城市外籍人口通常的5%比重,那么未来上海外籍人才数量应当为120万人左右。

⑥ 2015年中国发明专利授予数量排名前十的省市分别为江苏、北京、广东、浙江、上海、山东、四川、湖北、陕西,详细可见《2015年专利统计年报》。

⑦ 数据来源于《2016年硅谷指数》,其中2013年为16 975件、2012年为15 065件。

⑧ 这里为上海2016年数据。

40.5％为计算机、数据处理与信息储存领域、25.6％为通信技术领域,科技含量较高。此外,从风投资金、研发(R&D)投入等指标来看,上海都低于北京①,距离硅谷则差距更大。②

三、上海全球科创中心建设对人才需求的影响及对策

(一) 着眼上海全球科创中心建设对人才的需求及其影响

习近平总书记在 2014 年对上海提出要加快向具有全球影响力的科技创新中心进军的要求,既是一项重要的国家战略,也是事关上海未来、对上海发展至关重要的一项工作。上海推出的加强科创中心建设"22 条",明确了到 2020 年形成科创中心基本框架,到 2030 年形成核心功能。科创中心建设的重心是集中力量建设好张江综合性国家科学中心,力争迅速作出影响、提升集中度、显示度。在张江综合性国家科学中心建设中,布局建设包括光子科技装置在内的一大批世界水平的大科学设施,集聚一批世界顶尖水平的科研机构、创新团队和国家实验室等。③上海全球科创中心建设离不开各类人才的智慧。研究认为,未来 30 年甚至更长的时期内,上海的全球科创中心建设主要需要以下几类人才:

第一,掌握核心技术的科技型人才。重点关注立足世界科技前沿,在生命科技、信息科技、纳米科技三大科技前沿领域及交叉结合领域,能推动科学革命、技术革命和产业革命三大革命的交叉融合的专业技术人才。

---

① 根据《2014 中国创业投资年度研究报告数据》,上海 2014 年创投资金为 31.34 亿美元(占全国 18.6％),北京为 61.57 亿美元(占全国 40％);根据国家统计局、科技部、财政部发布的《2015 年全国科技经费投入统计公报》,2015 年全国科研经费占 GDP 比重为 2.07％,上海比重为 3.73％,北京则为 6.01％。从国际数据来看,2012 年韩国、日本、德国、美国研发投入强度(科研投入/GDP)分别为 4.36％、3.34％、2.92％、2.79％。

② 根据《2016 硅谷指数》数据,2014 年硅谷共收到风险投资(venture capital investment)111.3 亿美元,占美国 22％左右。从科研投入来看,硅谷的研发主要由企业展开,2013 年其销售额前 150 家科技企业研发支出超过 730 亿美元,相当于同年中国研发总投入的 40％。如果采用研发支出除以销售额来测度研发投入强度,那么 2013 年中,惠普为 20.1％,谷歌为 13.3％,甲骨文为 13.4％,英伟达为 32.3％。

③ 韩正:"上海要当好新时代排头兵先行者",http://cpc.people.com.cn/19th/n1/2017/1020/c414305-29598858.html(阅读时间 2018 年 10 月 15 日)。

第二,具有企业家精神的企业型人才。重点发现能够发现 12 大颠覆性技术①中可能存在的商机,在实践中又具备突出的创新精神、职业素养和风险承受能力,能够带领企业生产市场需求旺盛且利润丰厚的产品的企业家。

第三,致力于精工细作的工匠型人才。重点培养对产品抱有精益求精的态度,能通过促进产品质量的大幅提升以吸引高消费群体对企业产品的关注,能帮助企业产品升级并争夺市场份额的匠心独运的人才。

第四,擅长风险投资的资本型人才。重点挖掘掌握大量资金,且有专门的、成熟的资金获取渠道,可以在市场中迅速发现新兴产业和企业的发展潜力,并能够将资本有效地投入到未来潜在收益巨大的企业中去的资本管理者。

第五,精通资本市场运作的金融型人才。重点引进能为企业的持续发展、投资扩建、扩大经营甚至转行跨业经营实现高效融资上市的金融专业人士。

第六,掌握法律知识技能的法律型人才。重点网罗对公司法、破产法、合伙企业法、外商投资企业法、反垄断法、反不正当竞争法等相关商法和经济法的规章非常了解并具备实战经验的法律专员,他们能帮助企业在市场竞争中脱颖而出。

第七,体现资政作用的智库型人才。重点汇集为建设科技强国、质量强国、航天强国、网络强国、交通强国、数字中国、智慧社会提供决策咨询服务的,倡导创新文化,强化知识产权创造、保护、运用的专业服务人才。

此外,还应特别关注培养知法守法的公民队伍,真正做好对企业、政府和市场的有效监督,敦促企业做好产品生产和经营,督察好政府不越位、不缺位、不错位,在侧面激励各种类型的人才发挥好他们的作用,以提升上海的经济发展潜力。

科技创新将对人才流动和集聚方式产生深刻影响:一是丰富扩展人才内涵,未来将更加突出人才的"科技"含量;二是创新人才流动方式,未来将更多地通过信息通讯技术等通道实现流动和集聚,实现更加便捷、高效和低碳的流动集聚,从物理空间转向虚拟空间;三是提升人力资本存量,人才流动和集聚将更加频繁,加上信息技术的支撑,人力资本将在全球范围内进行资源配置,未来人力资本的国

---

① 工业自动化、物联网、云计算、高级机器人、无人驾驶汽车、下一代基因组学、能源储存、3D 打印、新材料、先进油气勘探和开采技术、可再生能源等。

际化和网络化趋势将进一步增强。①

因此,就上海的政策而言,不仅需要技术进步、产业发展作为支撑,更需要大力发展与创新驱动战略相适应的上海人才培育体系。在创新资源利用和人才延揽上,不仅要摆脱传统的封闭创新的束缚,更要放眼长三角乃至全球,形成一个以全球为空间,创新资源充分自由流动的巨大的开放创新体系。上海位于"一带""一路"和长江经济带三大规划的交汇点上,区位优势得天独厚,综合实力十分强大。要发挥上海的"桥头堡"作用,就是要率先抓住新一轮科技革命所提供的战略机遇,率先落实国家层面的或者上海层面的重大战略举措的实施,为科技创新提供坚实的人力资本支撑,辐射长三角地区和全国,服务全球创新资源的积聚,包括卓越的全球城市建设、具有全球影响力的科创中心建设、"一带一路"倡议实施与长江经济带建设等。

(二) 多措并举,进一步完善上海人才培育体系

党的十九大报告指出,要加快建设创新型国家,加快建设人才强国,培养造就一大批具有国际水平的战略科技人才、科技领军人才、青年科技人才和高水平创新团队。面对新时代、新形势、新挑战,上海需培养造就一大批具有国际水平的各类人才,推动上海从人才高地向人才高峰飞跃。

一是努力培育科技型人才,建设世界一流和高水平特色学科。紧紧依托中央在沪高校、科研院所"国家队",紧密对接国家实验室、重大科技专项,以攀登科技高峰聚集人才高峰。建立学科"特区",科研资源适度向关键共性技术、前沿引领技术、现代工程技术、颠覆性技术创新倾斜;遵循学科发展规律、聚焦科学基础前沿,围绕产业链部署学科群,借助拔尖创新人才培育体系和"高峰""高原"学科载体,支撑并夯实上海国家科学中心地位。

二是努力培育企业型人才,为创业创新拾柴加瓦。营造开放包容、机会均等、事业导向的创业环境,重点培养具备创新思维、用户思维、跨界思维、迭代思维的企业型人才,及时发掘在互联网、物联网等新业态领域擅于撬动关键共性技术成果转化、降低技术成果转化成本、能让创新技术应用到产品生产中的企业型人才。

---

① 何勇、姜乾之、李凌:"未来 30 年全球城市人才流动与集聚的趋势预测",《中国人力资源开发》2015年第 1 期。

三是努力培育工匠型人才,建成工匠人才基地。积极推进职业教育体系的纵深化发展,加大对提高工艺制作水准的研发支持力度,培养严谨、耐心、专注、坚持、敬业、精益求精的大国工匠精神,真正为产品的品质强根固魂。

四是努力培育资本型人才,理论与实践密切结合。可采取与国内外一线创投机构合作培养的模式,重点加强案例项目路演分析等实践教育环节,逐步提高资本型人才对企业发展潜力的识别能力,造就更多资深风险投资人和风险投资基金管理者。

五是努力培育金融型人才,打造融资人才平台。培养高水平的金融、保险、银行专业人才及融资规划人才,建设金融复合型人才发展体系。迎接新一代信息科技的发展浪潮,在培养中关注大数据、区块链、人工智能等新兴技术与金融的深度融合,增加金融科技领域应用型复合型人才的供给。

六是努力培育法律型人才,建设商法经济法人才高地。充分发挥上海若干所法律和财经专业高校的优势,优化相关学科布局结构,以国际视野和国际标准培育法律型人才,在教学中重点加强相关法律实务与案例分析,因材施教。

七是努力培育智库型人才,为科技创新的决策咨询需求服务。培育人才首先要研究人才,尤其是聚焦人才成长需要的体制机制,这就需要教育类、科技类、产业类智库更好地发挥资政作用,改变目前与创新发展战略不相适宜且有悖于人才发展规律的做法,在优化创新环境,改革创新激励等方面有所作为。依托高校技术转移中心,成立具有资政功能的研究实体,借助与教育部、工信部、科技部等部委的内部渠道,建设高校智库,为优化高校人才培育体系建言献策。[①]

八是进一步加强对外开放,以自贸区建设为契机在全球招贤纳士,搭建好人才引进信息平台。建设全球高端人才集聚载体,在全球范围内获取人才信息并延揽各类人才,紧密对接"中国制造2025"等国家重大战略与上海"四个中心"建设、科创中心建设使命,落实好"人才30条"精神。

九是拓展教育服务的可及性,丰富教育服务形态。新时代,教育要走出校门、走向社会,潜移默化地提高劳动者素养,为经济社会发展和国家战略实施提供智

① 习近平:"习近平在中国共产党第十九次全国代表大会上的报告",http://cpc. people. com. cn/n1/2017/1028/c64094-29613660. html(阅读时间:2018年6月16日)。

力服务,这离不开形态丰富的教育与培训作坚强的人才支撑和智力保障。应与时俱进地推动形成教育融入经济社会发展进程的"大教育观"。认识上要超越以正规学校教育为主要表现形式的传统国民教育体系,树立"终身教育"理念,以普通教育和职业教育为基础,以个体的成长教育和继续教育为阶段,在全民学习、终身学习的开放教育体系中进行系统的供给侧结构性改革。根据不同人群的实际需要,通过体制机制改革,利用教育互联网技术等丰富教育形态,实施教育资源和服务的差异化、共享式、开放性供给。①

总之,上海要大力发展与创新驱动战略相适应的上海人才培育体系,就必须多措并举、循序渐进、稳扎稳打,在人才培养方面争做全国的领头羊,加速实行更加积极、更加开放、更加有效的人才政策,以识才的慧眼、爱才的诚意、用才的胆识、容才的雅量、聚才的良方,把国内外各方面优秀人才集聚在一起,真正形成人人渴望成才、人人努力成才、人人皆可成才、人人尽展其才的良好局面,让各类人才的创造活力竞相迸发、聪明才智充分涌流。②

报告执笔人:权衡、刘芳、周佳雯

---

① 张璐晶:《供给侧改革改什么? 怎么改?》,北京:机械工业出版社 1900 年版。
② 习近平:"习近平在中国共产党第十九次全国代表大会上的报告",http://cpc. people. com. cn/n1/ 2017/1028/c64094-29613660. html(阅读时间:2018 年 6 月 16 日)。

附录:

表 1.1 2016 年世界 GDP 排名前十国家

国家	2016 年 GDP 总量	GDP 占世界比重	人均 GDP	人口数量
	(以汇率换算,单位：万亿美元)	—	(以汇率换算,单位：美元)	(亿人)
美国	18.62	24.7%	57,608	3.23
中国	11.23	14.9%	8,123	13.83
日本	4.94	6.5%	38,883	1.27
德国	3.48	4.6%	42,177	0.82
英国	2.63	3.5%	40,050	0.66
法国	2.47	3.3%	38,178	0.65
印度	2.26	3.0%	1,742	13.00
意大利	1.85	2.5%	30,507	0.61
巴西	1.80	2.4%	8,727	2.06
加拿大	1.53	2.0%	42,225	0.36

数据来源：国际货币基金组织(IMF)世界经济展望数据库(World Economic Outlook Database)。

表 1.2 2014 年全国主要省份和直辖市城镇人口人力资本比较(劳动力人口)

人力资本主要指标	上海	北京	天津	陕西	吉林	湖北	山东	江苏	广东	全国
平均受教育年限(年)	11.53	12.65	11.67	11.80	11.72	11.60	11.38	11.26	10.79	11.17
大专及以上受教育人口占比(%)	32.19	46.30	32.33	33.89	30.33	30.66	27.74	27.64	19.29	25.26

数据来源：《中国人力资本报告 2016》,中央财经大学中国人力资本与劳动经济研究中心。

表 1.3　2014 年上海与全球主要城市经济数据比较

城市	地区生产总值 (以购买力平价换算，单位：亿美元)	人口 (万人)	人均 GDP (以购买力平价换算，单位：美元)
上海	5 940	2 468	24 065
北京	5 061	2 164	23 390
纽约	14 035	2 007	69 915
巴黎	7 151	1 249	57 241
伦敦	8 357	1 462	57 157
东京	16 168	3 703	43 664

数据来源：美国布鲁金斯研究所(Brookings Institution)于 2015 年 1 月发布的《2014 年全球城市报告 (Global Metro Monitor 2014)》①，表格中指标均采用购买力平价换算，与汇率换算指标不可比。

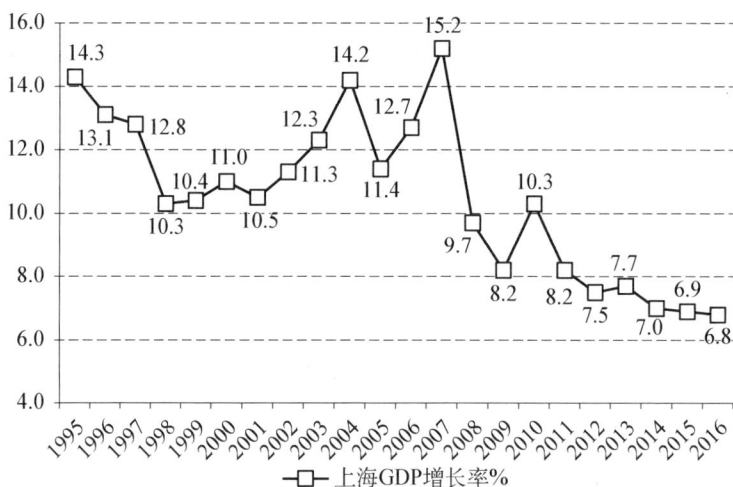

图 1.1　1995 年—2016 年上海年度 GDP 增长率(同比,％)

数据来源：上海统计局。

---

① 具体报告可见网址 https://www.brookings.edu/research/global-metro-monitor/，报告罗列了全球 GDP 总量前 300 名的城市。

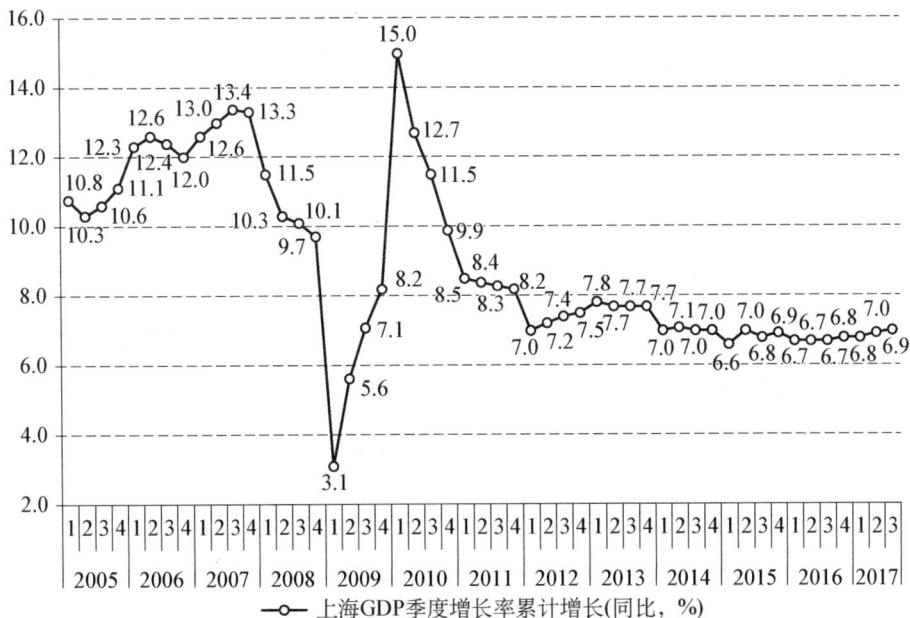

图 1.2　2005Q1—2017Q3 上海季度累计生产总值的增长率(同比,%)

数据来源:上海统计局。

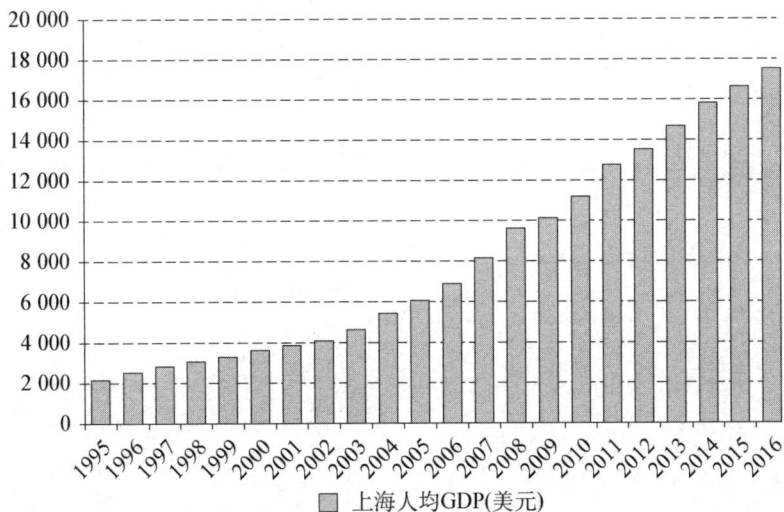

图 1.3　1995 年—2016 年上海人均 GDP(美元)

数据来源:上海统计局。

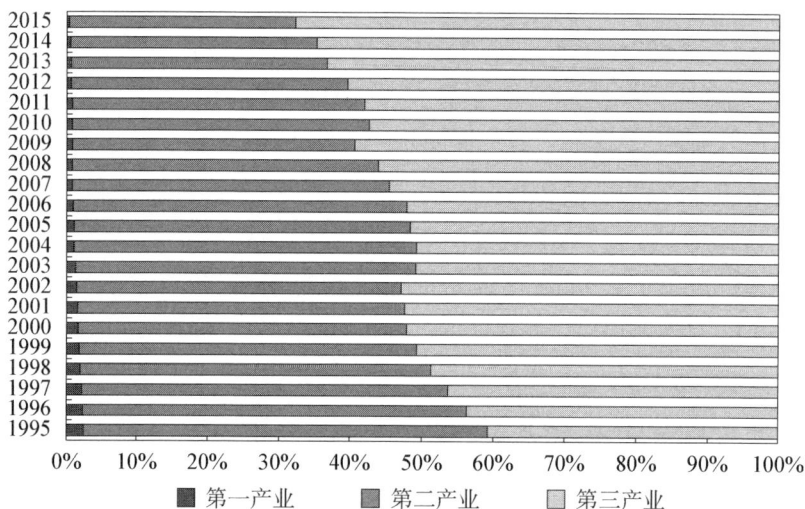

图 1.4　1995 年—2015 年上海三次产业结构变革(%)

数据来源：上海统计局。

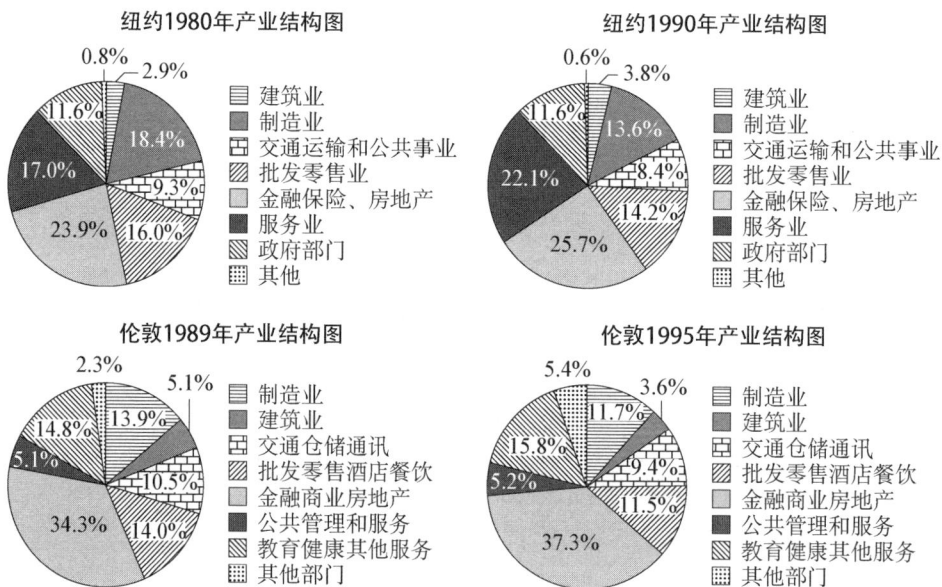

東京1980年产业结构图

6.1% 5.8%

14.7%

8.9%

16.7% 22.4%

25.4%

建筑业
制造业
批发零售业
金融保险房地产
运输通讯业
其他服务业
农林水产矿业等

东京1990年产业结构图

5.5% 7.7%

23.0% 17.8%

8.0%

19.2% 18.8%

建筑业
制造业
批发零售业
金融保险房地产
运输通讯业
其他服务业
农林水产矿业等

上海2012年产业结构图

0.6% 3.8%

10.6%

23.1%

17.8%

9.0%

35.2%

建筑业
工业
交通运输邮电通信业
批发零售酒店餐饮
金融商业房地产
其他服务业
第一产业

上海2007年产业结构图

0.8% 3.1%

11.5%

20.4%

10.6%

10.0%

43.5%

建筑业
工业
交通运输邮电通信业
批发零售酒店餐饮
金融商业房地产
其他服务业
第一产业

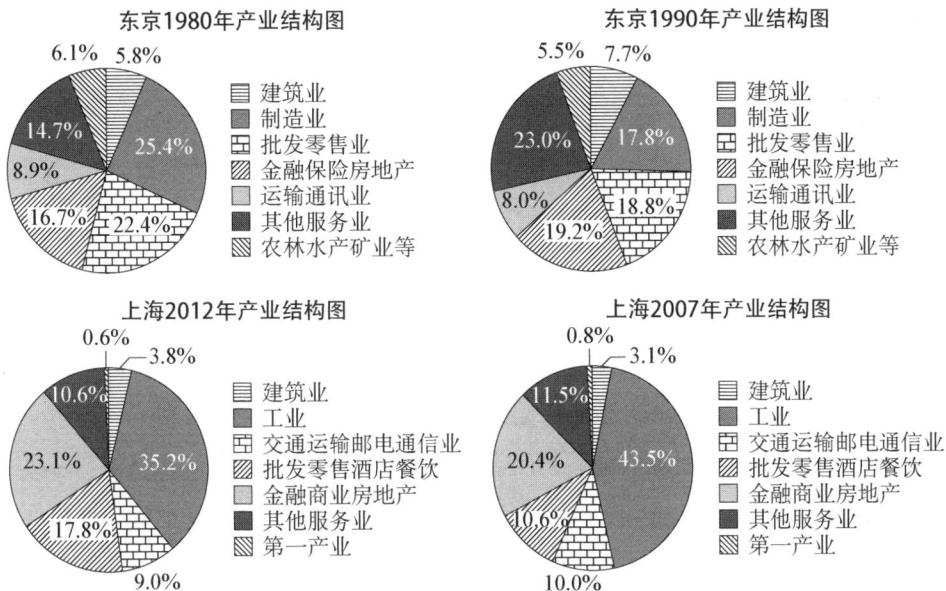

图 1.5　上海与纽约、伦敦

数据来源：历年上海统计年鉴、国际统计年鉴。

第二篇

OECD 国家教育发展水平与前景预测报告

OECD 早在 20 世纪 70 年代就开始进行教育发展指标体系的研究,并提出了初步的教育发展指标体系。随着 OECD 教育指标体系的发展,有关理论也日益成熟,《教育概览》亦成为国际比较教育的宝典。因此,从 OECD 教育指标体系中选取相关数据进行比较是有价值的。同时,OECD 教育指标遵循着 CIPP(即背景、投入、过程、产出)模式,使得指标的内涵与外延更为明确。

因此,本篇选择 2016 年《教育概览》中的指标与数据和 2015 年《中国教育统计年鉴》和《中国教育经济统计年鉴》中指标与数据进行对比,以期发现 OECD 与中国的指标与数据之间的相同与差异,做出预测并提出相关的政策建议。

一、比较指标的选择

鉴于国内教育统计和 OECD 教育指标统计的内容、口径相差较大,因此在选择指标时,除了充分考虑指标的重要性和充分反映国家发展水平的内容之外,也会考虑在《教育概览》中是否有中国数据。如果没有,则通过《中国教育统计年鉴》和《中国教育经费统计年鉴》寻找相关数据。同时,考虑到《教育概览》ABCD 四个板块的内容,结合 CIPP 四个维度,选取了以下指标进行中外比较:

➢ 生均教育支出
➢ 教育经费支出占 GDP 的比例
➢ 班额
➢ 生师比
➢ 教师年龄结构指标

➢ 25—64 岁人口的受教育比例

➢ 高等教育净毕业率

➢ PISA 成绩

➢ 17—20 岁人口的高等教育入学率

二、标杆国家的选择

OECD 有成员国 35 个,它们分别是:澳大利亚、奥地利、比利时、加拿大、智利、捷克、丹麦、爱莎尼亚、芬兰、法国、德国、希腊、匈牙利、冰岛、爱尔兰、以色列、意大利、日本、韩国、拉脱维亚、卢森堡、墨西哥、荷兰、新西兰、挪威、波兰、葡萄牙、斯洛伐克、斯洛文尼亚、西班牙、瑞典、瑞士、土耳其、英国和美国等。

为了最大化国别比较的意义,为中国教育 2030 提出发展的具体的发展要求,本篇仅选择了主要的发达国家进行比较,兼顾亚洲、欧洲、美洲、大洋洲等各大洲的代表性。其中,选择了老牌发达国家英国、美国、德国、日本、法国、澳大利亚,还有新兴发达国家韩国,同时列出 OECD 国家的平均值进行比较。

三、OECD 国家与中国教育发展水平比较研究:基于主要指标的分析

(一)"生均教育支出"指标

生均教育支出反映了培养一个人的公共支出水平,生均教育支出的高低可以影响学习者的教育质量。同时,生均教育支出在不同教育类型和不同教育阶段的数据也表明了国家在不同教育类型和教育阶段教育资源投入的重视程度。

通过这个指标可以反映出以下三点:

第一,生均教育支出与教育质量成正比。投入越高,越能为教育提供经费保障,在我国的教育经费统计中,我们选取"生均公共财政预算教育事业费"作为统计生均教育支出的数据。该指标值越高,说明教育经费的保障越充足。

第二,生均教育支出反映了资金在各级各类教育之间的分配。

第三,生均教育支出代表了各级各类教育供给的效率。

OECD 对此指标的分析,分为教育类型和教育阶段进行划分,见下表。

表 2.1　OECD 生均教育支出统计类型

服务类型	核心服务
	辅助性服务(交通、餐饮和教育机构提供的住房)
	研发
教育阶段	初等教育
	中等教育
	高等教育

资料来源：根据《教育概览 2016 OECD 指标》整理。

1. "生均教育支出"指标数据比较结果分析

统计口径选择：

中国：生均教育经费支出即某一级教育公共财政预算教育经费或教育经费总支出与该级教育在校生总数之比，我们选取了生均公共财政预算教育事业费支出数据进行比较。

OECD 成员国：生均教育经费支出等于某一个阶段教育机构总支出除以相应的折合全日制学生人数，并且用支出的本币数量除以购买力平价(PPP)指数，将本币转化成等价美元。

OECD 成员国的平均水平：通过将数据可得的所有 OECD 成员国进行简单平均计算而得。下方图表是 OECD 七大成员国生均教育经费支出与中国生均教育经费支出的比较：

表 2.2　中国与部分 OECD 成员国生均教育经济支出表(单位：美元)

教育阶段＼国家	中国	美国	澳大利亚	英国	法国	德国	日本	韩国	OECD平均值
普通小学	1 300	10 959	8 289	10 669	7 201	8 103	8 748	7 957	8 477
普通初中	1 781	11 947	11 431	13 092	9 947	9 967	10 084	7 324	9 980
普通高中	1 592	13 587	10 203	11 627	13 643	13 093	10 459	9 801	9 990

教育阶段 ＼ 国家	中国	美国	澳大利亚	英国	法国	德国	日本	韩国	OECD平均值
普通高校	2 669	27 924	18 337	25 744	16 194	16 895	17 883	9 323	15 772

数据来源：OECD 成员国数据取自《教育概览 2016 OECD 指标》,中国数据取自 2016 全国教育经费执行情况统计公告中的各级教育生均公共财政预算教育事业费支出增长情况,并将人民币统一换算成美元。

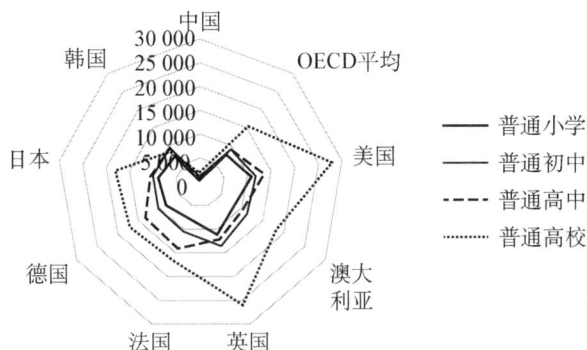

图 2.1　中国与部分 OECD 成员国生均教育经济支出（单位：美元）

通过比较可以看出：

首先,中国在各级教育的生均教育经费支出中均低于 OECD 主要成员国,也低于 OECD 平均值,差距较大。造成这种差距的原因比较复杂,作为一个发展中国家,经济水平相对落后,地区经济发展水平差距较大,教育投入的观念还不强,各种原因导致了我国生均教育经费远远低于 OECD 发达国家同类指标数据。

其次,中国在各级教育的教育经费支出,小学阶段最低,最高为高等教育。生均教育成本在各级教育投入的不同反映了我国最为重视高等教育。但是对小学阶段教育资源投入过低,是高等教育生均教育经费支出的一半,严重制约了我国基础教育的发展。当然这种现象并非我国的特有现象,通过与 OECD 成员国的比较,我们发现,OECD 主要成员国高等教育的生均教育经费支出都是远远大于基础教育,说明了国家认为高等教育的投入产出效益最高。

总体来看,与 OECD 国家相比,我国生均教育支出较小,对各级各类教育质量产生了一定影响,应当加大教育投入,保障学习者必须的学习条件和获得良好的学习资源。同时,生均教育支出在各级教育中分布不均衡,过于偏重高等教育,反映了我国对高等教育投入产出效益的重视程度。但是,对基础教育的投入程度会影响我国教育公平的实现和教育质量的提高。

(二)"教育经费支出占 GDP 的比例"指标

教育经费支出占 GDP 的百分比,是衡量国家对教育投入程度的重要指标,说明了一个国家在分配总体资源时的教育优先配置问题以及国家经济实力。

"教育经费支出占 GDP 的比例"数据比较结果分析

统计口径选择:

中国:这个指标表示全国教育经费总投入占 GDP 的百分比。全国教育经费总投入可以分为两类:一是财政性教育经费,二是非财政性教育经费。我国教育经费总投入主要来源于国家财政性教育经费,包括公共财政预算教育经费、各级政府用于教育的税费、企业办学校中企业拨款、校办产业和社会服务收入用于教育的经费和其他属于国家财政性教育经费。非财政性教育经费包括民办学校中举办者投入、社会捐赠经费(收入)、事业收入(学费、杂费)和其他教育经费。

OECD 成员国:这个指标表示教育机构支出占 GDP 的百分比,本指标涵盖的教育机构支出包括教学性和非教学性机构的支出。教学性教育机构指在一个有组织的集体环境中或通过远程教育直接向个人提供教学课程。非教学机构向其他教育机构提供行政、咨询或专业服务,但本身不招收学生。

中国指标及数据的选取都来自于:2015《中国教育经费统计年鉴》1—2 各级各类教育机构教育经费收入情况(全国)和《2014 年全国教育经费执行情况统计公告》。OECD 成员国数据取自《教育概览 2016 OECD 指标》B 2.1 指标数据整理。

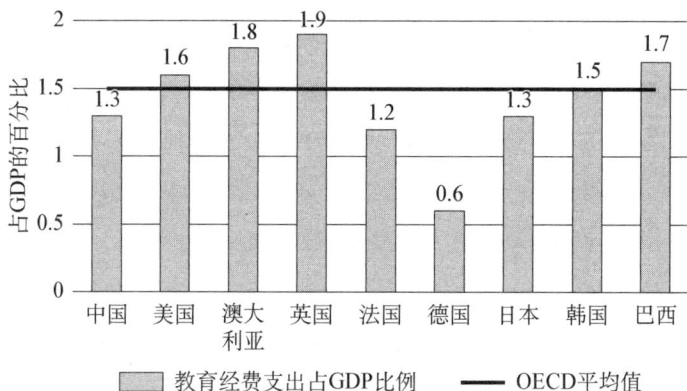

图 2.2　小学阶段教育经费支出占 GDP 比例

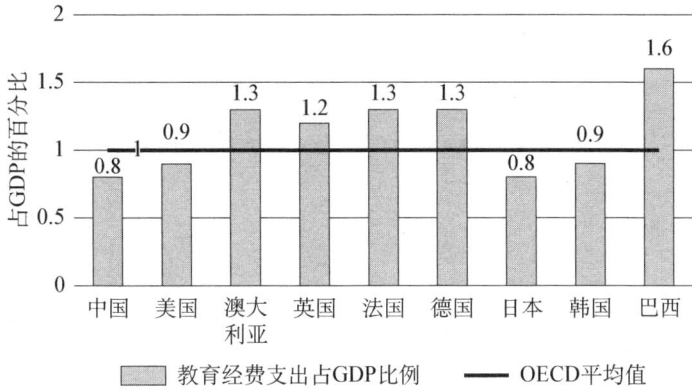

图 2.3　初中阶段教育经费支出占 GDP 比例

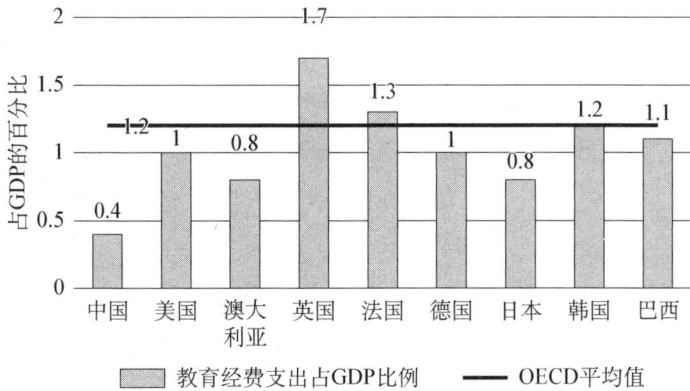

图 2.4　高中阶段教育经费支出占 GDP 比例

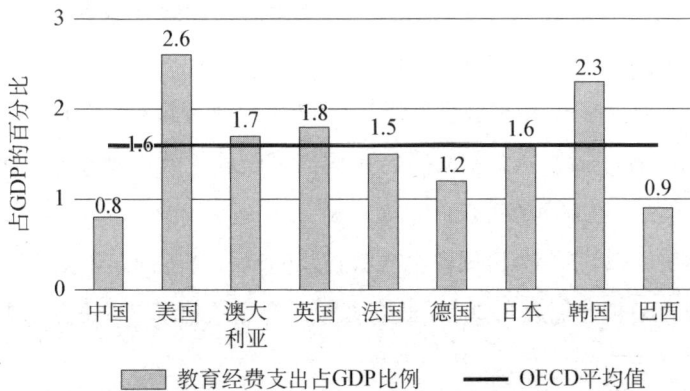

图 2.5　高等教育阶段教育经费支出占 GDP 比例(单位：百分比)

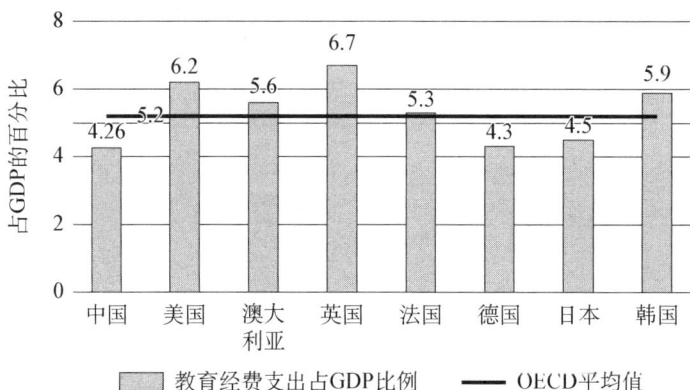

图 2.6 总的教育经费支出占 GDP 比例(单位：百分比)①

根据以上四幅图进行比较可知：

(1) 小学阶段,中国教育经费占 GDP 的比例略低于 OECD 平均值,低于部分 OECD 成员国,但高于德国和法国,与日本持平。总体来说,中国小学阶段的教育经费占 GDP 比例还是比较高的,表明了我国对基础教育的投入重视程度。

(2) 初中阶段,中国教育经费占 GDP 的比例略低于 OECD 平均值,低于大部分 OECD 成员国,与日本持平。总体来说,中国初中阶段的教育经费占 GDP 比例适中,与 OECD 国家存在一定的差距。

(3) 高中阶段,中国教育经费占 GDP 的比例远低于 OECD 平均值,只有OECD平均值的三分之一。总体来说,中国高中阶段的教育经费占 GDP 比例偏低,国家应当加大这方面的投入。

(4) 高等教育阶段,中国教育经费占 GDP 的比例远低于 OECD 平均值,只有OECD平均值的二分之一。总体来说,中国高等阶段的教育经费占 GDP 比例偏低,国家应当加大这方面的投入。

(5) 据统计,2015 年全国国内生产总值为 685 505.8 亿元,国家财政性教育经费占国内生产总值比例为 4.26%,虽然离 OECD 平均值 5.2%还有差距,但是已

---

① 中国数据采纳国家财政性教育经费占国内生产总值比例,OECD 这个指标的数据代表了从小学到高等教育阶段教育经费支出占 GDP 比例。

经获得了很大的增长,基本与德国持平,说明我国近年加大了国家财政性教育经费的投入,将教育优先发展落到了实处。

(三)"班额"指标

班额是各国政策讨论的一个热点。班额的大小可以影响到教师是否关注学生的需要,用何种方式关注,是否能减少处理问题的课堂时间,也会影响教学效果、教学质量和师生间的互动,影响父母选择学校的决定。该指标可反映学校资源配置和学生学习环境的相关信息,可用作教育条件保障类指标。但是教育质量不完全由班额决定,还会受到学生、教师水平及其他可利用教育资源的影响。另外,对于全国及各地区,该指标只能反映平均趋势,不能体现校际间的差异。

统计口径选择:

中国:中小学(幼儿园)平均班额,是指中小学(幼儿园)每班学生的平均规模。中小学(幼儿园)平均班额 = 中小学(幼儿园)在校生总数/中小学(幼儿园)总班数。

OECD成员国:入学的学生数除以班数,为了确保各国的数据可比性,排除了特殊教育课程。数据仅仅包括小学和初中常规课程,不包含常规课堂外的小组教学。

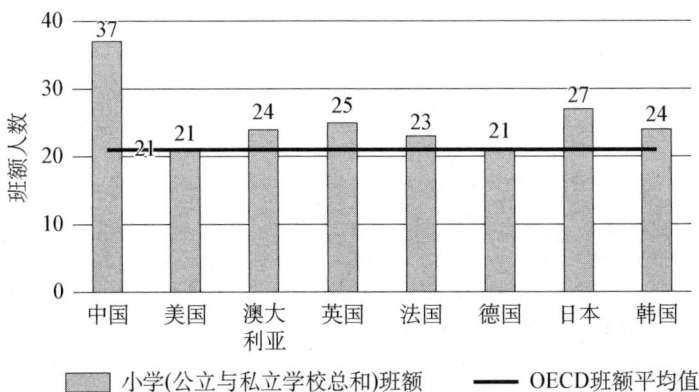

图 2.7　小学班额指标对比(单位:人)

数据来源:数据根据《教育概览 2016 OECD 指标》中 D2.1 表格整理,选取其中的公立和私立学校总和数据。

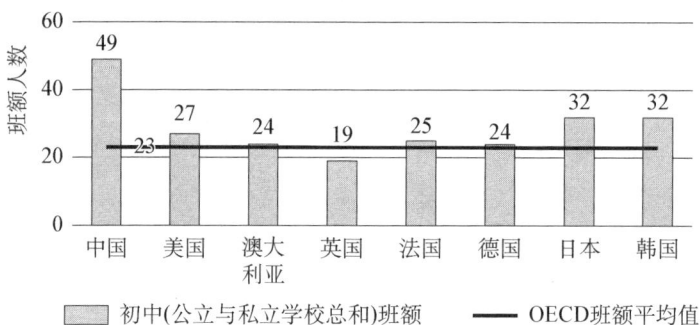

图 2.8 初中班额指标对比(单位:人)

数据来源:数据根据《教育概览 2016 OECD 指标》中 D2.1 表格整理,选取其中的公立和私立学校总和数据。

由此可见:

(1) 根据 2016 年《教育概览》统计数据,OECD 小学班额平均数为 21,我们所选取的 7 个 OECD 成员国略超出这个数值,但超出不多。然后中国小学班额为 37,远大于 OECD 平均值,是 OECD 平均值的 1.76 倍,班额过大。

(2) 根据 2016 年《教育概览》统计数据,OECD 初中班额平均数为 23,我们所选取的 7 个 OECD 成员国除英国以外,略超出这个数值,但超出不多。中国初中班额为 49,远大于 OECD 平均值,是 OECD 平均值的 2.13 倍,班额过大。中国初中班额大于小学班额。

(四) 生师比指标

生师比可用于反映教师数量充足程度,经常用作教育质量的替代指标。该指标值越高,表明每位教师平均所教的学生越多,相反,生师比越小,表明平均每位教师所教的学生越少,老师有更多的精力去关注每一个学生,有助于取得更好的教育效果。

统计口径选择:

中国:生师比 = 某一级教育在校生总数/该级教育专任教师总数。

OECD 成员国:生师比等于某一教育阶段的折合全日制学生数除以同一阶段特定类别学校中折合全日制教师数。

表 2.3　中国与 OECD 成员国各教育阶段生师比比较

教育阶段＼国家	中国	美国	澳大利亚	英国	法国	德国	日本	韩国	OECD平均值
小学	16	15	16	20	19	15	17	17	15
初中	13	15	12	15	15	13	14	17	13
高中	17	15	12	16	10	13	12	15	13
高等教育	20	15	15	17	18	12	无	21	17

数据根据 OECD 2016 年《教育概览》,中 D2.2 表格整理。

通过比较,可以发现:

(1)中国小学阶段生师比略大于 OECD 平均值,与澳大利亚相同,略低于英国、日本和韩国,说明我国小学生师比处在比较让人满意的比例,基本达到了发达国家的水平。

(2)中国初中阶段生师比与 OECD 平均值持平,与德国相同,略高于澳大利亚,说明我国小学生师比处在比较让人满意的比例,已经达到了发达国家的水平,甚至好于几大发达国家。

(3)中国高中阶段生师比高于 OECD 平均值,高于 7 大发达国家,说明我国高中生师比还较大,低于发达国家水平。

(4)中国高等教育阶段生师比高于 OECD 平均值,高于 5 大发达国家,略低于韩国,说明我国高中生师比还较大,低于发达国家水平。

附:各阶段学校生师比(数据均来自《教育概览》)

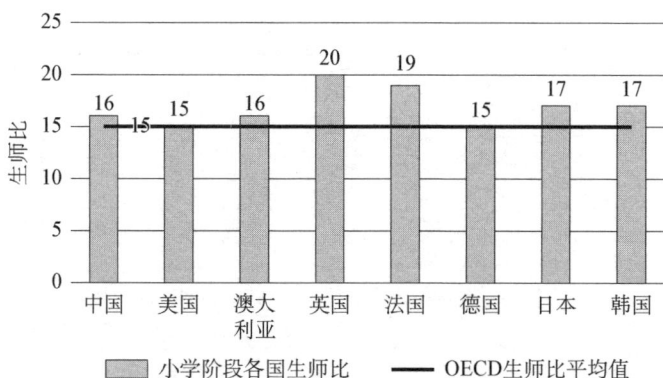

图 2.9　小学阶段生师比比较图

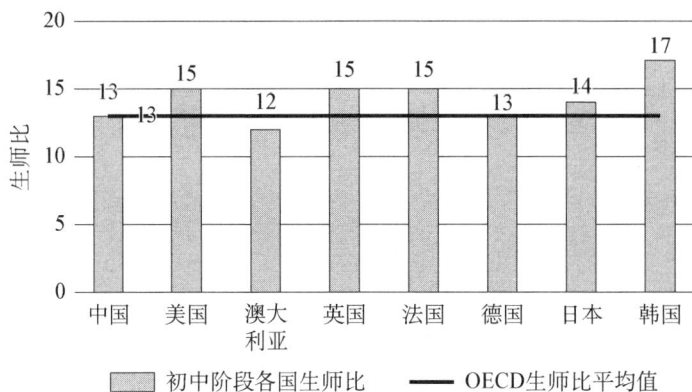

图 2.10 初中阶段生师比比较图

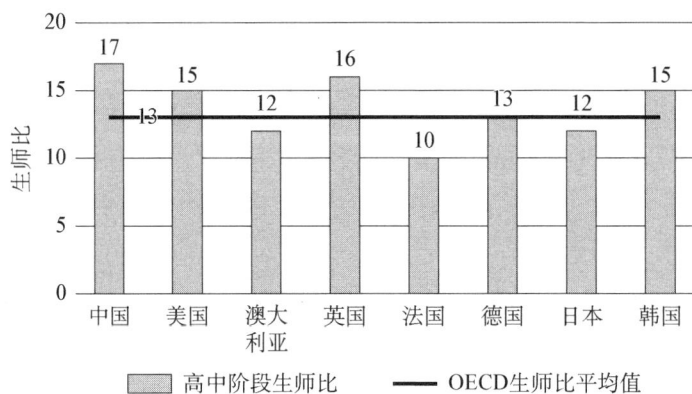

图 2.11 高中阶段生师比比较图

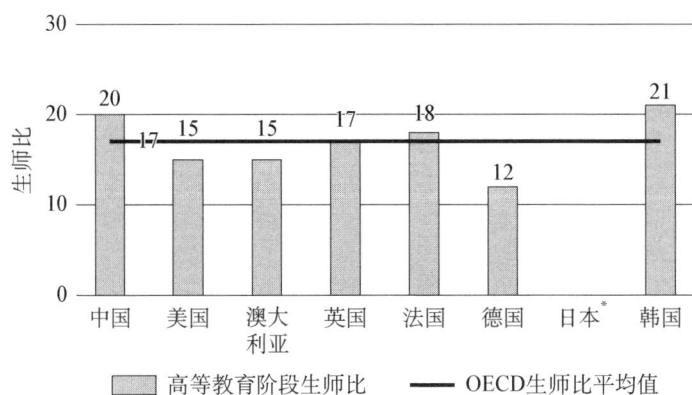

* 日本数据缺失。

(五) 教师年龄结构指标

OECD 教育指标中的教师情况分为三大二级指标。我们选取了教师的年龄结构比这个指标。教师年龄结构是指教师的不同年龄阶段构成,显示了教师队伍的年龄层次,是具有活力与发展前景,还是富有教学经验,还是偏于老龄化。教师年龄结构是否合理,关系了教育工作的可持续发展,关系到教育质量的提高。

统计口径:由于选取的数据都来自于 OECD 教育概念,因此采用 OECD 的统计口径,即统计公立和私立教育机构中的不同年龄的教师比例,分为小于 30 岁、30 到 39 岁、40 到 49 岁、50 到 59 岁和大于或等于 60 岁五个区间进行统计。

小学、初中、高中三个阶段的教师年龄结构比较(数据来自《2016 教育概览》表格 D5.1):

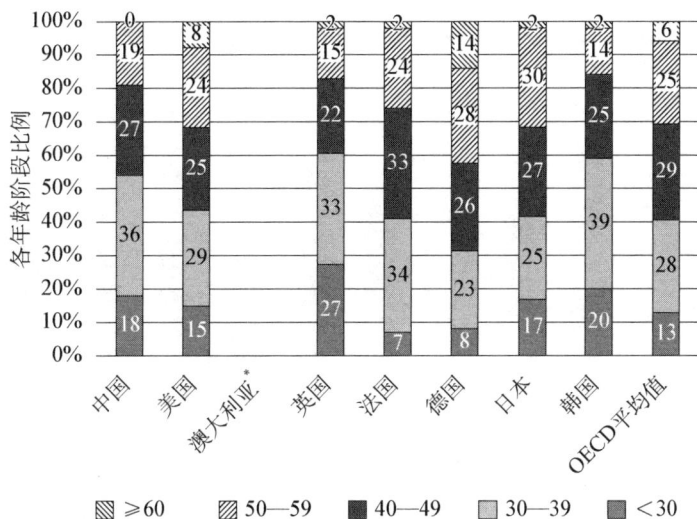

图 2.13　小学阶段教师年龄结构比(单位:百分比)

* 澳大利亚数据缺失。

根据图 2.13、2.14、2.15 可以看出:

小学、初中和高中阶段,与 OECD 主要成员国相比,小于 30 岁的教师分别占总体教师队伍的 18%、18% 和 21%,高于 OECD 国家平均值。队伍年龄偏轻,有利有弊,有利之处在于教师队伍年轻,富有活力;弊处在于教学经验不足。中国小学阶段教师年龄主要集中于 30—39 岁和 40—49 岁,高于 OECD 国家平均值,这

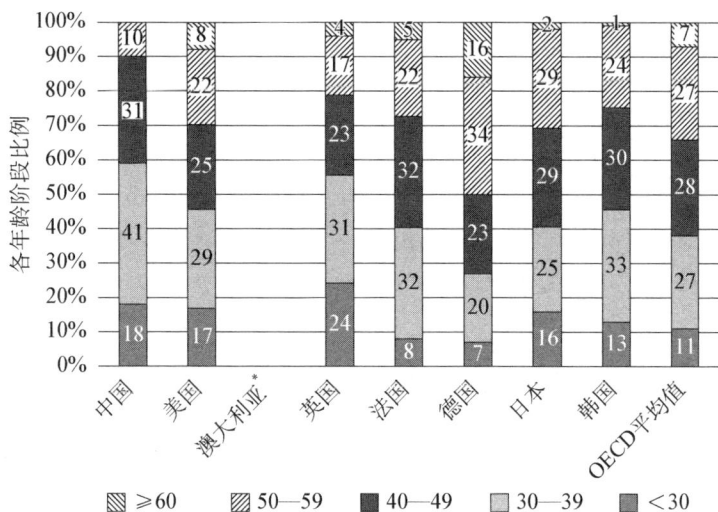

图 2.14 初中阶段教师年龄结构比（单位：百分比）

* 澳大利亚数据缺失。

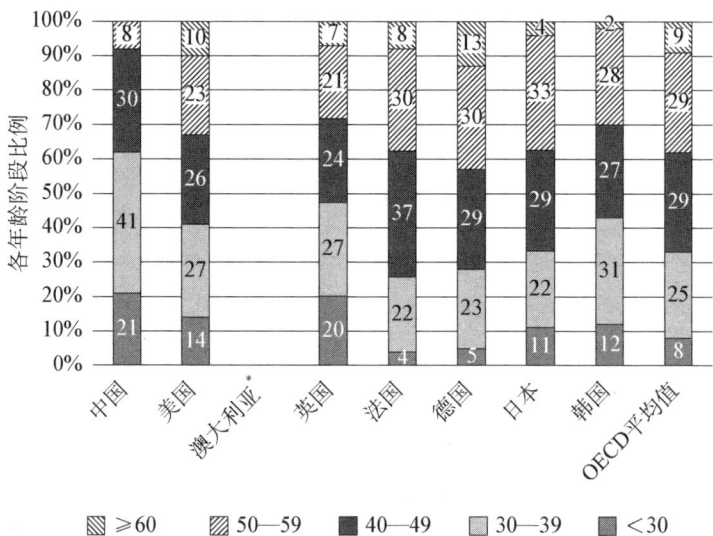

图 2.15 高中阶段教师年龄结构比（单位：百分比）

* 澳大利亚数据缺失。

个阶段的教师队伍年龄处于中年，教育经验丰富。由于我国有退休年龄的规定，60 岁以上的教师为零。总体而言，我国小学、初中和高中阶段教师年龄构成比较合理，有利于教育工作的开展。

(六)"25—64岁人口受三种教育程度的比例"指标

人口的平均受教育水平是衡量一个国家人力资源存量时普遍采用的指标。受过良好教育和训练的人口是经济、社会发展、建设美好社会和个人幸福的关键。在形成人力资本的诸多因素中,教育在个体积累知识、技能和竞争力方面发挥重要作用。

在对这个指标数据的设计中,OECD将统计口径定为25—64岁,符合发达国家劳动力受教育时间长,进入劳动力市场晚,高等教育普及的特点,符合劳动力在劳动力市场的参与年限,是从经济角度设置的。

下图反映了8个国家和OECD平均水平的成人受教育情况。

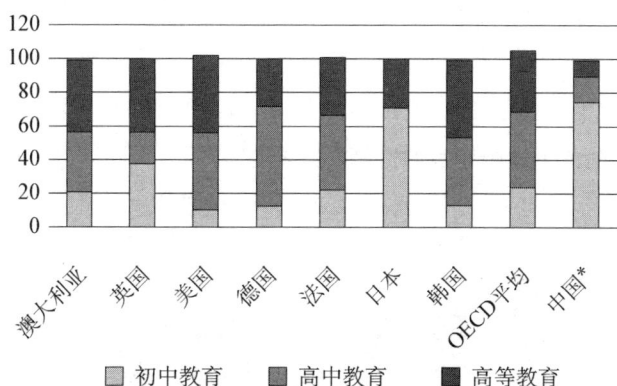

图2.16 25—64岁人口受三种教育程度的比例(%)

表2.4 25—64岁人口受三种教育程度的比例(%)(2015)

受教育程度 \\ 国别	初中教育	高中教育	高等教育
澳大利亚	21	36	42
英国	38	18	44
美国	11	45	46
德国	13	59	28
法国	23	44	34
日本	71		29
韩国	14	40	45
OECD平均	24	45	36
中国*	75	15	9

* 2010年数据(因有无法归类数据,所以有的国家总比例不足100%)。

在图表中可以明显看出,多数发达国家劳动力人口中接受高等教育的比例在30%—50%之间;除了英国以外,其他国家的劳动力人口接受高中教育的比例比只接受初中教育的人口比例要高。与发达国家相比,我们国家25岁到64岁成人人口中有四分之三只接受了初中教育,接受过高等教育的人口仅占到9%。

这样一种状况跟每个国家的教育制度、历史发展情况是相一致的。我国教育发展起步较晚,所以不可能在高中和高等教育比例上超过发达国家的劳动力人口。但是,这并不妨碍我们将这一指标作为制定发展目标的依据,并能够更加清楚在劳动力受教育水平上与发达国家的差距。

(七) 高等教育净毕业率

高等教育毕业率表明了一个国家培养拥有高级、专业的知识和技能的工作人员的能力。"净毕业率"是指在既定的年限里完成学业的人,不管其年龄是多少,在毕业典型年龄的人数中所占的比例。

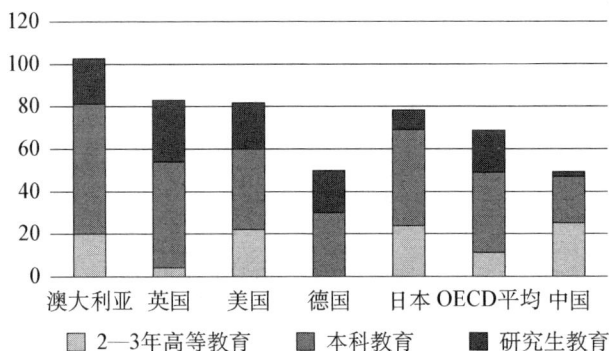

图 2.17　高等教育净毕业率(%)

表2.5　高等教育净毕业率(%)(2015)

国别 ＼ 层级	2—3 年高等教育	本科教育	研究生教育
澳大利亚	20	61	21.5
英国	4	50	28.9
美国	22	38	21.6
德国	0	30	19.8

层级 国别	2—3 年高等教育	本科教育	研究生教育
日本	24	45	9.2
OECD 平均	11	38	19.7
中国	25	22	2.2

可以看出,澳大利亚、美国和日本的净毕业率相对是比较高的。英国与德国2—3 年高等教育的毕业率很低。相比较而言,中国的 2—3 年高等教育的毕业率相对较高,而本科教育和研究生教育的净毕业率明显偏低。

(八) PISA 测试成绩

尽管 PISA 成绩并没有在《教育概览》中用专门的指标列出,但是在衡量教育产出时,是经常作为依据进行比较的。当前世界发展的水平,已经使得所有的发达国家在基础教育阶段的关注点跨越了规模的扩张,转变为了对教育质量的关注。而 PISA 测试从一定程度上可以反映各个国家基础教育的结果和水平。

上海自 2009 年参与 PISA 测试后,连续两次拔得头筹。然而,正如很多分析学家所说,上海的成功并不意味着中国的成功。因为上海毕竟居于中国教育发展水平的最前列。因此,2015 年 PISA 测试的成绩可以给我们带来很多启示。

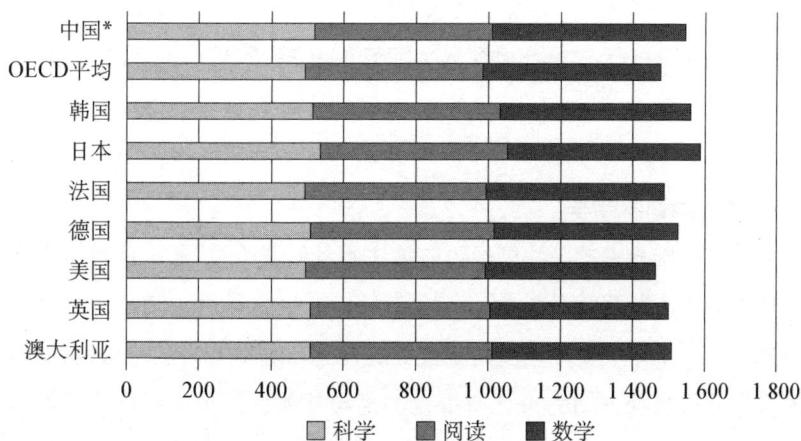

图 2.18　2015 年 PISA 测试成绩(分数)

表 2.6 2015 年 PISA 测试成绩(分数)

科目 国别	科学	阅读	数学	高分比例	低分比例
澳大利亚	510	503	494	18.4	11.1
英国	509	498	492	16.9	10.1
美国	496	497	470	13.3	13.6
德国	509	509	506	19.2	9.8
法国	495	499	493	18.4	14.8
日本	538	516	532	25.8	5.6
韩国	516	517	524	25.6	7.7
OECD 平均	493	493	490	15.3	13.0
中国*	518	494	531	27.7	10.9

* 北京、上海、江苏、广东

由上图可见,PISA 测试中,中国学生的总成绩低于日本和韩国,除了数学以外,其他成绩也并没有与其余发达国家拉开差距。因此,可以看出,所选四个省市的教育质量虽不及上海一个城市,但是整体来讲还是能够保证的。然而,与前几年的成绩相比,添加了其余省市后成绩的下滑也应该引起关注。需要对城乡、区域和校际差异有更深入的了解和正确看待。毕竟,广东省和江苏省还是处于经济、文化较为发达的沿海省份,其差异性远远小于全国其他地区。

(九) 高等教育入学率

如果说对基础教育的关注已经迈向关注质量的新阶段,那么高等教育在全球来讲仍然需要关注其规模的扩大。入学率是指有生之年进入某种类型高等教育的人口比例。入学率反映了接受高等教育的机会与对于上大学的价值的认识,也反映出人们获得当前劳动力市场所重视的高端技能和知识的程度。高等教育的高入学率和参与率意味着培养并保持受过良好教育的劳动力。

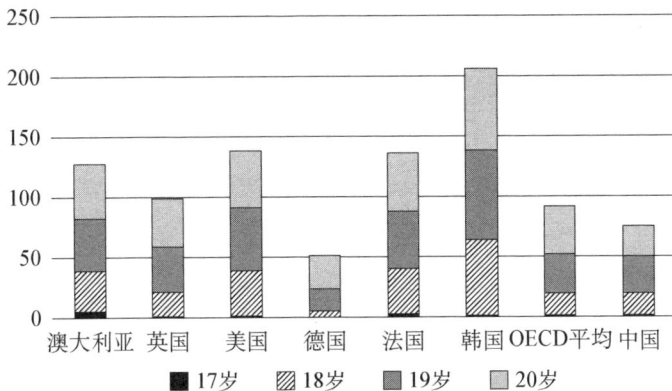

图 2.19　17—20 岁人口的高等教育入学率

表 2.7　17—20 岁人口的高等教育入学率(%)(2014 年)

年龄 国别	17 岁	18 岁	19 岁	20 岁
澳大利亚	5.8	33	44	45
英国	1.0	21	37	40
美国	1.1	38	52	47
德国	0.3	6	18	27
法国	2.7	38	48	47
韩国	1.0	63	74	68
OECD 平均	1.5	18	33	39
中国	2.5	17	30	26

　　由上可见,除了德国以外,其他老牌发达国家的高等教育入学率比较相近。德国因为其职业教育的发达使得高等教育的吸引力相对较低。而韩国作为新兴发达国家,高等教育入学率高居发达国家之首。毕竟,为了能够带动整个国家的持续发展,韩国在高等教育阶段的投入和关注是其他国家所无法比拟的。同样,我国也经历了近二十年的高等教育扩招,为高等教育的发展开拓了极大的发展空间。尽管与发达国家相比,入学率尚低,但随着人口结构的变化,高等教育的入学

率应该会持续走高。

四、前景预测与政策建议

通过 OECD 主要国家的生均教育支出、教育经费支出占 GDP 的比例、班额、生师比、教师年龄结构指标、人口的受教育比例、高等教育净毕业率、PISA 测评成绩以及高等教育入学率等主要教育指标的比较，可以得出如下结论，并基于结论提出相关的建议：

1. 相比于 OECD 成员国，我国的生均教育支出还偏低，不利于教育事业的深入发展。因此要加大教育投入，提高"生均教育支出"，同时，改变教育经费在各级教育阶段的分配，要加大对基础教育阶段的经费投入，促进教育公平。

2. 我国"教育经费支出占 GDP 的比例"逐年提高，逐步缩小与 OECD 国家的差距，表明近年来国家加大国家财政性教育经费的投入，将教育优先发展落到实处。但是，要合理统筹安排各级教育经费支出占 GDP 的比例，提高各个教育阶段的成本收益之比。

3. 相比于 OECD 成员国，我国的班额人数过大，不利于教育质量的提高。因此，要利用各种教育资源和教学手段，缩小班额，提倡小班化，平均分配教育资源，尤其不能造成好学校班额过大的现象，影响教学质量；而有些弱校，偏远学校班额过小，可能会影响教育效益。

4. 通过统计数据发现，虽然我国各级教育班额较大，但是生师比状况较好，与 OECD 国家差距不大，说明我国加强教师教育，在师资培养和聘用方面加大投入。但是，建议生师比只能反映教师数量的充足情况，而其他一些因素，例如，教师的自身素质、教学经验、专业背景、教学方法等都会对教学效果产生影响。因此，加强教师的职业资格和技能评定也是保证教育质量的关键。

5. 目前，我国教师年龄构成还比较合理，中青年教师占教师队伍的大部分。未来，要加大青年教师的比例，增加教育的活力与发展前景。

6. 相对于发达国家，我国现有劳动力人口的整体学历水平不高，这与历史背景是相一致的。但随着人口的迭代发展，整体学历水平一定会逐步上升。但是，为了更快提高劳动力人口的整体素质，在等待年轻一代成长的过程中，仍需重视成人教育和终身教育，缩短追赶时间。

7. 高等教育的规模和质量是关系到国家人力资源状况的重要因素。要加强高等教育内涵式发展，优化学科结构，为学生适应未来社会做好准备。

8. 继续重视基础教育质量，尤其要关注教育公平问题，加强学校标准化建设，着力缩小城乡、区域和校际差异，在保证入学机会公平的基础上争取教育结果的公平。

9. 稳步提升高等教育入学率。根据社会发展水平和要求调整专科、本科学历结构。同时，根据人口结构的调整完善高校招生政策与结构，着眼于未来的发展培养人才。

面向未来，我们要实现2030教育现代化，促进教育的可持续发展，需要在以下几个方面继续努力：

一是要进一步加大教育投入，提高"生均教育支出"，教育投入占GDP的百分比需要再提高1—2个百分点，同时改变教育经费在各级教育阶段的分配，加大对基础教育阶段的经费投入，促进教育公平。

二是进一步强化教育过程指标，除了硬性指标外，增加软性指标，强调过程性、动态性和协商性。在教育基本公共服务均衡化的背景下，教育发展已经由外延式发展转化为内涵式发展，这就要求教育质量监控的重点要转向关注学校内部的公平与质量问题，在同等人同等对待的基础上，关注不同人的差异化对待，强化选择性教育和个性化教育。[①] 要利用各种教育资源和教学手段，缩小班额，提倡小班化，平均分配教育资源，尤其不能造成好学校班额过大的现象，影响教学质量；而有些弱校、偏远学校班额过小，影响教育效益。继续重视基础教育质量，尤其要关注教育公平问题，加强学校标准化建设，着力缩小城乡、区域和校际差异，在保证入学机会公平的基础上争取教育结果的公平。进一步促进教师的专业发展，扩大教师的专业自主权，提升教师的信息化素养与跨文化素养，激发广大教师的热情与活力。

三是在关注教育产出的经济效益的同时，更要关注教育产出的社会效益。除了强化个人产出指标之外，还应当强化组织与社会层面上的产出；从关注短期影

---

① 黄忠敬："中国：补齐短板，迈向高等教育强国"，文汇报，2017年8月18日，第6版。

响到关注长期的可持续发展的作用;从过分强调"人力资本"的发展到更加强调"人的发展";[①]不仅要关注产出本身,还应当探索影响产出的因素是什么,考虑到家庭、社会、市场、制度等因素对教育产出的巨大影响。

报告执笔人:黄忠敬

---

① 黄忠敬:"中国:补齐短板,迈向高等教育强国",文汇报,2017 年 8 月 18 日,第 6 版。

第三篇

国际大都市经济与教育发展水平与指标分析

全球城市是全球城市网络体系中的关键节点,是城市发展的高级阶段和国际化的高端形态。全球城市在全球经济中起到中心控制作用,还需要满足制度、人力资源、市场和产业升级等多项条件,这些都与人力资源密切相关。教育通过人力资本输出和物力资本输出的形式为城市发展提供硬件和软件的支持,通过影响城市的社会化、城市经济、城市文化发展来支撑城市发展,其中对城市经济的作用尤为明显。教育的知识生产功能和人才培养功能不断作用于城市发展,为城市提供高素质的劳动者,同时也是科技创新经济时代的重要生产要素。

一、全球城市的功能内涵和发展现状

全球城市是国际劳动分工、金融国际化和跨国公司网络全球战略的产物。纵观世界范围内的全球城市,其主要承担了以下功能:(1)政治权力中心;(2)贸易和商业的门户(具有港口、机场、铁路、商业路线等);(3)信息和文化的聚集和传播中心(具有全球影响力的主要学术机构、博物馆、网络服务器和提供者、大众媒体等);(4)国际活动(体育、文化、政治等);(5)人口聚集节点;(6)全球流动和旅游的枢纽;(7)人力资本和学术界(科学家、艺术家、民众活动等)聚集点;(8)宗教崇拜的主要站点;(9)国际组织、非政府组织和公司总部所在地;(10)标志性建筑的站点;(11)大型侨民聚集点。其基本内涵包括:(1)全球城市是世界城市网络的主要和基本节点,其本质属性是基于流动的联结,具有明显的"地点—流动"空间的过程统一性;(2)全球城市的功能在于把不同地理尺度的经济活动连接到世界经济之中，实现全球资源流动和配置；(3)全球城市呈现多层次的空间权力关系，在多尺度链接中扮演重要角色；(4)全球城市在全球事务中产生的重大影响力与作用力，都取决于其在世界网络中产生链接的重要性。

全球城市的内涵和功能都十分丰富，目前一般采用综合性的指标体系来判别全球城市，反映全球城市的综合发展水平。下表是有代表性的六大全球城市指数排名，分别是日本森纪念财团(MMF)发布的"全球城市实力指数"(Global Power City Index，GPCI)、科尔尼公司发布的全球化城市指数(Kearney Global Cities Index，GCI)、英国拉夫堡大学世界城市研究小组发布的网络关联指数(GaWC)、万事达卡发布的全球商业中心指数(Worldwide Centers of Commerce Index，WCoC)、伦敦金融城发布的全球金融中心指数(GFCI)以及2thinknow发布的全球创新城市指数。

表 3.1　全球城市六大指标排名

	GPCI (2017)	GCI (2017)	GaWC (2012)	WCoC (2008)	GFCI (2016)	2thinknow (2016)
评价测度	综合指数	全球城市指数	网络关联指数	全球商业中心指数	全球金融中心指数	全球创新城市指数
伦敦	1	2	1	1	2	1
纽约	2	1	2	2	1	2
东京	3	4	7	3	5	3
香港	9	5	3	6	4	35
新加坡	5	6	5	4	3	7
上海	15	19	6	24	16	32

其中GPCI指数和GCI指数标识的是城市综合实力，伦敦和纽约是公认的全球城市，位于全球城市体系的顶端；东京作为亚洲城市的代表，各项排名紧随其后；上海的整体排名和香港、新加坡相比也有一定的差距，创新能力也是明显滞后于伦敦、纽约、东京等全球城市。

二、全球城市的经济发展水平

（一）全球城市的经济发展指标

经济发展水平是全球城市的重要衡量指标之一，也是全球城市综合发展的基础。2016年全球城市经济总量排名，东京以9 472亿美元的经济总量位列全球城市第一，纽约以9 006亿美元紧随其后，但是由于人口数量的优势，纽约的人均GDP数量远超其他城市，排名第一。从经济数据上来看，纽约、伦敦、东京等全球城市占所在国GDP的比重领先于国内其他城市，占比高，影响力强。

表3.2　2016年全球城市经济总量排名

	城市	GDP 总量 （亿美元）	人口数量 （万人）	人均 GDP （美元）	城市面积 （平方公里）
1	东京	9 472	1 350	70 130	2 188
2	纽约	9 006	833	108 037	798
3	洛杉矶	7 530	1 313	57 349	4 319
4	巴黎	7 350	1 060	69 338	2 845
5	伦敦	5 187	978	53 004	1 738
6	芝加哥	4 748	988	48 056	606
7	上海	4 066	2 415	16 837	6 340
8	休斯敦	3 940	494	79 757	1 440
9	大阪	3 876	883	43 895	223
10	米兰	3 782	912	41 469	2 700
11	北京	3 691	2 171	17 001	16 800
12	墨西哥	3 690	2 120	17 406	1 500

（二）全球城市的产业结构演变规律

全球城市的经济发展是伴随着全球化和工业化的发展浪潮而壮大的，其中最具演变规律的全球城市的是产业结构，当城市从制造中心向服务中心转型，当经济从重化工阶段向后工业阶段转型的时候,产业结构表现出去工业化和生产服务业集聚的特点。主要的趋势是:以金融、商贸服务业为主的第三产业在地区经济中的比重达到70%以上(并且持续扩张),制造业总体的产值、就业比重持续下降,高能耗、劳动密集型产业持续转移至其他低成本地区,技术密集型产业、高新技术产业成为制造业的主体。以正在向全球城市发展的上海为例,上海现在正处于结构调整的中后期,服务业总量和服务业结构,特别是人力资本密集的生产者服务业方面,与全球城市存在显著差距,远低于纽约、伦敦20世纪80年代水平。

表 3.3 纽约、伦敦、东京就业分布[①]

	1985 年			1996 年			2007 年		
	纽约	伦敦	东京	纽约	伦敦	东京	纽约	伦敦	东京
制造业	15.4	16.0	22.0	9.0	8.4	16.9	8.5	8.0	15.0
第三产业	73.8	78.5	59.8	80.3	88.5	62.8	85.3	92.0	70.3
FIRE 部门	17.3	18.2	7.68	17.0	11.7	8.21	——	——	7.46

注:FIRE 指以金融、保险、房地产为代表的生产者服务业。

从纽约、东京、伦敦等城市的历史发展趋势来看,首先是制造业继续收缩,第三产业(尤其是生产性服务业)成为经济增长的主要推动力。制造业内部结构也在不断变化,最突出的特点是重化工业、传统制造业的衰落,制造业有向技术密集的现代制造业、高新技术产业集中的趋势。伦敦、纽约和东京在制造业总体衰退的过程中,以印刷出版业、服装业、食品加工业等为主的都市工业始终处于稳步发展状态,在地区总产值中占有一席之地。[②] 首先是生活性服务业比重有缓慢下降的趋势,而生产性服务业则增长明显。就业结构也有着相似的发展趋势,其生产性服务业的增长,并非基于强大的制造业基础,而是多与金融中心发展相配套的服务业发展,工业中心与金融中心有着不同的生产性服务体系。以2012年为例,上海第二产业就业人口比重为39%,其中制造业比重为30%;第三产业为57%,

① 丝奇雅·沙森:《全球城市—纽约·伦敦·东京》,周振华等译,上海:上海社会科学出版社2001年版。
② 周振华:"伦敦、纽约、东京经济转型的经验及其借鉴",《科学发展》2011年第10期。

其中金融业就业人口仅占 2.7%,房地产业 3%,租赁和商业服务业占 6%,就业比例低于同发展阶段的其它国际化城市,产业就业结构转型升级需要加快。

人力资源和人才资源的规模、素质、结构及演化趋势对城市经济社会发展模式选择、产业结构调整产生重大影响,影响到全球城市发展的步伐和质量。

全球城市对高科技服务业相关的高端专业技术人才和高端生产性服务业人才的需求高,而目前此类人才的总数量严重不足,根据伦敦金融城当局委托FISHER ASSOCIATE 研究项目预测,到 2020 年上海航运中心建设相关行业人才缺口为 30 万人,其中核心人才缺口为 15.6 万人。

表 3.4   2011 年全球金融中心和上海金融从业人员总量和金融从业人员占比对比表

	纽约	伦敦	香港	新加坡	上海
金融从业人员总量(万人)	80	40	20.7	14.55	28.41
金融从业人员占比	12%	12%	6%	7.5%	2.57%

表 3.5   2011 年全球城市与上海信息从业人员数占比对比表

	香港	新加坡	东京	上海
信息从业人员人数(人)	——	85 400	588 800	275 700
信息从业人员占比	2.80%	4.20%	8.24%	2.50%

三、全球城市教育发展水平与指标分析

全球城市的教育发展和经济发展是密不可分的。全球城市的发展,使得政治、经济、文化等因素在教育领域相互交织,与教育存在着千丝万缕的关联,教育更与一个城市的前途命运和发展潜能息息相关,全球城市地位的形成及确立与其历史悠久、高度发达的教育有着密不可分的联系。全球城市的发展对现代教育提出了新的要求,全球城市的教育发展是使教育适应时代的发展,反映并满足现代

生产、现代科学文化发展需要,达到现代社会发展所要求的先进水平。

(一) 伦敦教育发展水平

伦敦作为全球城市的代表,其教育有着悠久的发展历史,如同伦敦在英国及世界的经济地位一样,伦敦在英国的教育领域也是一路领先,作为世界教育中心之一,代表了英国教育的发展趋势。随着社会的不断进步,它的教育投资不断扩大,教育体制也不断完善,教育现代化程度较高。其中,伦敦的基础教育均衡发展;高等教育发展迅猛,推动了经济发展。同时,伦敦的教育发展中也面临着一些问题,亟需进行改进。

伦敦经济的发展为教育投入提供了条件。伦敦的经济发达,是世界最大的国际外汇市场和国际保险中心,也是世界上最大的金融和贸易中心之一,在 20 世纪 70 年代中期,伦敦的人均 GDP 已经达到 5 000 美元。[①] 从 2002 年以来,伦敦的经济一直稳步发展,并且持续到现在,现在的人均 GDP 稳定在五万美元左右。

1. 教育经费支出

为了保证教育经费的分配公平和平衡配置,在教育经费分配上,有四个关键环节来保证各地教育经费的相对公平。首先,教育经费中央出大头,地方出小头。一般来说,中央财政支出占 60% 左右,各地方财政支出占 40% 左右。1998 年—2002 年英国政府在教育上的投入就达 120 亿英镑,平均每年的投入资金比 1997 年提高了 70%;2006 年财政预算投入新的资金来缩小国家各地之间的教育水平差距,[②]对全国教育的支出增长了近 75 亿英镑。在英国政府的教育财政投入的支持下,伦敦政府在教育上也投入了大量的财政资金,2007 年伦敦的支出从增加到了 70 亿英镑。第二,通过各种教育专项转移支付项目,如 2003 年英国教育与技能部资助伦敦 5 个成绩比较低的市镇实施“伦敦挑战”项目,来直接资助薄弱地区和薄弱学校的教育改革项目,提高中等教育质量。第三,教育当局要确保至少 85% 的地方教育局预算用于学校,其中学校 80% 的预算费用要用于在校生和老师,对学校经费的分配方案也必须公开透明,每年制定的预算和每年的实际分配方案都要上报,要对其拨款公式做出说明。[③] 第四,通过外部审计对教育当局和学校进行

---

① 苏洪雨:“伦敦教育现代化发展近况述评”,《外国教育研究》2007 年第 4 期。
② 苏洪雨:“伦敦教育现代化发展近况述评”,《外国教育研究》2007 年第 4 期。
③ 陆璟:“伦敦基础教育均衡发展的机制及其启示”,《上海教育科研》2006 年第 1 期。

监督,进行成本核算,提高学校经费的使用效益。

2. 教育学制现状

伦敦的现行学制建立在 1944 年教育法的基础之上,包括学前教育、初等教育、中等教育、继续教育和高等教育等。其中学前教育指义务教育开始年龄(5 岁)之前的儿童教育由公立与私立幼儿园实施;5—16 岁享有的是义务教育年限 11年,实施的机构有幼儿学校(Infant School,招收 5—7 岁儿童)、初级学校(Junior School,招收 7—11 岁儿童)、混合学校(包括幼儿部和初级部)。实施中等教育的机构有公立中学和独立学校系统的公学。公立中学包括 5 种类型:文法中学、技术中学、现代中学、综合中学、中学后学校(其中包括第六学级、第六学级学院和第三级学院)。义务教育后青年的职业技术教育主要在继续教育机构中实施。这些机构包括多科技术学院、技术学院、继续教育学院、艺术学院、农学院、商学院、夜校和第三级学院等。职业技术教育的组织形式分为全日制教育(通常包括各种类型的工读交替制)、部分时间制的日间教育(包括"学习日"和"学习假"形式)和部分时间制的晚间教育三种。其中,为了使高等学校能够同地方工商业界密切合作,在 1966 年建立了多科技术学院,主要是合并一些质量较好的技术学院、商学院和艺术学院,从而形成高等教育中的双重制。1991 年以后,多科技术学院被升格为大学,有权授予学生学位,又取消了双重制。①②③

3. 基础教育发展现状

伦敦 90% 以上的少年都在综合类公立学校就读,而 90% 以上的公立学校都是综合类学校,实行知识面宽泛的基础教育。2003 年 5 月由政府发起的"伦敦挑战"(London Challenge)项目,旨在进一步提高伦敦中等教育的质量,使伦敦成为在学习和创新方面全球领先的大都市。经过一年多的努力,到 2004 年底,经过教育标准局检查,伦敦学校各方面都取得了显著的进步。在 2005 年,布莱尔政府又颁布了《为了全体学生:更高的标准,更好的学校》白皮书,要求进一步发展基础教育,

① The government's response to the house of commons education and skills committee report [M] presented to parliament by the secretary of state for education and skills by command of her majesty feburary 2006. crown copyright 2006.

② Statics of education educational needs in England [EB/OL]. http://www. edfes. gover. uk.

③ Statics of education educational: class sizes and pupil reacher ratics in England [eb/ol]. http://www. dfes. gov. uk.

提高教育水平。2015 年伦敦市长教育计划（Mayor of London's Education Programmer Delivery Plan Refresh 2014－2015)指出伦敦的年轻人是城市的未来，为确保全球竞争力，就必须确保伦敦的中小学、高等院校培养出才能出众、有创新力、决断力的人才……强调未来要从四个方面让伦敦教育更为卓越：第一，提升所有伦敦学校的教学质量；第二，为年轻的伦敦人将来在全球化的城市工作生活做好准备；第三，让每个伦敦学生热爱自己的学校；第四，强化伦敦学生的适应力。① 这种综合学校和开放办学的教育创新思想是伦敦保持国际竞争优势，满足个体自我追求和精神文化生活的原因，对世界教育改革都产生了深刻持久的影响。伦敦政府采取的上述措施，提高了基础教育水平，并且一直影响到现在。

在基础教育普及方面，据英国国家统计局数据显示，2010 年英格兰地区中小学辍学率为 6.1％，而伦敦地区仅有 4.72％。② 可见，伦敦地区在义务教育阶段的普及率较高。在学业成就方面，据英国国家统计中心统计，2010 年 11 月伦敦地区参与普通中等教育证书考试的学生中，61.9％的学生五门以上科目评价达到 A—C 等级，而整个英格兰地区则是 58.4％。③ 在高等教育参与程度上，2011 年伦敦 16 岁以上常住人口中获得高等教育资格的达到 68％，远高于 16 岁以上英国常住居民获得高等教育资格 27％的比率。④

4. 高等教育发展现状

伦敦的高等教育迅猛发展，为伦敦的经济带来新的活力。伦敦的高校规模大，伦敦有 13 所以上的高校学生数量超过了 1.23 万人。其中学生数量最多的伦敦高校是威斯敏斯特大学与米德塞斯大学，这两所学校的学生数都超过了 2.4 万人。⑤ 其中 63％是全日制学生。伦敦人口占英国总人口的 12％，在伦敦接受高等

---

① Mayor of Lodon's Education Programme Delivery Plan Refresh 2014－2015. http://www. lodon. gov. uk/sites/files/Mayor％20of％20Lodon％27s％20Education％20Programme％20Delivery％20Plan％20refresh％2014-2015_0. pdf. 2014－3－13.

② Pupil Absence In School In England：AutumnTerm 2013. http://www. gov. uk/government/uploads/system/uploads/attachment_data/file/315569/SFR12_2014. pdf. 2014－5－3.

③ Regional Profiles：Key Statics-Lodon，August 2012. http://www. ons. gov. uk/ons/rel/regional-trends/region-and-country-profiles/key-statics-and-profiles-auguse-2012/key-statics-lodon-august-2012. html. 2012－8－13.

④ Key Statics and Quick Statics for Local Authorites in the United Kingdom. http://www. ons. gov. uk/ons/dcp171778_343047. pdf. 2013－12－4.

⑤ 苏洪雨："伦敦教育现代化发展近况述评"，《外国教育研究》2007 年第 4 期。

教育的学生占了英国高校学生总量的16%。从教职员工数量上看,伦敦大学学院有超过4 000名的全职教职员工,居伦敦之最。英国在校研究生中的20%在伦敦求学;而在伦敦求学的研究生又占了伦敦所有高校学生的28%,高于全英23%的研究生平均比例。伦敦一些大学只培养研究生,如伦敦商学院、伦敦卫生与热带医学学院、皇家艺术学院等。其他高校,如伦敦城市大学、国王大学、威斯特敏斯特大学、伦敦大学学院则主要以开设研究生培养课程为主。尤其是威斯特敏斯特大学和伦敦城市大学这两所研究生数量最多的大学,共有研究生约1.4万人。伦敦高等教育机构拥有很高的留学生比例。21世纪初就有61 045名海外学生在伦敦接受高等教育,占了伦敦高校学生总数的18%,而全英国的这一比例是12%,一些国际知名度很高的大学,如伦敦商学院、国王大学、伦敦城市大学、帝国学院和伦敦经济学院的留学生比例都很高。伦敦专业性的艺术、音乐和戏剧类高校中25%—30%的学生来自其他国家。[1]

5. 教育产出现状

人才是未来伦敦经济发展的基础。拥有高层次学历和接受过优质高等教育的伦敦年轻人是未来伦敦精英人群的主体。伦敦学生关键科目的成绩评价,作为核心教育指标涉及的重要科目包括:英语阅读写作、算术、STEM课程和现代外国语。通过读、写、算能力的强化,有助于学生理解其他课程以及在以后的学业发展中形成自身的专长和批判性思维,也为伦敦未来的商业和工业发展提供力量,对伦敦年轻人未来工作、生活和投资以及伦敦的经济繁荣都非常重要。

6. 重视少数民族和特殊儿童教育

伦敦市有关专家经过研究和分析发现,在国家标准考试中成绩处于低段的伦敦儿童主要集中在黑人儿童中,因而在伦敦教育委员会中专门设立了黑人和少数民族学生成就组,并于2002年11月9日组织召开了第一次伦敦学校与黑人儿童会议,此后每年召开一次,会议由市长主持,伦敦市各部门主要领导,以及公众代表参加有关政策的讨论。每次会议都要出版《伦敦学校与黑人儿童》的公开报告,其中分析黑人学生在国家标准考试中的成绩、进步情况以及提出对策,最近的会

① Deriving Measures of Plant-Level Capital Stock in UK Manufacturing, 1973 – 2001. 【EB/OL】http://www. defsgov. uk. World City World Knowledge [EB/OL], http://www. lodon. gov. uk/mayor/economic_unit/.

议提出的主要对策是增加黑人和少数民族教师的比例,增加在学校委员会中的黑人和少数民族代表,加快形成尊重多元文化的氛围。伦敦政府非常重视特殊儿童的学业成就。那些在当地权威部门关照下的特殊儿童与其他儿童相比,成绩更加糟糕。解决这个难题对于政府和其他法定机构来说也是当务之急。被看护的特殊儿童的教育水平与他们同辈之间的差距越来越大的状况令人堪忧。针对这些学生,伦敦有不同类型的特殊教育条例来帮助他们,但是他们的表现依然不如那些无需特殊照顾的学生。针对这一问题,特殊儿童状况和特殊教育的需求被列为伦敦核心教育指标。①

(二)纽约教育发展水平

纽约作为美国的特大城市和全球最重要的商业和金融中心,是名副其实的世界之都,也是重要的国际高等教育中心,拥有众多世界一流的学府和雄厚的科研实力,具有高度发达的高等教育。长期以来,纽约高等教育为纽约城市的建设与发展提供了重要的智力资源与人才支撑,对于纽约世界城市地位的确立产生了极为重要的促进与推动作用。②

1. 教育经费现状

纽约的教育经费投入十分充足,不论是学前教育,义务教育、还是高等教育,人均教育经费都很高,义务教育经费的来源也很多,以政府投入为主,州和地方政府拨给中小学教育经费收入大约占86%以上,也包括企业捐赠、地方财产税等,其他收入约占14%。纽约高等教育财政的投入十分充足,政府拨款用于学生助学金的投资额居于全美50个州中第1名。同时高等教育的科研创收也反过来增加了财政收入。

2. 学前教育现状

纽约市实施的是"免费学前班"计划,儿童大部分从4岁开始进入免费的全日制学前班学习。2017年4月21日以后,纽约市正式推出"3岁及以上儿童免费学前教育计划",这是美国早期教育历史上最大规模的举措,它为纽约市所有3岁及

---

① Statistics of Schools in Lodon: Key Facts 2001 - 2005.〔EB/OL〕. http://www. defs. gov. uk. Revised GCSE Results Statics of Schools Lodon: Key Facts 2001 - 2005〔EB/OL〕. http: www. defs. gov. uk.

② 金保华、刘晓洁:"世界城市纽约高等教育的演进、特征及启示",《现代教育科学》2017年第6期。

以上儿童提供免费、高质量的全日制早期教育。[①] 新计划下,0—5 岁儿童无论他们的家庭收入如何都可以接受连续的、高品质的早期教育计划。这个计划纽约市将投入 3 600 万美元的试点经费,到 2021 年该计划完成时,总投入将达到 1.77 亿美元。

3. 高等教育现状

纽约高等教育充分反映了美国高等教育体系的多元化特色。高等教育体系类型多样、层次分明、公私立教育协调发展,既包括研究型大学、综合大学,还包括一大批社区学院、开放大学等。纽约的高等学府有着高水平的科研产出和专利成果,是纽约高科技人才培养的中坚力量,为纽约市及纽约都市圈培养了大量代表社会转型方向、以服务为导向的专业人才,它们对于提升城市人口素质、增强城市软实力可谓是至关重要。这一分层多样的高等教育结构体系不仅有利于高校准确定位、合理分工,承担不同的角色,同时,在动态调节上也具备较强的灵活性,能敏锐地感知城市政治、经济、文化发展需求的新变化,并通过财政手段与市场竞争及时、准确地调节各类高校的比例。[②] 在 2000 年,纽约获得高中毕业证书的学生比例从 1989 年的 35% 提高到 49%,大约有 79% 的高中毕业生进入大学深造。同时大学入学率在美国最高,达 76.7%。在 1990 年,纽约市人口中学士学位以上的人口比例为 23%,研究生学位的人口比例为 10%[③],都比美国平均比例高三个百分点,成为促进纽约城市经济增长的人力资本。

高校高度发达的创新创业教育对于纽约从 19 世纪末全美最大的制造业基地发展成为今日主导全球金融、科技的世界城市,以及世界城市地位的确立与巩固产生了重要的推动作用,为了更好地向纽约市和纽约州的发展提供智力支撑,《2004 年—2012 年纽约州高等教育发展规划》(State-wide Plan for Higher Education,2004—2012)继续强调大学要积极"与政府和社区组织'合作',明确高等教育应关注社会需要;与商业或其他机构'合作',促进地区经济发展"。[④] 纽约

---

① 周京峄:"美国:纽约推出'3 岁及以上儿童免费学前教育计划'",《上海教育》2017 年第 29 期。
② 金保华、刘晓洁:"世界城市纽约高等教育的演进、特征及启示",《现代教育科学》2017 年第 6 期。
③ 崔文霞:"国际大都市纽约的城市教育研究",华东师范大学 2004 年学位论文。
④ The Board of Regents 2008 Progress Report on the Statewide Plan for High Education,2004 - 2012. (r). New York:New York State Education Department. 2008.

市立足于纽约城市定位及其对高等教育的需求,积极倡导"合作""互动"的高等教育发展理念,先后出台诸如"增加教育投入、推动科技园建设、加速大学的技术转让、加速发展滨水地带等改革措施,大力推动高等教育机构和城市、产业的合作,为纽约的复兴和发展注入了新的活力"。① 据美国邓百氏(Dun & Bradstreet)公司2012年的统计资料显示,纽约市共有33 173家创意企业(Art-Related Business),合计雇佣员工238 127人,各类创意活动的开展为纽约的城市发展创造了巨大的财富。② 近年来,随着纽约从传统的金融城市向高科技创新型城市转变,高等教育在城市发展中的支撑、引领作用更加突出,这种作用尤其表现在其为城市发展提供更多高技术含量的智力成果方面。例如,纽约大学目前累计获授权的专利就达767项,其中接近60%已经在城市的生产实践中得到应用,超过70家新成立的创业公司依赖于纽约大学提供的科技成果。③

4. 教育政策现状

纽约的教育政策富有特色。1996年纽约教育当局就在各学校实行从幼儿园到12年级学生的学习标准,培养学生解决问题和独立思考的能力,包括英语语言艺术,数学、科学和技术,社会研究,其他语言学科,艺术,健康教育、体育与家庭消费科学,职业发展与职业研究等其他课程领域。1989年纽约教育当局推出一项职业教育政策,开展职业技术教育项目,包括农业、商业、健康、家政、销售、技艺、贸易、技术、表演等九大类,在不同的领域进行培训。

5. 终身教育现状

终身学习的教育网络系统。纽约的教育体制实现终身化,从人出生开始,就可以接受良好的教育,纽约学前教育的教学内容与教学方法能够从小培养与开发孩子的各种生存潜能,尤其是孩子的独立性、自我服务技能与探索精神。纽约政府投资教育的方式有很多,比如著名的"学前教育普及计划""从头脑激活计划"

---

① 郅海霞、陈超:"城市与大学互动关系探讨——以纽约市与其高等教育系统的互动为例",《清华大学教育研究》2013年第1期。

② Sharon Zukin, Laura Braslow. The Life Cycle of New York's Creative Districts: Refections on the Unanticipated Consequences of Unplanned Cultural Zone [j]. City Culture and Society, 2011,9(2): 131 - 140.

③ New York University Uffice of Industrial Liaison. Technology Transfer at New York University. [EB/OL]. http://www. med. nyu. edu/oil.

"开端计划"等。纽约州高等教育的成功直接地归功于它的小学教育、初中教育和高中教育的各种项目对学生的培育。在严格的学习标准和毕业要求的基础上,所有的学生都可以接受优质的预 K - 12 年级教育,从而为他们今后接受高等教育做准备。①

6. 教育国际化

纽约作为全球城市,各项活动都有国际化背景,25%的跨国公司总部设在纽约,其外汇交易额占整个跨国公司的 55%。经济国际化程度需要纽约的教育国际化,提供国际化复合型人才。通过纽约作为移民城市,每年都有数十万的来自 100多个国家的移民进入,需要专门的教育资助和移民教育政策帮助移民学生参与各项教学活动。

报告执笔人:殷德生、冯晓楠

---

① 崔文霞:"国际大都市纽约的城市教育研究",华东师范大学 2004 年学位论文。

第四篇
教育现代化的关键指标及其内涵分析报告

2030 年世界各国将在经济、政治、社会等方面发生深刻的变革，人才日益成为国际竞争的根本。"教育 2030"这一概念被广泛运用，源自于 2015 年 9 月召开的"联合国可持续发展峰会"，会议通过《变革我们的世界：2030 年可持续发展议程》，该文件的形成，基于 193 个会员国的共同愿景。这一文本在核心章节郑重提出"教育第一"这一核心理念，提出全纳、公平、有质量、终身学习等"教育 2030"全球目标。为此，世界各国陆续提出教育 2030 战略，以培养全球竞争性人才。中国作为会员国之一，结合现实发展状况与需求，也在这一行动框架下积极探索我国如何在 2030 年建设成为社会主义现代化教育强国。《国家中长期教育改革和发展规划纲要（2010—2020 年）》确立了"到 2020 年，基本实现教育现代化"的战略目标。

2017 年，党的十九大胜利召开，习近平总书记在报告中将建设教育强国作为我国实现民族复兴的基础工程，提出要加快教育现代化进程，办好人民满意的教育。根据十九大对我国社会现代化建设与发展的整体布局，从 2020 年起，将用两个 15 年把我国建设成为富强民主文明和谐美丽的现代化强国，那么第一个 15 年到来之时是与 2030 年相近的 2035 年，这为全社会也为教育事业的现代化发展提出了一个新的建设目标。加快教育现代化，离不开评价的推进；而评价又需要指标的定位、定向和指引。本研究依据对苏南、重庆、深圳等地的调研，梳理我国教育现代化评价指标自身及实施中存在的问题；借鉴国际上教育发展的评价模式和经验、根据对国内已有指标体系的分析、以德尔菲法和专家工作坊征询国内外资深教育专家意见和建议，在多方努力之下形成了教育现代化评价关键指标框架及其内涵解读。

一、教育现代化评价指标存在的问题

自 2016 年起,课题组先后对苏南五市(苏州、无锡、常州、镇江和南京)、重庆市江北、铜梁和万州三个区以及深圳宝安区等地进行了调研,在总结经验的同时也发现了一些教育现代化评价指标及其应用上比较明显的问题,现概述如下:

(一) 指标及体系自身存在的缺陷

1. 评价指标大多指向显性的和可量化的对象,难以体现教育现代化内涵

教育现代化不仅仅是器物层面的现代化,同时还是制度和人的现代化,但许多监测指标指向容易量化的有关办学条件和技术装备,如市级财政统筹和转移支付的水平、校舍建设达标学校的比例与中小学校园网连通率等,却少有能反映师生的现代化素养和品质的指标,如教育领导与管理、教学过程互动状态、师生关系等。这样设置的指标会导致地方上出现重硬件投入、轻内涵发展的行为,从而使资金投向发生偏差。例如为了达到 300 米跑道标准,不得不将原有的(可能是建成不久的)250米跑道毁掉重来。当然,反映内涵发展的指标基本上属于定性指标(或称柔性指标),柔性指标具有价值取向上的引领性,但技术开发的难度较大。

2. 指标过分强调统一、缺少个性和弹性

调研中听到较多的反映是有些指标的设置过于固化,缺少必要的弹性。如国际化指标,在沿海发达地区应该不难实现,但在农村或新城镇地区则难免捉襟见肘;又如"三个增长",到一定限度则不再有增长的空间,高增长地区因失去增长空间,常被扣分;再如"差异系数",班额过小或过大都要扣分,一些地方的公办学校吸纳了随迁子女却不可避免地扩大了班额,帮政府解决了紧迫难题却要面临扣分,地方上感到对这类指标无所适从。

3. 在类型比例上,指标重普通教育轻其他类型教育

大量的指标是指向普通中小学教育的,侧重在普通教育,职业教育和特殊教育的发展未能得到重视。如江苏省评价指标体系中除高等教育外的 40 个三级指标中,职业教育只设有 3 个指标,特殊教育、学前教育的指标则更少。

4. 在体系结构上重投入和产出、轻过程

各地教育现代化评价指标体系基本按 CIPP 模式(C -背景、I -投入、P -过程、

P-产出)构建,大多数指标体系在背景、投入和产出三方面指标设置充沛,但反映过程状态的指标明显不足。比照投入产出,可以了解教育效率的高低;若想知道效率高低的由来,则需要通过过程指标来解读。教育公平的落实,也需要设置相应的过程指标来检验,但已有的评价指标体系中极少体现这一价值维度。

(二) 指标应用及评价实施中存在的问题

1. 指标在功能上重达标、轻促进,重鉴定、轻改变

在教育现代化评价进程中,往往只关注评价的鉴定和考核作用,而忽视其对教育现代化的形成、改进、推动和促进作用。许多地区忽略了教育现代化是一个"化"的过程,仅仅将其视为一个达标活动,受评单位"斤斤计较"于分数得失,钻进了"指标囚笼",未能意识到问题而自觉地图谋改进,扭曲了教育评价的初衷,阻碍了教育现代化的良性发展。

2. 施评过程缺乏沟通和交流

教育评价的发展经历了测量—描述—判断—协商/建构四个时代,其走向也从强调客观工具(第一代评价)、目标达成度(第二代评价)、标准(第三代评价)的鉴定性评价转向重视协商与建构(第四代评价)的发展性评价。然而,已有的教育现代化评价中,评价者与被评价对象的关系依旧是前三代教育评价的模式,评价者居高临下,被评价者被动接受,评价过程缺少平等的对话、交流和协商,这种模式在一定程度上否定了被评价对象的主观能动性,也失去了教育评价本该具有的作用。

3. 评价结果的运用缺乏建设性

教育现代化评价结果不仅仅是目标达成度的体现,更是发掘教育现代化推进路径的重要依据。已有实践中,教育现代化评价结果仅仅用于判定高下和排列顺序,而未用于分析和发现问题、发现成果和经验、寻找更好的推进路径或更有效的政策工具,导致对后续的教育现代化推进工作缺少建设性的支撑。

导致上述问题的原因是多方面的,理论准备不足和对西方经验的本土化改造不足是重要原因,我国作为外生型后发现代化国家,要警惕简单照搬先发型现代化国家的标准和路径的错误做法,避免落入"现代化陷阱"中去。

面对上述问题,我们意识到,教育现代化评价指标的确立及其体系的构建,需要依靠更为科学合理的方法;这些指标的实施,也需要依靠更加正确而可行的路

径与策略。

二、教育现代化关键指标研制的思路与过程

关键指标的确立,需要综合考虑多种因素,如与评价模式的契合度、与现代化内涵的相关度、指标梳理与提炼方法的合理性,还有如何借鉴国内外已有指标的得失等。下面将具体展开阐述:

(一)评价模式的选取

教育现代化评价指标的建构主要基于形成性评价的思路,关注评价的促进和改进功能,采取以协商的方式形成"心理建构"的第四代评价观,选择以"回应"服务对象为起点的"回应模式"作为从中国教育现代化实际出发的主导式评价模式。在此基础上,整合归纳—描述法、演绎—分析法和系统—整体法,并依据具体的情境、发展需求等因素综合应用于指标建构过程。

教育评价从第一代评价到第四代评价,经历了漫长的历程,也产生了诸多评价模式,其中几种最为典型的评价模式有以下几种:

1. 泰勒模式

泰勒认为,教育评价经历了如下过程:①拟定教育的一般目的(broad goals)和具体目标(objectives);②把目的和目标进行分类;③用行为化的术语界定目标;④建立可以展示具体目标业已达成的情景;⑤选择和编制客观性、可靠度、有效性较高的测验,确定问卷、观察、交谈、作品分析等评价手段;⑥收集学生行为表现的资料;⑦把学生的行为表现与既定目标进行比较;⑧修改方案,重新执行方案,如此循环。[①] 泰勒模式以教育目标为导向,把教育目标转化为可测量的学生的行为目标,并根据这些行为目标开展教育活动,然后依据行为目标对教育活动的效果进行评价,判断实际教育活动效果达到预期教育目标的程度,通过信息反馈促进教育活动尽可能地逼近教育目标。所以,泰勒模式被称为"行为目标模式"。

2. CIPP 模式

1963 年,克隆巴赫对泰勒模式提出了质疑。他认为:①评价人不仅应关心教

---

① 泰勒:《课程与教学的基本原理》,罗康等译,北京:中国轻工业出版社 2008 年版,第 116 页。

育的目标,检验教育目标达到的程度,更应关心教育的决策;②评价的重点应放在教育过程之中,而不是在教育过程结束之后;③评价不是决定优劣的过程,而要作为一个收集和反馈信息的过程。① 1966 年,斯塔弗尔比姆同样对泰勒评价模式提出了异议,他认为"评价最重要的意图不是为了证明(prove),而是为了改进(improve)。因此,评价不应局限于评判决策者所确定的教育目标预期效果的达到程度,而应该收集有关教育方案实施全过程及其结果的资料,评价是为决策提供有用信息的过程"。② 为此,他提出了以决策为中心的 CIPP 评价模式,该模式是由背景(context)评价、输入(input)评价、过程(process)评价和成果(production)评价组成的一种综合评价模式,其核心思想是把教育评价看成是"为决策提供有用信息的过程"。"背景评价"为计划决策服务,是对教育目标本身所进行的诊断性评价,也就是根据社会需要和评价对象的整体状况对所提出的教育目标进行价值判断。背景评价的详细内容包括了解、分析和判断教育目标背后的社会需要,这些需要的广泛性和重要性以及所确定的教育目标能在多大程度上满足这些社会需要。"输入评价"为组织决策服务,是对用以实现教育目标的教育方案的可行性评价,也就是对实现教育目标所需要的条件以及可以得到的条件的评价。输入评价要解决的具体问题包括对为实现教育目标而制定的各种教育方案进行比较、优选,或者将两种或两种以上的教育方案的优势进行结合。在对教育方案的比较、优选的过程中,需要对实现目标所需要的人、财、物和解决问题的策略等进行调查研究,并最终确定解决问题的最佳方案。"过程评价"为决策的实施服务,是对方案实施过程的形成性评价。过程评价的目的在于了解和掌握方案实施的进度,获得反馈信息,及时发现方案实施过程中存在的问题,并通过对问题的分析,做出调整或终止方案的决策。"成果评价"为再决策服务,是对教育方案实施结果的终结性评价。成果评价的目的在于测量、解释和判断方案实施的成效,为下一周期新的教育方案的制定提供依据。

3. 应答模式

应答模式又叫反应模式或当事人中心模式,是由美国学者斯塔克于 1973 年

---

① 肖远军:《教育评价原理及应用》,浙江:浙江大学出版社 2004 年版,第 92 页。
② 瞿葆奎主编,陈玉琨、赵永年选编:《教育学文集·教育评价》,北京:人民教育出版社 1989 年版,第 298—302 页。

提出的,斯塔克认为,要使评价结果能真正产生效用,教育评价工作应以关心教育活动方案的人所关注的有价值的问题为出发点,对这些问题给予回答。[1] 他建议把问题作为评价的先行组织者,而发现这些有价值的问题,必须通过与关心教育活动方案的人进行接触,以了解他们的愿望。问题的确定强调价值观的多元性和发散性。尽可能满足大多数人的需要。问题确定以后,再根据问题制定评价方案,选择收集信息的方法和手段。在收集评价信息的方法上,该模式注重与科学主义相对的自然主义方法,强调自然观察、交往和描述性的定性分析等方法的运用,反对把测验方法作为收集评价信息的基本手段,反对把测验结果作为评价的唯一依据,但不反对在适当的场合使用测验的方法。应答模式的实施步骤[2]包括:识别方案的范围;了解方案活动;了解人们的需要,确定评价的目的;确定问题;识别、筛选所需要的资料;选择进行观察、判断的工作人员和评价工具;对指定的前提条件、过程和结果进行观察;进行理论总结,准备描述性的资料,开展个案研究;对用于评价工作的某些证据资料进行鉴定,以提高这些证据资料的可靠性;准备评价资料,供评价听取人使用;整理正式评价报告;与方案的评价委托人、评价的听取人和方案的实施者进行沟通,了解各类人员的兴趣和需要。上述步骤并不是机械固定的,相互之间是可以跨越或互逆的。

4. 协商建构模式

1981年,基于斯塔克的"应答评价模式",库巴和林肯发表了《有效的评价》(Effective Evaluation)一文,提出评价的出发点应该是应答或回应评价利益相关者(stakeholder)的要求。1989年,库巴和林肯出版了《第四代评价》的专著,在反思、批判传统评价理论的基础上,提出了"第四代评价理论"。库巴和林肯认为,前三代评价理论的不足之处在于:一是评价的"管理主义倾向(A tendency toward managerialism)"太浓,把评价对象及其他一切有关的人都排除在外不予考虑,致使评价工作不够全面、深入;二是"忽视价值的多元化(Failure to accommodate value—pluralism)",将评价者的评价观作为评价的唯一标准,没有考虑到评价中其他人的价值观念;三是过分强调"科学实证主义"的方法(Over commitment to

---

① 陈玉琨:《教育评价学》,北京:人民教育出版社1999年版,第135页。
② 陈玉琨著,瞿葆奎主编:《教育评价学》,北京:人民教育出版社1992年版,第139页。

the scientific paradigm of inquiry），在评价的方法上忽视了质性方法等其他方法的运用。"第四代评价"从建构主义的哲学出发，认为现实并不是纯"客观"的、"外在于人"的东西，它不过是人们在与对象交互作用中形成的一种"心理建构物"。因此，评价亦并不是"外在于人"、"纯客观"的过程，而是参与评价的所有的人，特别是评价者与其对象双方交互作用，形成共同的心理建构的过程。[①] 人头脑中的"建构"是以人们的价值观为基础而形成的，在价值观多元化的社会里，评价活动就需要综合考虑如何融合或沟通各方利益相关者的意见。而评价者的根本任务就是通过收集各种资料，梳理出不同人、不同环境中的建构，并运用协商的方式，逐步改变、统筹不同意见上的分歧，引导他们达成共识。因而，这个时期也被称为"建构时代（Construction Generation）"。回应、协商、共同建构是第四代评价理论的主要内容。

基于上述对不同教育评价模式的述评，我们可以看出教育评价模式多种多样，不同的教育评价模式产生于特定的时代背景下，代表着不同的价值取向，反映了不同的教育评价思想和方法。教育现代化评价模式的选择，不是对某种模式的单一运用，而是要综合考虑其使用的区域、范畴和最终的指向，同时也要关注评价对象和评价方式的适切性等情境性因素的影响。此外，评价模式的选择还要关注其运用的弹性、个体性等方面。中国作为教育现代化后发型的国家，其教育现代化重在"化"的过程而非"化"的结果，因而应重视评价的形成性，关注评价的促进和改进，采取以协商的方式形成"心理建构"的第四代评价观，选择以"回应"服务对象为起点的"回应模式"（亦译为"应答模式"），作为从中国教育现代化实际出发的主导式评价模式。

（二）评价指标建构的思路

从国内外已有的教育现代化评价指标体系来看，已有评价指标的研制方法主要包括归纳—描述、演绎—分析和系统—整体三类。基于分析，依据具体的情境、发展需求等因素，归纳—描述法、演绎—分析法和系统—整体法将被整合并运用于指标建构过程。

---

① 埃贡·G·库巴，伊冯娜·S·林肯著：《第四代评估》，秦霖等译，北京：中国人民大学出版社 2008年版，第 121 页。

1. 归纳—描述法

归纳—描述法最初应用于社会指标的确立中,其特点是注重描述事实、收集统计资料,操作理念是通过"测度某些事物,然后将测度标准化,使之达到可接受的信赖水平。"① 该方法在得出概念框架之前,会对教育系统进行全面的了解,收集大量的统计数据,对其归类整理,形成统计项目,凝练为教育指标的不同领域,据此而形成有关评价主题的多个评价维度。该方法主要采用量化方法收集与分析数据,需要大量的事实数据的支撑,通过归纳法得出评价维度。往往有相对规范的程序与方法保证其科学性与规范性,更能得出契合实际发展状况的评价维度,是一种自下而上,依靠数据驱动的分析模式。采取这种方式制定教育发展指标的往往是一些国际大型组织,如世界经济合作与发展组织(OECD)教育指标体系、世界银行(World Bank)的教育指标体系。以 OECD 为例,它成立专门处理数据的组织称之为 OSS(OECD Statistics Strategy),该组织的主要功能在于提供用以鉴定和解决数据问题的系统机制;增强数据获取的透明性;以及加强信息化背景下 OECD 的行政角色。② 在此基础上,通过对统计数据的分析和总结,逐步形成统计项目,进而归纳描述出相应的教育指标。此外,OECD 成立的教育研究与革新中心不断修正教育发展评价标准,并形成权威的教育评价指标分析模式——CIPP分析模式(Context—Input—Process—Product)。

2. 演绎—分析法

演绎—分析法是基于某种理论框架或抽象模型而建构指标框架,立足点不是某种症状的事实描述,而是对这种症状背后的原因进行探寻,形成关于"何以此"的理论框架。这种取向的关键在于约翰斯通(James N. Johnstone)所说的对某一相关现象的概念辨析,因此也被称为概念驱动,或理论框架模式,即从概念到测量维度到指标再到数据。概念框架的形成是指标体系构建中至关重要的一步,以此来论证测量维度。③ 该种取向反对以现有的资料和数据作为建构指标的基础,而

---

① Otis Dudley Duncan. *Toward social reporting*:*Next step*, New York:Russell Sage Foundation, 1969:9.

② Organization for Economic Co-operation and Development:*Quality framework and guidelines for OECD statistical activities*. http://www.oecd.org/(阅读时间:2018 年 1 月 23 日)

③ Heinz-Herbert Noll. *The European system of social indicators*:*A tool for welfare measurement and monitoring social change*. Delmenhorst:Hanse institute for advanced study, 2004:3-4.

以核心概念作为上位指导,是一种自上而下的模式。此种方法的落脚点就在对核心概念的阐述上,我们还可以对核心概念拆分,形成子概念集。典型的例子是联合国教科文组织(UNESCO)的教育指标体系,以三个理论基础为根基:一是教育受到政治、经济、社会、文化与人口等因素的制约,因此,人口、国民生产总值、文化与传统等也是反映教育水平的重要指标;二是教育需求与供给是一个国家教育发展水平的直接影响因素,经费和人力资源指标可以反映教育供给的情况;三是教育质量与公平是教育走向现代化必然要解决的两个至关重要的问题。[①] 我国一些教育现代化评价维度也采用了此种方法,沿用的是教育现代性—教育现代化的逻辑推理方式。该种取向建立这样一个教育现代化的观念之上,即认为教育现代化是教育现代性持续不断增长的过程,国内学者如褚宏启、朱旭东、周稽裘等持有这样的观点。

3. 系统—整体法

教育系统是由各种要素及相互关系所构成的复杂系统,系统—整体取向模式是通过对教育系统进行分解并形成教育系统评价的分析框架,该取向应用广泛。系统—整体方法具有输入—输出模式、输入—过程—输出模式、背景—输入—输出模式、背景—输入—过程—输出模式、输入—过程—输出—结果模式、背景—输入—过程—输出—结果模式 6 种形态。[②] 教育现代化评价领域采用 CIPP 分析框架居多,正如前文所述,我国部分省市如浙江省、江苏省、上海市等参照这一模式,结合本省的实际情况,设计了本省教育现代化的指标体系。此外,也有部分研究者和实践者将教育系统分为不同的领域以研制教育现代化评价指标。该种思路在确立指标之前首先要明确教育系统中包含着什么,教育的现代化意味着各个的系统领域的现代化。基于这样的前提,国内倾向于把教育现代化分解为教育思想、教育发展水平、教学体系、办学条件、师资队伍、教育管理的现代化等,[③]如江苏省教育现代化指标包括教育普及度、教育公平度、教育质量度、教育开放度、教育保障度、教育统筹度、教育贡献度、教育满意度几个领域。在此基础上结合 CIPP 模式等进行指标的研制和建构,可以最终形成教育现代化评价指标

---

① 徐玲:"国际教育指标体系的分析与思考",《教育科学》2004 年第 2 期。
② 孙志麟:"教育指标的概念模式",《教育政策论坛》2000 年第 2 期。
③ 中国教育学会:《中国教育改革发展二十年》,北京:北京师范大学出版社 1999 年版,第 139 页。

体系。

总的来说,教育现代化评价指标的研制方法多种多样,每一种方法都有自己的长处和局限。归纳—描述法以统计数据为基础,是自下而上的分析模式,与教育现代化发展的实际情况有较强的切合性;但统计数据解释有意义信息存在困难,这使得其解释社会问题的有效性受到质疑。演绎—分析法以核心概念为基础,自上而下的分析模式,揭示上下阶层之间逻辑关系;但同样面临部分概念难以化为操作指标等问题。系统—整体法从系统观点分析,采取多层面的角度,探讨教育系统要素之间的相互关系,能够突显横向的因果关系;但价值问题处理不当,则易出现只有框架而无实质内容的问题。因此,在教育现代化指标研制的过程中,有必要整合三种方法,并依据具体的情境、发展需求等因素进行综合应用。此外,指标选择和研制过程中也要关注定量指标和定性指标的结合、国际性和本土性的融通、导向性和指向性的统一等。

(三)现有指标体系的分析

以先行国家和地区的教育发展指标为参照,审视本地区的教育发展需要。实际上,这也是制定本地区教育现代化指标体系和发展规划的必要前提。在这方面,联合国教科文组织的世界教育指标、经济合作与发展组织的教育指标、世界银行的教育指标体系、欧盟的欧洲教育质量指标、美国教育发展指标以及新加坡教育发展指标,可以成为国际视野下的参照系;北京、上海、浙江、广东、江苏、天津、成都等地的教育现代化指标,可以成为国内不同地区选用的参照系。有了这些参照系,可以更清楚地理解本地区教育现代化的基础,更准确地定位新的发展空间。此时,需要特别关注的是:"教育现代化"体现的是新的专业追求,而不仅仅是一般意义上的行政任务;与此相应,这要求本地区的教育系统的整体发展实现"转型"或者在已经启动的教育现代化发展历程中走向"成型"或"更高境界"。

1. 国际教育发展指标

教育现代化问题是许多国际组织非常关注的一个课题。早在20世纪70年代,欧洲经济合作与发展组织就开始了对教育发展指标体系的研究。联合国教科文组织则倾向于从教育供给、教育需求、入学和参与、教育内部效率、教育产出五个方面构建教育指标体系,形成了包括22个指标的分析框架;世界银行作为一个主要"通过政策建议、分析研究和技术援助等方式向发展中国家提供支持"的国际组织,近年来对世界教育的影响力呈现上升趋势。它以一国的经济与社会发展水平为依据建立的教育发展指标体系,由教育投入、受教育机会、教育效率、教育成果、性别与教育五个方面共 16 个指标构成。国外教育事业发展评估标准体系一般都按照 CIPP 评价模式构建,即"背景"(Context)、"投入"(Input)、"过程"(Process)和"产出"(Product)。2015 年联合国通过了《变革我们的世界:2030 年可持续发展议程》(*Transforming Our World: the 2030 Agenda for Sustainable Development*),明确提出"确保包容、公平的优质教育,促进全民享有终身学习机会"的教育发展目标;同年,联合国教科文组织发布"教育 2030 行动框架",提出了 7 个教育目标,核心是通过建立终身学习路径,关注不断扩大所有教育层次的入学机会,促进全纳、公平、有质量的教育和学习结果;紧跟世界步伐,中国政府提出"努力发展全民教育、终身教育,建设学习型社会,努力让每个孩子享有受教育的机会,努力让 13 亿人民享有更好更公平的教育,获得发展自身、奉献社会、造福人民的能力"。展望 2030 年中国人的教育与学习,应该更有质量、更加公平、更为有用、更可持续。

早期实现现代化的发达国家,因为并无强烈的现代化发展压力而无需专门制定教育现代化监测标准和制度,但是在全球化浪潮中,国与国之间教育发展水平的横向比较,无疑给许多发达国家的教育发展战略和政策带来了一定的压力。因此,许多发达国家近年来都非常关注通过有效的教育监测体系为国家教育发展战略提供有价值的参考。美国国家教育统计中心会定期发布各种教育统计数据,出版多种教育统计报告,如《美国教育统计摘要》、《美国教育状况》和《教育统计预测》等。德国政府在近十余年中表现出了对教育质量、教育发展水平的强烈关注。这一方面与德国学生在 PISA 测试中成绩不理想有关,另一方面也反映出德国政府在面向勾画 21 世纪发展蓝图时对教育之于国家创新体系的重要价值的深刻认识。2003 年 2 月,德国联邦教育与研究部会同各州文化部长常设会议举行联合会议,研究如何开发"国家教育标准"的相关议题。联邦教育与研究部部长布尔曼女士明确提出要制定"国家教育标准",成立"国家教育评估机构",定期发表"国家教育报告"等。英国从 20 世纪 80 年代末开始,就加强了对教育质量的宏观监控和政策引导。1992 年,英国又专门成立了教育标准办公室(OFSTED),试图通过把原来相对分散的地方性督导网络实现功能聚合,建立起一个独立于行政体系之外的全国督导体系,承担对全国公立教育系统和办学机构进行督导检查的使命。

2. 国内教育现代化评价指标

2007 年以来,上海、浙江、江苏、广东、北京等省市先后颁布了以省域、县域或市级与区县级为监测对象的教育现代化评价指标或评估方案。下面以其中较为成熟并具有代表性的《上海市 2010 年教育现代化指标体系及说明》、《浙江省教育现代化县(市、区)评估操作标准》(2012)、《江苏教育现代化指标体系》(2013)、《广东省县域教育现代化指标体系及评估案》(2008)、《北京教育现代化评估指标体系框架》为例,分析地方教育现代化指标的共性与特点。

表 4.1 五省市教育现代化指标体系主要内容

省(直辖市)	主要指标内容
上海市	教育布局、结构的合理程度、政府对教育的投入水平、义务教育资源均衡配置程度、教育信息化水平、教育国际化水平、学习型城市建设水平、教育发展水平、学生综合素质水平、社会满意度
江苏省	教育普及度、教育公平度、教育质量度、教育开放度、教育保障度、教育统筹度、教育贡献度、教育满意度
浙江省	优先发展、育人为本、促进公平、提高质量、改革创新
广东省	教育现代化保障、教育现代化实践、教育现代化成就
北京市	教育经费投入水平、师资水平、教育普及水平、教育公平程度、教育质量水平、教育协调发展水平、学习型城市建设水平、教育信息化水平、教育开放水平、教育服务社会能力、教育满意度

表 4.1 反映了案例省(直辖市)指标体系的框架特点,从中可以看出各自指标体系均具有相对独立的逻辑框架,并且受 CIPP 模式的影响比较明显,比如广东省的指标体系基本采用了"投入—过程—产出"的模式进行构架。因此我们将会采用这一模式作为比较分析各省指标体系进行的具体框架。结合到具体的情况,还有一些指标难以完全归入上述体系,我们将会用"综合指标"的方式来呈现。

表4.1通过二维表的方式总结了五个省市教育现代化评价指标体系的相关内容。

表4.2 不同地区教育现代化指标体系的内容比较

一级指标	二级指标	三级指标	上海	江苏	浙江	广东	北京
背景指标	综合入学率	学前三年教育毛入园率		√			
		义务教育巩固率		√			
		高中阶段教育毛入学率		√			
		高等教育毛入学率		√			
	起点公平	残疾儿童少年入学机会		√		√	√
		进城务工人员随迁子女入学机会	√	√	√	√	√
		女性适龄人口教育机会				√	
		农村适龄人口教育机会				√	
		贫困生教育机会				√	√
		境外人士子女教育机会				√	
投入指标	经费投入	非义务教育阶段学校公共资源供给		√			√
		教育投入"三增长"	√	√			
		财政性教育经费	√	√	√		√
		社会资金		√			
		生均教育经费		√	√		√
	办学条件及信息化水平	标准化办学	√		√		
		平安校园			√		
		国家信息化标准达标率		√		√	
		硬件建设（中小学生机比、学校联网）	√				√
		教学中信息技术的使用水平	√				√
		中小学教师教育技术能力					√
	教师配置	中小学生师比	√			√	√	√
		学前教育专任教师学历达标率	√	√			√
		义务教育教师学历	√	√			

一级指标	二级指标	三级指标	上海	江苏	浙江	广东	北京
投入指标	教师配置	职业学校中"双师"型教师的比例	✓		✓		✓
		教师培训	✓		✓		✓
		中小学教师参与教育科研的水平	✓				
		教师待遇			✓		
过程指标	开放度	产学研结合水平		✓			✓
		高校学分互认比例		✓			✓
		学校、社会教育资源的开放和利用	✓				
		公共图书馆藏书量	✓				
	国际化	跨文化交流与合作		✓		✓	
		跨文化教育和国际理解教育				✓	
		国际优质教育资源引进情况					✓
		中小学境外学生占在校生的比例	✓				
		国际学校和中外合作办学水平	✓				
	过程公平	班额		✓	✓		
		提供多样化教育		✓	✓		
		困难学生受帮扶比例		✓	✓		✓
		教师合理流动机制	✓		✓		✓
		择校热问题			✓		
	教育治理	民主(教育决策的公众参与度)	✓				
		战略规划			✓	✓	
		依法治校		✓		✓	
		教育督导			✓	✓	
		信息公开			✓		
		评价系统(学生、教师、学校)			✓		
	办学机制	人才培养模式		✓	✓		
		公办学校多形式办学		✓	✓		
		民办教育		✓	✓		
		职业教育校企合作			✓		

一级指标	二级指标	三级指标	上海	江苏	浙江	广东	北京
结果指标	学生综合素养	思想品德	√	√			√
		心理健康	√	√			√
		身体健康	√	√			√
		学业水平(升学率与就业率)	√	√	√	√	√
	社会贡献	新增劳动力人均受教育年限		√	√		
		主要劳动人口平均受教育年限		√	√		√
		高校科研创新能力	√				√
		高校应用研究开发成果转化率	√				√
	办学水平	高水平大学数量	√				
		优秀标准的各级各类学校比例	√				
	特色教育	教育改革的理念、研究与成效				√	
		特色的适切性				√	
		特色的影响力				√	
综合指标	教育均衡发展	各类教育协调发展与互通衔接	√	√			
		学校布局	√	√			√
		义务教育城乡均衡		√		√	√
		义务教育校际均衡		√		√	
	学习化社会	0—3岁幼儿早期教育					√
		终身学习网络		√		√	√
		继续教育		√			√
		社区教育网络	√	√	√		√
		学习性城市	√				
	教育满意度	学生对学校教育的满意度		√			
		社会各界对学校教育的满意度	√	√			√
		学校对政府管理和服务的满意度		√			√

注：上表中"√"表示纵轴上相应省市的指标体系包含横轴上的内容。

如表4.2所示,从各省市指标体系的整合体系来看,这些指标体系都涉及了背景指标、投入指标、过程指标、结果指标与综合指标,其中背景指标包括综合入学率、起点公平;投入指标包括经费投入、办学条件及信息化水平、教师配置;过程指标包括开放度、国际化、过程公平、教育治理、办学机制;结果指标包括学生综合素养、社会贡献、办学水平、特色教育;综合指标包括教育均衡发展、学习化社会、教育满意度。从二级指标涉及的内容看,各省市指标体系涉及过程指标的内容比较多,但是从三级指标的集中程度与表现看,各省市的指标体系主要集中在投入指标与结果指标方面。

可以发现,各省市共同关注的指标,即共性指标,可以概括为教育公平(起点公平、过程公平、教育均衡发展)、经费投入与教师配置、开放度与国际化、学生综合素养与社会贡献、学习化社会和教育满意度六个方面。

教育公平。教育公平绝对是各省市指标体系共同关注并且最为重视的内容,从我们的分析框架看,教育公平在各省市的指标体系涉及背景指标中的起点公平、过程指标中的过程公平以及综合指标中的教育均衡发展。在各省市的指标体系中,起点公平普遍性最高的是进城务工人员随迁子女入学机会、残疾适龄儿童入学机会,其次是贫困生受教育机会,女性适龄人口教育机会、农村适龄人口教育机会、境外人士子女教育机会则只有浙江省涉及;过程公平中,普遍性是多样化教育、学生受帮扶比例、教师合理流动机制,其次是班额;教育均衡发展普标性比较高的是学校布局、义务教育城乡均衡,其次是义务教育校际均衡、各类教育协调发展与互通衔接。

经费投入与教师配置。投入指标中,各省市指标体系比较关注的是经费投入与教师配置,具有高度的一致性。经费投入中,普遍性比较高的指标是财政性教育经费、生均教育经费,其次是教育投入"三增长"、非义务教育阶段学校公共资源供给;教师配置指标中,普遍性比较高的是中小学生师比、学前教育专任教师学历达标率、职业学校中"双师"型教师的比例、教师培训,其次是义务教育教师学历。对这些指标的重视,反映了当前教育经费结构对政府财政拨款的依赖性,以及教师编制、教师结构(学历结构、类型结构)与教师专业发展在现阶段教育现代化实践中的重要性。

开放度与国际化。教育开放度是衡量教育体系与其他社会系统之间沟通情况的重要指标,实际上国际化也是教育开放度的重要表现之一,但是各省市为了突出国内教育与国外相关教育机构之间的沟通,将其作为单独的指标内容单列。

开放度指标体系中,普遍性比较高的指标是学校、社会教育资源的开放和利用,其次是产学研结合水平、高校学分互认比例;国际化指标体系中,普遍性比较高的是跨文化交流与合作,其次是跨文化教育和国际理解教育。从中可以看出,我国当前的教育开放度还处于比较低的阶段,国际化还处于人员交流的阶段。

学生综合素养与社会贡献。各省市的指标体系中,学生综合素养与社会贡献是结果指标的主要内容,可见各省市在这点上达成了高度的共识。在学生综合指标中,普遍性比较高的是学业水平(升学率、毕业率、结业率),其次是思想品德、心理健康、身体健康;在社会贡献指标中,普遍性比较高的是主要劳动人口平均受教育年限,其次是新增劳动力人均受教育年限、高校科研创新能力、高校应用研究开发成果转化率。从中可以看到各省市指标体系中对学生发展观的理解,学生的身心健康、学业成就已成为被关注的对象,这是中国教育评价领域可喜的进步。

学习化社会。学习化社会是终身教育体系下的重要举措,这点得到了各省市教育指标体系制定者的认可。学习化社会指标体制中,普遍性比较高的是社区教育网络、终身学习网络,其次是继续教育。可见社区教育在终身教育体系中的地位,从各省市对终身学习网络的重视可见各省市对终身学习的支持力度。在各省市的指标体系中,学习化社会成了学校教育的延伸存在,比如北京就将0—3岁幼儿早期教育纳入了指标体系之中。

教育满意度。教育满意度是衡量教育外在声誉的重要指标,即用人们的主观感受来说明当前教育发展状况与人们期望值、切身感受之间的切合度。满意度指标体系中,比较具有普遍性的指标是社会各界对学校教育的满意度,其次是学校对政府管理和服务的满意度。可见,各省市指标体系设计者对学校教育与社会期望切合度、政府与学校关系转变的重视程度。

借由上述分析,我们将普遍性比较高的三级指标作为二级指标体系中的共性检测点进行了总结,如表 4.3 所示,以期为优化指标体系初步框架的设计提供参考。

表4.3　五省市共性指标与重点监测点

共性指标	重点监测点
教育公平	进城务工人员随迁子女入学机会 残疾适龄儿童入学机会 多样化教育 学生受帮扶比例 教师合理流动机制 学校布局 义务教育城乡均衡
经费投入与教师配置	财政性教育经费 生均教育经费 中小学生师比 学前教育专任教师学历达标率
开放度与国际化	学校、社会教育资源的开放和利用 跨文化交流与合作
学生综合素养与社会贡献	学业水平(升学率、毕业率、结业率) 思想品德 心理健康 身体健康 劳动人口平均受教育年限
学习化社会	社区教育网络、终身学习网络
教育满意度	社会各界对学校教育的满意度

由表4.3可见,各省市的教育现代化指标体系在都具有相对完整的指标框架,注重指标体系的科学性,尤其是框架中对"投入—过程—结果"指标的关注;在指标数据监测与分析上,兼顾了可比较性,尤其将一些国际认同的指标引入指标体系,比如财政性教育经费占GDP比例、劳动人口平均受教育年限、"高水平大学数"等;指标性质上,定性定量指标的结合原则,浙江、广东的指标以定性描述为主,上海28个二级指标中有13个定性指标,江苏46个三级检测点中有14个定性指标;功能上,突出"以评促建",上海是通过试点推进全市教育现代化发展,江苏则是实施县(市、区)教育现代化建设水平评估,浙江是分层推进县(市、区)教育现代化发展,广东是通过建立县域教育现代化督导制度推进教育现代化先进县、先进市创建工作。

除了以上共性指标之外,各地区的指标也有自己的独特性,从整个指标体系的框架看,江苏省、广东省、浙江省的指标体系力求完整,反映教育现代化的方方面面,这与上海市、北京市的指标体系力求简洁、直接、明确反映教育现代化发展方向有很大的不同。这种情况可能与省市的教育现代化建设的"省情"有很大的关系,比如江苏省、广东省、浙江省地域广阔,省内市、区县在经济、地域文化、人口素质、教育发展状况等方面具有很大的差别,教育现代化还处于起步阶段或者推进阶段,这些省市必须考虑整个省域教育现代化建设的方方面面,以求反映与保证教育现代化"底线意义"上的发展;而北京、上海地域面积有限,而且以市区为主,地域内的差别要小很多,而且教育现代化建设已经有比较深厚的基础,需要在更高意义上推进教育现代化的内涵发展。

三、关键评价指标确立及内涵分析

我们主要采用了文献法与德尔菲法,逐步确立并修正完善评价指标。文献法,主要表现为对国内外的教育现代化、教育现代化评价、教育现代化评价体系等方面的资料进行相应的分析,在此基础上构建本研究的指标体系。德尔菲法主要是由调查者拟定调查表,按照既定程序,以函件的方式分别向专家组成员征询意见,而专家组成员又以匿名的方式(函件)提交意见,其大致流程是:在对所要预测的问题征得专家的意见之后,进行整理、归纳、统计,再匿名反馈给各专家,再次征求意见,再集中,再反馈,直至得到一致的意见。本研究通过两轮德尔菲法,征求相关专家对课题组研制的初步指标框架的意见,以达到完善指标体系的目的。

(一) 关键指标的基本框架

结合先期的文献研究与调研研究,初构的评价指标体系共含 8 个核心价值,即:科学、民主、法治、公平正义、可持续发展、开放、信息化、专业化。这 8 个核心价值理念共由 28 个二级指标体现。"科学"包含办学要素(经费、技术、师资等)的使用效率、决策科学性、教育有效性 3 个二级指标;"民主"包含决策透明度、决策公开性、决策参与度 3 个二级指标;"法治"包含依法治教、依法治校 2 个二级指标;"公平正义"包含特殊教育需求的满足程度、班额、生师比/班师比、平等对待师生、差异对待师生 5 个二级指标;"可持续发展"包含办学体制多样性、学生自由学习与活动、学校贡献率、资源共享度、教育满意度5个二级指标;"开放"包含师生交换、国际理解、学历教育对外开放、教育系统开放度4个二级指标;"信息化"包含信息技术的配置率、信息技术利用率、信息技术的使用效益3个二级指标;"专业化"包含教师学历达标率、教师专业发展、教育治理专业性3个二级指标。如表4.4所示。

表4.4　教育现代化评价体系初步框架

核心价值	相关评价指标
公平正义	特殊教育需求满足度 班额 生师比/班师比 平等对待师生 差异对待师生
科学	办学要素使用效率 决策科学性 教育有效性
民主	决策透明度 决策公开性 决策参与度
开放	师生交换 国际理解 学历教育对外开放 教育系统开放度
信息化	信息技术配置率 信息技术利用率 信息技术使用效益
专业化	教师学历达标率 教师专业发展 教育治理专业性
可持续发展	办学体制多样性 学生自由学习与活动 学校贡献率 资源共享度 教育满意度
法治	依法治教 依法治校

此外,文献与实践调研研究发现,不同的学段学生有不同的特点与学习任务,学校与社会也应给予不同的支持,因此不同学段应该有不同的评价指标,我们将其称为"不同学段的重点指标与不同地区的特色指标"。教育现代化重点指标与特色的指标是基于学段与地域不同而设定的指标,目的在于对不同学段、不同区域采用不同重点或特点的指标与评价方式。表4.5为各个学段的重点指标,表4.6为特色指标。

表4.5 不同学段重点指标完善版框架

学　　段	拟设重点指标
学前教育段	适龄儿童入园率 专业教师配置率
义务教育段	教育公平 教育质量
高中教育段	课程自主选择性 评价标准的多样化
职业教育段	职业规划与职业适应能力 正确的职业观 普教融通
高等教育段	学术自治 创新能力 学生社会实践能力
大学后教育段	终身学习社会支持体系

表4.6 不同地区特色指标

地区	东部地区	中西部地区
拟设特色指标	学前教育(4—6岁)入园率 国际化程度 办学多样化 教学个性化	教师配置率 教师专业发展 城乡教育统筹或一体化 县域内学校优质均衡发展 学校内涵式发展

（二）关键指标内涵分析

综合文献分析、实践调研和两轮德尔菲专家意见，我们最终选取了民主、法治、公平、开放四大理念作为指标体系背后的重要价值理念，这也是评价教育现代化的关键指标，这些关键指标的具体内涵如下：

科学：教育观念、制度、内容和方法等的合理性，具体包括以优质教师教育为支撑的教师专业化、科学技术支撑下的信息化、秉持科学发展观的教育可持续发展等。一言以蔽之，凡渗透科学精神之处，皆由"科学"这一价值维度来衡量。

民主：民主是一种制度，也是一种生活方式，教育中的民主是学生、教师、家长在各自领域的适当享有、参与与监督的社会生活，具体包括保障学生与教师的发展权以及教师、学生、家长关于校务的知情权、参与权、监督权实现的状态与制度。民主是科学精神在人文社会领域中的投射，也需要得到应有的尊崇。

法治：完备的教育法律与校内治理规范，并能依据相关法规对教育活动中的主体之责任、权益及其相关行为实施保障或制约，建立完善的教育权利保障与救济体系。

公平：公正而不偏袒，是权利、机会和资源在学生与教师中合理而平等的分配，保障学生获得平等而又适合自己的发展机会，保障教师在学校中获得尊重与专业发展的机会。

开放：泛指教育体系对内、对外的公开与接纳程度。在教育领域具体包括促进学生个性化、多样化发展的课程设置、教学方式与管理模式，学校办学机制的多样性，更大范围内的本土性与国际化。

特别需要说明的是，科学、民主、法治三个价值维度作为最具概括性的指标被提出来，秉持的是经典现代化理论所崇尚的理性和所尊重的人的主体性。尽管受到后现代主义的批判与反思，但我们认为，这三种价值只要不僭越价值理性、不走向过度的工具理性，都是应该保留和坚持的。然而，教育现代化也需要与时俱进，一方面要高度关注与工业化、城市化俱来的公平正义诉求，尽最大努力去推进公平；另一方面要正视现代化进程带来的社会发展各个领域（包括教育领域）中的不平衡、不均衡和不充分，给公平和可持续发展应有的地位。此外，也要以开放的心态，学习世界上一切正面的积极的文化教育成果和经验，同时积极推送中国特色、中国风格、中国气派的教育理念、思想、路径、策略和方法，逐步实现从跟跑到并跑再到领跑的教育强国进程。

(三) 关键指标体系细化

评价指标的修正主要依赖于两轮德尔菲法,借鉴专家们的意见,结合实际调研的情况,我们将教育现代化评价指标体系进行了完善。最终确定的指标体系整体框架包含了5项一级指标,18项二级指标,50项三级指标。(详见表4.7)

表4.7 教育现代化评价指标体系完善版框架

一级指标	二级指标	三级指标
A1 科学	B1 合理性	C1 教育制度的合理性
		C2 教育决策论证的充分度
		C3 经费使用结构的合理性
		C4 决策规划的科学方法
	B2 专业化	C5 教师学历结构
		C6 教师专业结构
		C7 教育管理人员专业结构
	B3 信息化	C8 信息技术的配置率
		C9 信息技术的利用率
		C10 信息技术使用的合理性
	B4 可持续发展	C11 民办学校比例
		C12 学生对学校的认同度
		C13 社区、家长对学校的满意度
		C14 学生可自由支配的时间
A2 民主	B5 权利享有	C15 权利的尊重
		C16 权利的保障
	B6 参与度	C17 决策参与度
		C18 管理参与度
		C19 评价参与度
	B7 公开性	C20 信息公开
		C21 机会公开
		C22 程序公开

一级指标	二级指标	三级指标	
A3　法治	B8　依法治教	C23	法律、法规的健全度
		C24	教育法律、规则的执行合理性
		C25	法制教育的实施
	B9　依法治校	C26	师生参与学校事务的制度保障
		C27	学校的负面事件比例
A4　公平	B10　平等对待	C28	学生平等的入学机会
		C29	学生是否享有平等的权利和机会
		C30	学生平等享有学校公共教育资源与服务
	B11　差别对待	C31	课程的选择性
		C32	允许教师个性教学
		C33	学校活动分层分类指导情况
	B12　特别优待	C34	弱势群里的救助制度
		C35	特殊的教育需求的满足程度
		C36	融合教育所占比例
A5　开放	B13　个性化	C37	学生的个性化学习
		C38	学校办学的特色化
	B14　多样化	C39	办学体制的多元化
		C40	教育资源的可选择性
	B15　社会参与度	C41	教育部门决策的社会民众参与度
		C42	学校决策与管理的家长参与度
	B16　共享度	C43	区域之间的协调合作
		C44	学校之间的协作发展
	B17　本土性	C45	学校文化对中国传统文化的传承性
		C46	课程设置的地方性
	B18　国际化	C47	教师、学生国外交流比例
		C48	教育管理部门或学校与国外相应机构建立合作关系的比例
		C49	国际理解教育的实施
		C50	学历教育对外开放程度

总的来说,这个教育现代化关键指标版本也仍然只是一个"理想类型",且较为粗略,实际的情况比任何充分的预估都要复杂得多,各地各校之间的差异和特色更是无法预想到没有遗漏,我们仍然需要在持续的教育现代化评价过程中做到因地制宜、不断地调适。

报告执笔人：杨小微

第五篇

终身教育与学习型社会理念与指标：
国际的经验及我国的实践

在全球化、信息化主导的知识经济时代，一座城市或一个地区的竞争优势和可持续发展潜力，在很大程度上受制于当地的终身教育体系完备度、终身学习机会和资源普及度、市民综合素养或能力水平、城市或地区创新活跃度等因素。终身教育体系建设与终身学习促进服务，是未来城市发展的基础设施体系的重要组成部分，而学习型社会建设的评估则是一个社会、地区、城市终身教育体系的重要组成部分。

学习型社会创建的目标被确立为促进全体人民的终身学习、实现教育和学习的普遍权利、触发社会和个人的可持续发展。虽然学习型社会/城市并非一个模式化、标准化的过程（事实上，世界各地学习型社会建设确实各具形态和特色），但要确定某一地区或社会是否正走在建设学习型社会/城市的正确道路上（特别在建设的初期），就需要建立一套合适的、可操作的评估体系，将终身学习的抽象理念和理论，转化为可诊断、可比较、具有政策和实践指引功能的监测工具。

一、学习型社会的理念与实践

美国芝加哥大学前校长罗伯特·哈钦斯于1969年出版的《学习型社会》（*The Learning Society*）一书中，较早明确提出了学习型社会的理念。在哈钦斯看来，学习型社会的发展基于两个重要的事实：日益增加的自由时间，以及社会的快速变化。快速的社会变化需要人们不断地学习，而闲暇时间又让这种学习成为可能。哈钦斯认为现有的教育系统是非人道的，而学习型社会的到来是一次价值转变，就是把学习、自我实现以及成为真正的人设计为教育的目标。教育并不是在某个时间、某个地点，以及生活的某个阶段从事的单独、分离的活动。实现这样的教育是社会发展的目标；城市本身可以教育人。[①]

20 世纪 70 年代，联合国教科文组织提出"向学习化社会前进"的目标。20 世纪 80 年代以后，"学习型社会"的理念逐渐进入一些国家的政策文件，成为一项社会发展的实践运动。也是在 20 世纪 80 年代，"学习型社会"的观念开始进入我国学术界。在我国，国家层面提出建设"学习型社会"的主张，始于 21 世纪初。2001 年至 2002 年期间，时任国家领导人的江泽民在不同场合提出了推进教育体系创新、创建学习型社会的主张。在十六大报告中，建设学习型社会首次被写入党的最高级别文件，并被列为小康社会建设目标的重要内容。此后，发展终身教育体系，建设学习型社会一直作为我国党和政府工作的一项战略举措，在党的十七、十八、十九大报告等各类重要文件和政策中被反复提及，并在实践中得到了持续推进。《国家中长期教育改革和发展规划纲要（2010—2020 年）》也提出了到 2020 年"基本形成学习型社会"的战略目标。

学习型社会旨在通过相应的机制和系统，以数字化、信息化和网络化为支撑，保障和促进全民自主学习的能力，确保他们享有便利的学习条件和终身学习机会。[②] 学习型社会强调以学习者为中心，以终身教育体系、终身学习服务体系和学习型组织为基础，以形成终身学习文化为基本特征，旨在保障和满足社会成员学习的基本权利和终身学习需求，从而有效促进社会成员的全面发展和社会价值的充分实现，因而，学习型社会也是促进可持续发展的一种开放、创新、富有活力的新型社会。[③] 就学习型社会的组织形态而言，包括学习型城市、学习型城乡社区、学习型企业、学习型机关、学习型政党或政府、学习型家庭等；就终身学习支持系统而言，指以信息技术为载体的公共学习平台，以及公共文化设施（如图书馆、文化馆、博物馆、科技馆等）建设；就保障条件而言，学习型社会建设包括组织、法规制度、财政、队伍等层面的保障。

建设学习型城市是实现学习型社会的重要基石。今天，世界上有超过一半的

---

① 罗伯特·赫钦斯：《学习型社会》，北京：社会科学文献出版社 2017 年版，第 150—155 页。
② 中国教育科学研究院高等教育研究中心："'基本形成学习型社会'指标体系的实证研究"，《教育研究》2012 年第 1 期。
③ 朱新均："学习型社会建设的理念、路径和对策"，《现代远程教育研究》2011 年第 1 期。

人口生活在城市;到 2050 年,这一数字将达到 70%。城市已成为全球应对社会变革挑战、改善国民福祉的最重要场所。城市如何应对社会包容、新技术、知识经济、多元文化和可持续发展等挑战,成为承载人类文明与社会发展的重要生活空间,已成为世界关注的战略课题。目前世界上已有 1 000 多座城市将创建学习型城市、促进城市可持续发展作为城市发展的重要战略。OECD 认为,学习型城市建设旨在开发全体公民的潜能,将有效促进经济增长、个人成长和社会融合。欧盟也强调学习在城市社会繁荣与稳定及个人自我完善中的关键作用。①

联合国教科文组织于 2013 年、2015 年和 2017 年,分别在北京、墨西哥城和科克市举办了三届国际学习型城市大会,旨在推动各国就学习型城市内涵和作用达成共识,分享各国学习型城市创新实践经验,缔结学习型城市之间的合作伙伴关系,不断开创学习型城市未来发展的平台。其中,2013 年联合国教科文组织召开的首届全球学习型城市建设大会发布了一套"学习型城市关键特征",认为学习型城市建设能增强个人能力和社会凝聚力,带动经济和文化繁荣、社会可持续发展,从而为全球学习型城市建设确立了风向标,也成为了世界各地监测学习型城市发展水平的重要参考指标。

在中国,1999 年上海市率先提出了建设学习型城市的发展目标,从而开启了我国以学习型城市为抓手的学习型社会建设进程。2013 年,教育部职成教司、中国成人教育协会、中国联合国教科文全委秘书处共同成立了"学习型城市建设联盟",通过召开年会、发布发展报告和典型城市案例报告、开展课题研究等方式,推广学习型城市创建经验,五年多来已发展 67 个省会和地级城市加入该联盟,约占我国地级以上城市总数的 23%。2014 年 8 月,教育部等七部门出台了《关于推进学习型城市建设的意见》,从培育和践行社会主义核心价值观,提升国家核心竞争力和社会文明程度,促进城市的包容、繁荣和可持续发展的高度,为我国学习型城市建设提出了路线图和时间表。目前,我国已有 100 多座城市宣布开展学习型城市建设。北京、杭州分别于 2015 年和 2017 年获得联合国教科文组织"学习型城市奖章";杭州、北京、成都、武汉、常州、太原、深圳等城市加入了联合国教科文组织"全球学习型城市网络"(Global Network of Learning Cities)。所有这些社会实践

---

① 侯定凯:"学习型社会也有自己的评估指数",文汇报,2014 年 9 月 4 日。

和成就,都为构建我国学习型社会发展的监测制度提供了丰富的现实基础。

二、监测学习型社会发展的必要性

在学习型社会/城市的推进过程中,发展指标的制订具有重要意义。它不仅可以帮助一个社会/城市评估自身的发展质量、水平、方向、优势和劣势,而且有助于各社会/城市就如何改善终身学习条件和氛围,在一个各利益方彼此认同的框架内进行对话、交流和合作。从这一层面上说,学习型社会/城市发展的指标构建具有评估、激励和发展的功能。

促进全民终身学习,建设学习型社会,是党的十六大以来党和政府确立和坚持的社会发展战略目标。教育部等七部门印发的《关于推进学习型城市建设的意见》不仅提出了重点建设任务(涉及终身教育体系构建、从业者人力资源开发与素质提升、城乡社区教育开展、学习型组织建设、社会学习资源建设以及信息技术在学习中的应用等);同时还提出了"加强学习型城市建设的科学研究,形成具有中国特色的学习型城市建设理论。建立健全终身学习的统计信息体系,研制监测评估指标体系,支持社会组织等第三方开展学习型城市建设与发展状况评价和监测活动。

建设学习型城市不是传播抽象的理论,而是需要将终身学习的理念落实到具体的政策;不仅需要坚定的政治意愿和承诺,还需要一套关键指标,以监测建设过程、评估发展水平。① 一般而言,学习型城市建设和发展的监测工作主要包括以下核心环节:

- 将政治意愿和理论研究转化为具体的战略和措施;
- 对学习型城市的建设过程作持续评估;
- 对建设学习型城市已实施战略带来的效益作出评估;
- 开展学习型城市发展的比较,促进经验交流和相互学习。

学习型社会建设的指标体系构建,是一个随实践和理念的深入而不断完善的过程。长期以来,不同组织和学者在这方面开展了卓有成效的探索。

---

① 联合国教科文组织终身学习研究所:"学习型城市主要特征",《职业技术教育》2013 年第 33 期。

三、学习型社会指标的构建依据

大量关于学习型社会、学习型城市、学习型地区的研究都聚焦于相应的观念、框架和特征，并显示出鲜明的实践导向。这些探索为学习型社会监测的指标体系提供了逻辑基础和价值依据。无论对于学习型社会、学习型地区、学习型城市或学习型组织建设而言，这些逻辑基础和价值依据都具有相似性。

基于现有对于学习型社会内涵的多方研究，学习型社会建设的基本问题可以概括为"一个中心"（以社会学习者为中心）、"两个目的"（促进社会成员的全面发展和社会价值的充分实现；促进社会的可持续发展）、"四个关键构件"（学习型组织、终身教育体系、终身学习服务体系和终身学习文化）。[①] 其中，学习型社会建设的"四个构件"是关键，这四个方面建设好了，就标志着学习型社会已初步建成。

学习型社会建设是一个推进传统教育体系和社会学习机会不断走向开放、融合的过程。一个发育良好的学习型社会体现出如下基本特征：[②]（1）打破原有教育系统中学习时段、学习空间、学习主体、学习样式的封闭和孤立，使学习成为人们的一种生活方式，扩展到社会的各个方面。（2）能充分满足社会成员在学习目的、学习内容、学习方式、学习路径、学习认定等方面多样化、个性化的学习需求。（3）实现不同类型、不同规格、不同层级、不同形式教育之间的互通融合，构建完备、开放的终身教育体系和终身学习服务体系。（4）创建"人人皆学、时时能学、处处可学"的终身学习文化和氛围。

根据联合国教科文组织终身学习研究所的观点，学习型城市应致力于充分利用城市的各种资源，为所有人提供高质量的终身学习机会。为此，学习型城市需要有效动员各部门的资源，以便：（1）促进从基础教育到高等教育的具有包容性的学习机会；（2）重新激活家庭和社区环境下的学习活力；（3）促进职业教育和工作场所的学习；（4）广泛地运用现代学习技术；（5）确保学习的质量；（6）培育公民终身学习的文化氛围。通过建设学习型城市，个人能力、社会包容性、经济发展、文

---

① 朱新均："学习型社会建设的理念、路径和对策"，《现代远程教育研究》2011 年第 1 期。
② 中国教育科学研究院高等教育研究中心："'基本形成学习型社会'指标体系的实证研究"，《教育研究》2012 年第 1 期。

化繁荣和社会可持续发展能得到最大程度的实现。①

学习型社会发展指标体系的构建,除了需要充分体现这一社会形态的基本特征,还应遵循一些基本的构建原则,以更好反映指标体系的逻辑性、严谨性和指导性。联合国教科文组织终身学习研究所在构建"学习型城市关键特征"指标体系时,遵循了如下基本准则:②

● 体现高要求,同时具有可行性——指标的达成能反映显著的进步,但指标也应具有可行性;

● 关键性——每一项指标都能反映特定的价值观、社会发展重点或关键议题;

● 关联性——每一项指标必须与特定的目的匹配,指标的达成必须对关键目标的实现有重大贡献;

● 表述清晰易懂——每一项指标的表达必须简单明了,不应给普通读者的理解带来困难;

● 便于测量——每一项指标能通过已有(或通过科学调查获得)的数据加以测量;

● 结果可靠有效——依据每一项指标获得的测量结果必须有效、可靠。

四、学习型社会监测指标: 国际的实践

1. 加拿大"综合学习指数"

2006 年,加拿大学习委员会创设并实施了世界上首个学习型社会发展指数"综合学习指数"(Composite Learning Index, CLI),其目的是对加拿大全国 4 500 多个社区的学习条件及进步情况进行监测。各城市/社区利用加拿大学习委员会提供的网络工具——综合学习指数模拟程序,对本地区的整体终身学习条件及其变化进行测评。测评的结果是社区相关政策推广、政策分析和项目开发的前提条件。"综合学习指数"基于联合国教科文组织 21 世纪国际教育委员会在《教育:财

---

① UNESCO Institute for Lifelong Learning. *What is a Learning City*. http://uil. unesco. org/lifelong-learning/learning-cities. (阅读时间: 2018 年 3 月 20 日)

② UNESCO Institute for Lifelong Learning. Conference report: International Conference on Learning Cities: lifelong learning for all: inclusion, prosperity and sustainability in cities. http://unesdoc. unesco. org/images/0022/002267/226720e. pdf. (阅读时间: 2017 年 11 月 29 日)

富蕴含其中》提出的终身学习概念框架的四大支柱,即"学会认知""学会做事""学会共同生活"和"学会生存",将这四大支柱扩展成由 17 各指标构成的监测体系(表 5.1)。将这些测量结果综合起来,可以计算出每一个学习支柱的总得分,在此基础上可以计算出一个"综合学习指数"的综合分数。这一指数的模型在"学习活动"与"社区的社会和经济民生"之间建立了联系,各指标的权重取决于"学习"与"学习活动带来的社会和经济福祉"的关联程度。

表 5.1　加拿大综合学习指数(CLI)

四大支柱	组成要素	具体指标	数据来源
学会认知	15 岁青少年学生的基本素养	• 科学素养平均分 • 数学素养平均分 • 阅读素养平均分 • 问题处理素养平均分	国际学生评估(PISA)及加拿大统计局
	高中辍学率	20—24 岁没有完成高中教育的青年比例	加拿大统计局
	高中后教育参与率	20—24 岁参与高中后教育的青年比例	
	高等教育参与率	25—64 岁完成高等教育的成人比例	
	学习机构的使用	• 基础教育机构的开放程度及使用便利程度 • 高等教育机构的开放程度及使用便利程度	加拿大学习咨询委员会
学会做事	基于工作场所的培训机会	为员工提供培训的企业比例	加拿大统计局
	与工作相关的培训参与情况	25—64 岁成人参加工作相关培训的比例	
	职业培训机构的使用	职业学校、商业学校等机构对学生的开放的便利性	加拿大学习咨询委员会
学会共处	社区教育机构参与的便利性	• 达到图书馆所需的平均时间 • 达到市民协会所学的平均时间	加拿大学习咨询委员会
	志愿服务的参与率	参加无报酬的工作人员所占的比例	加拿大统计局
	俱乐部、社团的参与便利性	家庭用于参加俱乐部和社团组织的花费所占的比例	
	跨文化的学习交流	能与不同文化背景的人进行社会交往的人的比例	加拿大学习咨询委员会

四大支柱	组成要素	具体指标	数据来源
学会生存	媒体的应用	● 互联网服务占家庭总开支的比例 ● 家庭用于购买阅读材料和其他印刷品所占家庭总开支的比例	加拿大统计局
	文化活动中的学习	● 在博物馆、美术馆等的花费占家庭总开出的比例 ● 观看戏剧、音乐会等花费占家庭总开支的比例	
	运动、娱乐中的学习	在运动期待及游戏中所花费占家庭总开支的比例	
	文化资源的使用	达到博物馆、美术馆等需要的时间	加拿大学习咨询委员会
	宽带互联网的使用	使用无线电话、有线电视的家庭比例	加拿大工业局

"综合学习指数"监测中得分较高,意味着那里的城市、城镇或农村社区拥有形式丰富的学习条件,可以促进社会与经济状况的改善;得分较低,则意味着那里终身学习的关键领域还没有达到要求。但整体而言,"综合学习指数"并不是对加拿大的"智能城市"进行简单排名,而是发挥其社区发展的强有力的资源调配工具的作用。以"综合学习指数"的测评结果为起点,各社区可以更好理解自己社区的学习条件,并着手建设更发达的学习社区。

通过对"综合学习指数"头五年(2006—2010 年)实施情况的考察,保罗·卡彭和加奈特·拉芙琳总结了加拿大在学习型社会发展监测方面的经验:[①]

● "综合学习指数"最大的价值,在于它揭示了一个国家及其社区建设学习型文化过程中的教育价值和产出。

● 在对城市或社区层面的终身学习进步状况进行认定时,需要长时间的系统性监控。

● 要建设城市或社区的学习型文化并取得学习型社会的进步,需要有一定的时间跨度。

---

① 迈克尔·奥斯本,彼得·凯恩斯,杨进主编:《学习型城市——发展包容、繁荣和可持续的城市社区》,北京:教育科学出版社 2016 年版,第 110—127 页。

• 在帮助社区理解和解释各自的"综合学习指数"结果时,需要补充个别社区和城市的案例研究。

• "综合学习指数"作为一种研究工具,如能与适当的政策或战略相配合,则可以最大程度地发挥学习设施的价值。

• 在取得社会理解并对终身学习评估提供支持方面,细致的沟通策略具有重要的意义。

2. 学习型社会监测指标:欧洲的实践

在加拿大"综合学习指数"的基础上,2010 年德国"贝塔斯曼基金会"研发了一套欧洲终身学习指标(European Lifelong Learning Indicators,ELLI),并最后提交了"德国学习地图"(German Learning Atlas)的报告,以促进欧洲地区层面的终身学习发展的可测量化。[①] 该报告由复杂的指标体系构成,可以对德国所有 412个行政区域、城市及联邦州政府的终身学习进展进行观察和比较。经过 300 多次试测,目前的"德国学习地图"指标由 38 个要素构成。德国的许多城市和地区已经采用该指标监测的结果作为密切观察自身区域教育的衡量基准,这些地区也逐渐意识到实施整体性的、以指标为基础的区域教育监控系统的重要性。

事实上,早在 20 世纪 90 年代,诺曼·朗沃斯(Norman Longworth)等国际知名终身教育学者就系统提出了学习型城市概念,即"学习型城市具有一定的规划和战略,通过对所有市民潜能的开发,以及所有组织之间形成的工作伙伴关系,推动个体发展、社会和谐以及可持续的健康创新",并基于这一概念系统提出了学习型城市的 14 项基本特征(表 5.2),阐明了城市中各利益相关者的角色和功能,以及他们在推动社区和城市发展过程中的潜在结果。这些指标还在英国肯特(Kent)学习地区得到了测试。[②] 这些研究为后续各国和国际组织的学习型社会发展监测指标体系的完善奠定了基础。

---

① 迈克尔·奥斯本,彼得·凯恩斯,杨进主编:《学习型城市——发展包容、繁荣和可持续的城市社区》,北京:教育科学出版社 2016 年版,第 12 页。

② 诺曼·朗沃斯著:《学习型城市、学习型地区、学习型社区:终身学习与地方政府》,北京:中国人民大学出版社 2016 年版,第 8—9 页。

表 5.2 朗沃斯等人提出的学习型城市的特征

特征	内　　涵
领导力	建立领导力开发战略与整个社区的学习咨询课程和技能的关联
雇佣和就业力	制订有效计划以界定、开发技能和就业竞争力,帮助市民走上工作岗位
抱负	通过鼓励个体在各年龄阶段制订学习计划,利用指导和咨询等策略,激发市民的创新潜能
资源	释放社区所有的潜在资源,实现公共部门和私立部门的互惠互利
网络	通过项目把国内外不同种族、年龄和信仰的公民紧密联系在一起,培育宽容和外向型思维
信息	通过设计创新战略,提供人群聚集信息,从而提升学习参与度,通过积极主动的宣传活动推动学习
需要和诉求	通过积极主动评估所有市民的学习需求,提供相关机会以满足需求,培育学习文化
成长	通过与其他学习型社区共同设计人才开发策略和创新项目,从而创造财富
变革管理	开发项目,确保市民在面对快速变化的世界时能积极应对
投资	通过将学习战略与跨部门之间的财政支出紧密联系起来,从而影响未来的发展
技术	通过利用现代技术,把城市变成一个学习中心
参与	通过建立技能、知识和人才数据库,推动他们相互分享,鼓励市民为城市生活和文化做贡献
环境	通过设计能源项目,鼓励所有市民积极采取行动保护环境
家庭策略	通过学习节、学习集会及其他有效活动,培育学习习惯,激励社区和整个家庭参与学习

1999 年,欧盟启动了一套名为"迈向欧洲学习型社会项目(TELS)"的学习型城市测评工具。① 该项目首先在城市范围内区分出影响终身学习的 10 个领域(一级指标)、40 个二级指标(表 5.3),调查了 18 个欧洲国家的 80 多个城市在这些领

----

① 谢浩:"学习型城市评价根据的国际比较研究",《开放学习研究》2017 年第 3 期。

域的绩效和进步情况,开发了一套学习型城市指标作为自我测评工具,以帮助这些城市的建设者更好地理解学习型城市的概念和内涵,鼓励这些城市把新理念付诸行动,帮助培育"关键人群"意识,作为综合性根据规划和维持学习型城市战略,并获取最佳实践和案例研究的方法。①

表 5.3 "迈向欧洲学习型社会项目"学习型城市指标

分类	说 明	二级指标
构建学习型城市的承诺	城市或城镇已经开始实施计划和策略的程度,包括设置成为学习型社区的路径,以及可持续发展的思想	终身学习战略 终身学习组织 终身学习城市宪章 作为一个学习型组织、学习型城市的准备工作
信息和沟通	信息和通信技术的创新方式应用于加强组织内部联系,以及与其他组织的联系交流,包括使用开放和远程网络学习资源,面向所有年龄阶段的会使用互联网的受众	信息战略 媒体应用 学习素养 终身学习营销
领导力开发	终身学习领导力被开发的程度和方式,包括社区领导力课程、项目管理、城市管理和组织结构	现有领导者 新劳动者 教材开发
社会包容	有关社会排斥、弱势群体的项目和策略,包括精神和肢体伤残人群、失业群体、少数族群、重返工作岗位的女性、学习有障碍群体	学习障碍 资格、标准和评价 特殊项目 欧洲项目 国家项目
环境和公民意识	引导和鼓励公民参与环保项目。增强各年龄段市民的公民意识,积极参与城市的实践活动	环境意识、成人和儿童参与环保相关活动 公民权利和民主
技术和网络	基于信息和通信技术的创新方式,帮助所有年龄段群体更好地理解和运用互联网	远程和开放学习 多媒体和网络学习 使用互联网 有线城市

---

① 诺曼·朗沃斯著:《学习型城市、学习型地区、学习型社区:终身学习与地方政府》,北京:中国人民大学出版社 2016 年版,第 10—11 页。

分类	说　明	二级指标
创造财富、就业和就业力	方案和项目有助于提高和创造财富和就业机会，可以开发公民的终身技能和知识，注重产业之间和产业与其他社区的联系	雇用和技能 财富创造 就业、技能学习需求分析 公民学习审计 就业计划
动员、参与和公民的个人发展	鼓励和支持更多人参与、贡献于城市的共同建设	终身学习工具（个人学习计划、指导、读书会等） 市民的个人发展 教师/顾问的培训和发展 参与和贡献的策略
学习活动和家庭参与	通过项目、计划、活动增进个体或家庭成员对终身学习的信赖、感受及吸引力	学习庆祝活动 学习认定和奖励 家庭学习策略

　　"迈向欧洲学习型社会项目"是欧洲第一批建设学习型城市的项目之一，它从战略和政策的角度审视了学习型城市建设的诸多细节问题，因其方法富有远见且可行性较高，获得了专业领域的广泛认可，并产生了巨大的连锁效应。该项目不但揭示了当前欧洲城市发展的现状、进步和短板，而且为后续的欧洲终身教育政策的制订提供了重要参考，触发了欧洲更多相关项目的出台，同时它还为学习型城市的初期建设提出了详细的建议。①

　　3. UNECSCO 学习型城市的关键特征

　　2013 年，联合国教科文组织终身学习研究所发布了迄今最权威的、专门针对学习型城市评估的指标体系——学习型城市关键特征。该指标体系的编制历时两年，邀集了全球终身教育领域的重要机构和知名专家参与讨论，借鉴了国际上有影响力的一些社会和经济发展评估系统，经过了 4 轮国际会议的讨论修订。UNESCO 开发该指标系统的动因包括：（1）将政治意愿和理论研究转化为具体的学习型城市战略和措施；（2）对学习型城市的建设过程开展持续评估；（3）对已实施学习型城市战略带来的效益作出评估，（4）促进学习型城市之间的比较、经验交

---

① 诺曼·朗沃斯著：《学习型城市、学习型地区、学习型社区：终身学习与地方政府》，北京：中国人民大学出版社 2016 年版，第 67—68 页。

流和相互学习。①

UNESCO终身学习研究所提出的"学习型城市关键特征"包括：三大建设目标(提升个体能力和社会包容；促进经济发展和文化繁荣；实现社会可持续发展)、六大建设任务(全面提高学校教育体系的包容性学习；激活家庭和社区学习；提升职业培训和工作场所学习的效率；扩展现代学习技术的运用；改善并优化学习质量；创造充满活力的终身学习文化)、三大基础保障(确立愿景及坚定的政治意愿和承诺；建立治理和社会各界参与机制；发掘和利用各类资源的潜力)。② 在这一评估架构的基础上，UNESCO终身学习研究所确立了42项评估指标和59个测量点。学习型城市关键特征包含的大部分指标是定量的，相关数据可以从各城市的主管部门获取；定性指标部分可以委托专业调查机构进行评估；另外一部分指标则可以通过城市主管部门提供的专家咨询意见进行评估。

UNESCO终身学习研究所强调，制订这些指标的目的并非是想对城市进行区分比较。各城市都有独特的方面，每座城市在建设学习型城市的过程中的评估应从自身的文化、经济及社会历史和传统出发。该指标体系已于2013年在北京、墨西哥城、斯旺西等城市完成了前期测试。2015年5月在墨西哥城召开的第二届全球学习型城市大会上，有10个案例城市分享了使用该评价指标体系的经验。

4. OECD"教育型城市"的建设框架

早在1973年，OECD就提出了建设教育型城市(Educating Cities)的设想，加拿大的埃德蒙顿、澳大利亚的阿德莱德、奥地利的维也纳、日本的挂川等成为首批试点建设的7座"教育型城市"(其理念与学习型城市基本一致)。OECD教育研究和创新中心于1992年在第二届国际学习型城市代表大会上发表了《终身学习的城市战略》(*City Strategies for Lifelong Learning*)报告，总结了首批7座教育型城市的实践经验，提出建设教育型城市的五大原则：③第一，促进城市所有相关机构，包括公立和私立部门之间的联系与协作；第二，协调以工作为导向和以日常休

① 联合国教科文组织终身学习研究所："学习型城市主要特征"，《职业技术教育》2013年第33期。
② 关于学习型城市关键特征的指标内容、测量点、数据来源及数据评估方法等信息，引自UNESCO终身学习研究所官方网站提供的中文版《联合国教科文组织全球学习型城市网络指导性文件》，参见：http://unesdoc.unesco.org/images/0023/002349/234986c.pdf。
③ 徐小洲、孟莹、张敏："学习型城市建设：国际组织的理念与行动反思"，《教育研究》2014年第11期。

闲为导向的教育和培训,便于市民将自身发展和职业发展的学习需求相结合;第三,鼓励各年龄层人群共同学习、相互学习;第四,利用当地媒体作为教育工具,培养市民对学习机会的识别能力;第五,将建设教育型城市、共同学习视为改变城市未来的途径。

基于以上五项原则,OECD提出从七个方面推进教育型城市的建设:现有的教育机构、政治和经济发展趋势、文化传统、学习的可获得性、培训计划、文化机制、终身学习和社会参与,这七个方面构成了教育型城市建设的整体。OECD进一步提出,在将终身学习理念融入城市建设的同时,还需考虑城市的不同特征(如城市大小和定位、城市政府和其他组织的作用、经济情况、职业准备在学习中的地位、社区学习机会等),并提出了教育型城市概念框架,包括了一系列教育型城市建设的指标:(1)确立体现终身学习理念的组织原则和社会目标;(2)确立旨在促进个体、社会、文化、环境和经济发展的社区目标;(3)通过学习技术的运用建立社区的联系网络;(4)建立合作伙伴关系、多方参与和绩效评估等机制;(5)建立包含健康社区、社会融合与市民参与、环境可持续发展、经济多元化在内的学习目标。

除了上述各类与实践紧密结合的学习型社会/城市监测指标体系,学习型社会建设开展较早的韩国也确立了较完备的监测指标体系,特别是对学习型城市的不同建设阶段("学习型城市"的评选阶段、建设中期监测和咨询阶段、建设的产出和绩效评估阶段)制订了差异化的指标。而在国际上,另外一些学习型社会/城市的指标则镶嵌于一些全球性的社会和城市发展的综合性指标中,如"全球城市指数"(Global City Indicators)。随着学习型社会/城市评估指标体系内容的不断完善,如何确保指标数据的来源及其质量,日益成为一大挑战。现有的指标体系的数据来源通常包括三类:统计数据、调查数据和专家评价数据,而在采集这三类数据的过程中会遇到不少困难和障碍:①统计数据的问题在于各国标准难以统一;调查数据的问题在于收集成本高;专家评价数据则存在客观性较低、难以大范围实施的问题。

为克服上述弊端,美国、加拿大等国从20世纪80年代开始,就陆续实施了针对不同阶段成人能力的测试,力图通过直接测试学习者的能力,结合分析相关背

---

① 谢浩:"学习型城市评价根据的国际比较研究",《开放学习研究》2017年第3期。

景信息,评估各社会教育培训制度和人力资源政策。国际上,成人能力试测工作影响较大的一个测试项目是 OECD 自 2011 年开始实施的"国际成人能力测试项目"(PIAAC),目前已有 30 多个国家参加了该项目。"国际成人能力测试项目"包含了三大类测试指标:(1)个人背景调查(人口学特征、教育与培训、工作和收入、信息技术使用等);(2)基本认知能力测试(阅读、数学、信息技术条件下解决问题等方面的能力);(3)非认知能力测试(职业兴趣和倾向、社会交往、职业经历、学习能力等)。近些年,项目的参与国根据各自国家成人在测试中的表现开展了大量的政策分析,"国际成人能力测试项目"及其后续的研究,将评估指标从社会维度转向了个体维度,从建设的投入、过程指标转向了学习者产出的维度,从而为学习型社会的评价提供了独特视角。

五、学习型社会评价指标:中国的实践

在国家层面建立学习型社会的监测指标体系,定期记录和跟踪学习型社会建设、全面终身学习的发展情况,有助于改善政府的相关决策依据,不断提升学习型社会建设的质量。另一方面,面对区域间经济、科技、文化、教育发展水平的巨大差异,我国还缺乏可供不同类型地区参考、借鉴的学习型社会的评价指标。建设全民学习、终身学习的学习型社会,需要从创建学习型组织、学习型社区、学习型城市入手;在学习型城市方面,尽快推出符合中国国情的评价指标体系,已经成为引导和影响我国学习型城市建设深入的关键。[①]

1. 本土化创新:以《全国学习型城市评价指标体系(试行)》为例

在将国际上的学习型城市评估工具和指标进行本土化的过程中,人们通常会在不影响科学性的前提下采用一些灵活的策略:[②](1)更换相关指标。由于国内外社会统计口径的差异,难以完全照搬国际指标,通常会选用内涵类似的指标取而代之;(2)根据本土学习型城市发展的特点,增加相关指标;(3)为某些核心指标的实施而新建或完善相关统计制度。例如,关于国际上"经常性参加社区内活动的

---

① 中国教育发展战略学会主编:《中国学习型城市建设案例》(第一辑),北京:高等教育出版社 2013 年版,第 345 页。

② 谢浩:"学习型城市评价根据的国际比较研究",《开放学习研究》2017 年第 3 期。

市民比例"的指标,我国并没有相关的社区教育统计数据,因此需要建立相关的统计数据或进行抽样调查。

近些年,在学习型社会评估指标本土化方面,中国教育发展战略学会终身教育工作委员会作出了最为综合、最大范围的贡献。2012 年底开始,终身教育工作委员在 UNESCO"学习型城市关键特征"和"首都学习型城市建设指标体系研究"的成果基础上,研制了《全国学习型城市评价指标体系(试行)》(征求意见稿)(以下简称"征求意见稿")(表 5.4),以期能为《国家中长期教育改革和发展规划纲要(2010—2020 年)》提出的到 2020 年"基本形成学习型社会"的战略目标提供支撑。①

表 5.4　全国学习型城市评价指标体系框架(部分)

一级指标	二级指标	三级指标
1. 终身教育体系建设	1.1　学校教育	1.1.1　学前 3 年毛入园率 1.1.2　九年制义务教育入学率 1.1.3　高中阶段毛入学率 1.1.4　高等教育毛入学率 1.1.5　以终身学习理念引领学校教育改革
	1.2　继续教育	1.2.1　职业职工教育参与率 1.2.2　农村劳动力的成人教育参与率 1.2.3　各类管理人员(含公务员)教育参与率 1.2.4　专业技术人员教育参与率 1.2.5　成人正学校在校生数/万人 1.2.6　成人高等教育在校生数/万人
	1.3　社区教育	1.3.1　城乡社区教育参与率 1.3.2　各类老年教育参与率 1.3.3　流动人口、失业人员、残疾人等弱势群体的培训参与率 1.3.4　丰富多彩的青少年课外活动 1.3.5　各类社会文化体育(场所)活动参与率 1.3.6　推动社区教育内涵发展(制度建设、终身学习周等) 1.3.7　开展市民学习需求调研 1.3.8　各级各类学校的资源开放和学习服务

① 关于该"征求意见稿"全文和指标体系的详细内容,参见:中国教育发展战略学会主编:《中国学习型城市建设案例》(第一辑),北京:高等教育出版社 2013 年版,第 345—359 页。

一级指标	二级指标	三级指标
1. 终身教育体系建设	1.4　教育融合	1.4.1　探索搭建终身学习"立交桥",探索建立继续教育学习成果和学分认证体系
	1.5　学习型组织	1.5.1　各类学习型组织覆盖面 1.5.2　组织学习文化和创新文化 1.5.3　学习型区(县)创建率 1.5.4　学习型社区(街道、乡、镇、居、村)创建率 1.5.5　学习型企业创建率 1.5.6　其他类型学习型组织创建率 1.5.7　学习型家庭创建率
2. 保障措施	2.1　组织保障	2.1.1　政府领导思路清晰 2.1.2　成立了专门的领导小组 2.1.3　领导小组下设办公室,且有专人负责日常工作 2.1.4　落实相关工作人员的编制、责任制和工作网络体系 2.1.5　持续推进相关理论和实践研究 2.1.6　发挥人大、政协的监督职能 2.1.7　广泛宣传相关工作
	2.2　制度保障	2.2.1　制订终身教育法规 2.2.2　政府每年召开专题会议研究相关工作 2.2.3　各系统、部门、单位制订学习型组织建设计划/方案
	2.3　队伍保障	2.3.1　各级各类教育机构的生师比 2.3.2　专兼职结合的社区教育管理、教师队伍和志愿者队伍 2.3.3　学校教师参与社区终身学习的指导工作
	2.4　条件保障	2.4.1　形成市、区(县)、街镇(乡)、社区(村)四级社区教育体系 2.4.2　社区学院(社区教育中心)成为社区终身教育工作的中心 2.4.3　发挥文化、科技、体育、媒体等各类企事业单位的社会教育功能 2.4.4　建立信息化公益性市民终身学习平台 2.4.5　家庭接入互联网比率 2.4.6　学校接入互联网比率 2.4.7　由城市提供免费、远程的数字化视频资源 2.4.8　每10万人拥有的公共图书馆和博物馆数量
	2.5　经费保障	2.5.1　市财政性教育经费占本市 GDP 比例;市及辖区政府按照标准设立社区教育与终身教育专项经费及其增长情况 2.5.2　企业员工教育培训经费比例 2.5.3　其他渠道筹措经费情况

一级指标	二级指标	三级指标
3. 建设成效	3.1　经济社会和人的发展	3.1.1　常住人口的人均 GDP 3.1.2　城乡居民人均收入增长情况 3.1.3　成人识字率 3.1.4　主要劳动年龄人口平均受教育年限 3.1.5　主要劳动年龄人口受高等教育比例 3.1.6　个体平均寿命 3.1.7　社会保障覆盖率 3.1.8　市民素养 3.1.9　市民法制意识，犯罪率 3.1.10　市民环保意识 3.1.11　民主参与度 3.1.12　全市林木覆盖率 3.1.13　全市空气质量达标率 3.1.14　全市研发经费占 GDP 比例 3.1.15　每万人口的发明专利数
	3.2　市民反映	3.2.1　市民对终身教育服务质量的评价 3.2.2　市民对政府治理和社会治安的满意度 3.2.3　市民对公交的满意度 3.2.4　市民民意反馈的渠道畅通度和满意度
	3.3　上级、舆论与专家评价	3.3.1　建设成就获省级以上表彰或肯定 3.3.2　影响较大的媒体的报道和评价 3.3.3　建设的地方特色
4. 示范价值	4.1　典型意义	4.1.1　建设成果的指导意义 4.1.2　解决学习型城市建设中的体制、机制方面取得的成效
	4.2　示范意义	4.2.1　建设的特色和经验在全国具有推广意义 4.2.2　在区域内探索终身学习"立交桥"，取得一定进展

注：本表未包括原文提供的指标分值、政策指标、评价方式等内容。

　　"征求意见稿"突出以终身教育理念统筹、融合各级各类教育，兼顾发达地区与欠发达地区的差别，以不断扩大案例城市覆盖面的方式，鼓励更多城市不断加入学习型城市的创建行列。对照 UNESCO "学习型城市关键特征"，我们可以发现，"征求意见稿"充分体现了我国近些年社区教育、继续教育和学习型城市发展的特点和挑战。例如：

　　• 在学习型组织方面，UNESCO 的指标只提及"帮助公/私营组织成为学习型组织"，而"征求意见稿"根据我国社会学习型组织类型多样化的特点，对更广泛意义的学习型组织类型及建设内涵进行了指标化处理。

● 在 UNESCO 指标的"教育体系内的包容性学习"领域中,只分别提及了各类教育的入学率和参与率要求,而"征求意见稿"增加了"教育融合"的指标,提出了通过终身学习"立交桥"和学习成果认证体系,促进各类教育和终身学习活动相互沟通的指标。

● 在向成人提供各类培训机会方面,"征求意见稿"不只局限于失业人群,而是细化了继续教育的对象(如企业职工、农村劳动力、各类管理干部、专业技术人员等),从而更好体现了"人人终身学习"的理念。

● 在"保障措施"领域,除了 UNESCO 指标提及的终身教育志愿者队伍以外,"征求意见稿"还提出了专兼职队伍的制度保障,以及多层级的社区教育体系和终身学习服务体系的指标。

● 从"办好人民满意的教育"的执政理念出发,与 UNESCO 指标体系相比,"征求意见稿"在"建设成效"的指标下增加了"市民反映"的内容,试图更充分地体现市民对于终身教育服务供给及其成效的评价结果。

● 考虑到学习型城市建设的辐射效应、经验的可推广和可复制性要求,与 UNESCO 指标体系相比,"征求意见稿"新增了"示范价值"的一级指标,特别强调了学习型社会建设中终身学习体制和机制推进、搭建终身学习"立交桥"等瓶颈问题上取得的进展。

● 在指标赋值方面,考虑到我国地区发展不平衡的现实,"征求意见稿"在不少关键性指标上,给予不同发展水平的案例城市以开放式赋值空间,拟设立低、中、高三个档次,便于各地选择既符合自身条件又体现今后努力方向的指标值。

2. 学习型社区评估体系构建

学习型社区是以社区自治为基础、以人的全面发展为目标、以全体居民的主动学习和终身学习为社区建设各项工作的基础、通过居民个人学习和社区组织学习不断创建和谐发展的社区。[①] 学习型社区是学习型社会建设的重要组成部分,两者遵循基本相同的发展理念和目标,但前者也有其作为社会基层组织的特殊

---

① 马仲良,吴晓川著:《建设学习型城市》,北京:北京工业大学出版社 2008 年版,第 236 页。

性。如何更好体现社区建设中的特殊性和内在差异性,是学习型社区监测指标构建中需要研究的课题。上海市浦东新区在这方面进行了积极的尝试。

浦东新区于 2005 年挂牌成为全国社区教育实验区,2008 年成为全国首批社区教育示范区。多年来,浦东新区各街镇积极探索构建终身教育体系,学习型社区建设蓬勃发展。但全区分布区域广泛的 36 个街镇由于经济、社会、文化发展的不平衡,学习型社区建设的积极性和水平也存在较大差异;各街镇又有各自的特色和优势,因此,迫切需要以学习型社区评估为机制,以更加简明、直观的方式,帮助各街镇在学习型社区建设方面开展可跟踪的自我检查、自我比较,通过"以评促建"的机制,推动整个浦东新区学习型社区的均衡发展。

为此,自 2015 年开始,上海浦东新区社区学院课题组着手自主开发"浦东新区街镇学习型社区发展评估指标体系",包括"基础指标"和"特色指标"两个一级指标;顶层设计、氛围营造、二级网络等 13 个以及下属的 26 个三级指标(表 5.5),各指标的不同达成度被赋予了不同的分值。值得注意的是,这一指标体系通过"附加分"的方式,鼓励街镇的特色发展,同时也体现了"以评促建",追求卓越的监测理念。

表 5.5　浦东新区街镇学习型社区发展评估指标体系(2015 年试行稿)

一级指标	二级指标	三级指标	附加分	数据来源
1. 基础部分	1.1　顶层设计	1.1.1　街镇领导牵头的工作小组;每年召开小组会议;制订学习型社区创建方案 1.1.2　领导小组下设办公室和专门工作人员,建立专门工作机制		查阅资料
	1.2　氛围营造	1.2.1　利用各种手段宣传		实地查看
	1.3　二级网络	1.3.1　居村委建立学习点,配备办学干部;完善相关的管理制度和业务培训制度		查阅资料

一级指标	二级指标	三级指标	附加分	数据来源
1. 基础部分	1.4 队伍保障	1.4.1 社区(成人)学校有一名专职校长、2 名及以上管理人员 1.4.2 相对稳定的专兼职结合的教师队伍 1.4.3 能满足需求的志愿者队伍	社区(成人)学校(或教学点)专职教师数量大于常住人口的万分之1.5,加分	查阅资料
	1.5 制度保障	1.5.1 相应的管理制度,档案管理规范		查阅资料
	1.6 经费保障	1.6.1 每年政府投入的专项工作经费按照常住人口计算,人均 2 元	若人均经费大于 3 元,加分	查阅资料
	1.7 载体建设	1.7.1 相关教学设施利用率达 70% 1.7.2 街道社区学校使用面积超过 700 平米;每个居委会学习点教室面积不低于 50 平米;镇社区学校使用面积超过 2 000 平米;每个村学习点不低于 100 平米的教学活动用房	若设施使用率大于80%,加分	查阅资料
	1.8 学习型组织	1.8.1 开展学习型机关创建活动 1.8.2 对社区内企事业单位开展学习型组织创建提供支持 1.8.3 组织社区内学习型家庭创建 1.8.4 社区学习团队培育	培育团队数量超过 50个,加分	查阅资料
	1.9 学习教育活动	1.9.1 社区(成人)学校全年班级数达到 50 个 1.9.2 针对社区内弱势人群、特殊人群开展教育服务活动	全年开班数达到 70 各以上,加分	实地查看
2. 发展部分	2.1 信息化	2.1.1 利用本街镇、浦东新区网站开展社区教学、教务管理或资源建设		实物查看

一级指标	二级指标	三级指标		附加分	数据来源
2. 发展部分	2.2　特色工作	2.2.1	社区教育特色制度、特色课程、特色服务、特色活动、特色项目等		实物查看
	2.3　理论研究	2.3.1	承担并完成不同级别的社区教育科研、实验项目	出版相应成果,加分	
	2.4　示范街镇	2.4.	上海市社区教育示范街镇备案及创建	若当年被评为全国社区教育示范街镇,加分	

资料来源：上海市浦东新区社区学院：《浦东新区学习型社区发展评估与监测报告》(2016 年 10 月)(未公开发表)

六、小结与展望

加强学习型社会/城市监测制度及指标体系构建,已成为一项国际性终身教育发展的政策举措。从国外和本土实践的经验看,围绕学习型社会/城市监测指标体系构建的理念、目标、原则、方法和框架,各界正形成越来越多的共识。为了更好地服务于终身教育体系和学习型社会建设的深入推进,我国在监测指标的建构和落实上需要加强这些方面的工作:

指标构建与评价目的更紧密结合。如果要评价一个地区或城市终身学习和学习型社会的建设过程,指标设计应更多评价政府提供的保障体系和举措;如果要评价一个地区的学习型社会的形成程度,则指标重点应该放在建设成效上。针对不同发展阶段、不同层级、不同功效取向(指导实践或决策服务)的学习型社会评估,应该有不同的指标重点。

指标构建与实践、决策部门的双向互动。学习型社会评估指标体系构建是一项开放、持续改进的工作,指标体系开发过程中需要与基层单位、决策部门、专家学者、普通学习者等多方利益相关者保持持续沟通,并通过多轮试测反馈,最大程度确保指标的合理性、话语的针对性和权重的适当性,使指标体系更"接地气",并能随环境变化动态调整。

指标构建与评价数据库建设同步。完备的评价指标需要有完备的数据库建设配套和支撑。建立与指标体系对应的标准化、完整性、透明化和动态性数据,是学习型社会评估制度的一项基础性工程,针对其中的统计数据、调查数据、专家评估数据,都应该落实相应的实施和协调机制。学习型社会建设数据库应该充分利用大数据技术发展提供的便利,不断降低数据采集的成本,提高数据质量和对于实践和决策的价值。

指标构建与更大范围社会统计制度的协调。学习型社会建设是社会整体发展的一部分,其评估指标应该与更大范围的社会统计工作保持协调,力争在局部统计指标的标准化上保持一致。从这个意义上说,学习型社会评估指标体系的构建过程,也是健全我国政府统计工作的契机。

报告执笔人:侯定凯

第六篇

全球学习战略 2030 与中国教育的回应

技术进步正在促使全球劳动力结构发生深刻变化，到 2030 年，全球人才争夺战将更为激烈。世界各国的人力资本战略正在做出调整，加紧实施面向 2030 年的教育变革，为 21 世纪培养竞争性人才。对于我国来说，想要培养具有全球竞争力的人才，支撑中国经济的可持续发展，参与全球经济竞争，教育必须面向世界和未来，为现在和未来的学习做出前瞻性的设计和规划。

无数的事实显示，技术的进步大大地改变了人类生活的图景，以知识为基础的社会正在变得高度计算机化。"计算机化知识经济"的扩展和成熟，正在促使全球劳动力结构发生深刻变化。"到 2030 年，我们预计将进入泽它级（Zetta）运算时代，也就是说，计算机将比人脑强大一千倍。"[1]信息技术的发展正在取代人类的劳动力，后工业社会将进入自动化时代。[2] 不断发展的计算机化和自动化将是长期的趋势，但这种趋势也带来了挑战，到 2030 年，劳动力市场对人类技能的要求将发生深刻变化。

自动化要求教育和技术展开赛跑。如果教育落后于技术进步，人类就不能满足工作的需求。这就促使学校教育和学习必须发生变革。现在出生的孩子，到他们中学毕业时，将面对一个不同的世界。到 2030 年，单纯地熟知事实知识将远远不够。教育需要培养学习者能够创造性、独立、严谨、合作地思考，全面认识自己和社会环境。如何达成这一目标？什么样的技能是最需要的？教育者和政策制

---

① World Innovation Summit for Education. (2014). 未来已经来临. Retrieved from：http://open. 163. com/special/openclass/wisebook. html.

② Brynjolfsson，E.，McAfee，A. (2014). *The Second Machine Age：Work，Progress，and Prosperity in a Time of Brilliant Technologies*. New York：W. W. Norton：15.

定者如何为学生进入社会准备匹配的技能？世界各国、各地区或组织基于对 2030 年的社会、经济、职业和技能等的预测，提出了各自面向 2030 年的教育和学习战略，为 21 世纪的全球市场储备竞争性人才。面对劳动力市场对新技能的要求，以及全球经济竞争的挑战，中国教育如何做出回应，培养具有全球竞争力的人才，是迫切需要思考和解决的问题。

一、全球学习战略 2030 考察

在 2015 年联合国教科文组织发布全球教育议程《教育 2030 行动框架》前，世界各国、各地区或组织就陆续制定了类似教育 2030（如学习 2030、教学 2030、学校 2030、课程 2030、教师 2030）的教育变革策略。这些变革策略不是凭空发生的，而是基于对 2030 年的人口、经济、政治、社会、职业和技能需求等的远景预测。其中的一个重要方面是基于对未来职业变动和劳动力技能需求的预测。比如，2010 年，英国商业创新与技能政府部门委托发布的《未来的工作形态：科技发展所带来的可能的新职业（2010—2030）》报告指出，到 2030 年，人体工程师、纳米医师等职业将变得普遍，而今天的相当一部分工作将消失。[1] 根据牛津大学的预测，在未来 15 年，美国将有一半工作岗位被技术所取代。[2] 人口老龄化、全球化、经济力量转移、技术变革、全球化竞争、自然资源挑战、移民等所带来的挑战，促使世界各国不约而同地提出了教育 2030 战略，以培养全球竞争性人才。

2010 年，美国智库胡佛研究所发布《美国教育 2030》报告，从课程与教学、标准与测试、政府管理与财政拨款、地方私有化与学校选择等方面，勾画了美国 2030 年基础教育的未来图景。同年，美国非盈利性机构教学质量中心（Center for Teaching Quality）总裁巴涅特·贝里（Barnett Berry）与"2030 教师解决方案"小组（Teacher Solutions 2030 Team）共同研制了《教师 2030》《教学 2030》和《2030 旅程：未来教与学的愿景》，着力关注教学，旨在回答一个紧迫问题：如何变革教学以满

---

[1] Talwar R., Hancock T. (2010). *The shape of jobs to come：Possible new careers emerging from advances in science and technology (2010 - 2030)*. *Fast Future Research*：11，21.

[2] Frey C. B., Osborne M. A. (2013). *The Future of Employment：How Susceptible are Jobs to Computerisation?*. Oxford Martin Programme on the Impacts of Future Technology，38.

足从现在到2030年美国公立学校中学生的需求?《教学2030》指出,到2030年,教育将受到更大的重视,教学也会被视为更复杂的专业。[①]

美国《教学2030》对2030年的教学展开了四大构想:一是教学生态发生变化。认知科学和技术的进步促使教师和学生能够进行沉浸式的个性化学习,教师将结合脑研究的新发现和前沿技术改善教学。教师将基于学生的学习风格和需求为学生定制个性化学习。除了读写算(Reading, Writing, Arithmetic, 3R),学习将集中于以批判性思维和问题解决、沟通技能、合作技能以及创造力和创新技能(Critical thinking and problem solving、Communication、Collaboration、Creativity and innovation,4C)为核心的21世纪技能,更有效地符合21世纪公民、职场和终身学习的需求。二是混合式学习环境(面对面 & 技术)更加无缝整合,学校成为社区中心,与网络内外无缝连接。教师、学生、家庭、本地与远程专业人员、志愿者和商界人士共同参与活动,服务于整个社区;三是教师将扮演不同的角色,包括学习情况指导者、个人教育顾问、社区智库规划员、教育巡查员、社会人力平台开发员、学习历程指导者、测评设计师等。教师将传统课堂教学与新任务相结合,教师企业家充当改革代理人;四是重新思考教师教育、教师招聘和可持续发展,与医学模式和其他专业领域的方式类似,提升教学专业化;到2030年,教学将是一个令人尊敬的职业,着力从优秀的研究生中选拔教师。

德国罗兰·贝格战略咨询中心2010年发布的《2030趋势概略》提出了2030年的七大全球趋势:人口结构变化、全球化和未来市场、资源短缺、气候变化的挑战、充满活力的技术和创新、全球知识社会、共享全球责任。在此基础上,该报告预测,2030年学习将有三大特点:一是出现全球明星教师。虚拟课堂将促使全球的高效教师成为明星教师,这些教师使用网真和3D技术给全球学生上课。上课语言将被自动实时翻译,互动媒体把不同背景和地区的教师和学生联接起来,并催生集体性的评价和质量认证新形式;二是个性化终身学习包将加速学生的学习。虚拟学习代理人将指导学习者,并满足学习者的个性化需求,为学习者量身定制终身和基于需求的学习计划,并根据个人需求随时自动更新学习计划,学习

---

① Berry, B. The Teacher Solutions 2030 Team. (2011). *Teaching 2030: What We Must Do for Our Students and Our Public Schools — Now and in the Future*. Teachers College, Columbia University: 20, 21, 46.

经验将渗透学习社区；三是儿童在真实和虚拟世界中同时学习。儿童与世界互联，并与真实游戏和真实生活良好互动，物理现实和虚拟现实相混合的文化将成为常态，且对学习产生积极影响，数字化游戏中将包含4C技能的学习。[1]

　　2012年，芬兰政府发布《预测2030》报告，从政府管理、公民幸福、未来职业生活、教育、商业重建、资源环境等方面作了预测和规划，为芬兰的可持续发展和国家福祉做准备。该报告提出了雄心勃勃的教育目标：到2030年，芬兰将拥有全球最好的教育系统，[2]并设置了达成该目标的路线图。该报告指出，从早期教育开始，所有的教学将与职业生活紧密联系。所有年级的学生将学习交互式与媒体阅读技能、自我管理和表达技能、实际生活管理和职业生活技能，并且学习与自然科学、语言、经济与社会、文化与信息技术技能，这样才能塑造强健的基础教育，支撑起学生未来生活的学习和发展。最重要的课程是教会学生如何学习，并享受学习的乐趣。同时在线学习将为学生的学习引入国际维度。他们可以在不同的课程中做实验，有机会将正规学习与实践性学习相结合。地方企业将积极与学校合作，提升学生的职业生活技能。学习年限和毕业年龄将不再受限制，教育和工作之间的转化和过渡将变得更加灵活。职业成功要求具备灵活的思维和良好的学习技能，因为每个人的职业生涯将涉及广泛的专业和职位。[3]

　　这些面向2030年的教育战略对未来的学习作出了前瞻性的预测，重点考虑技术对学习的变革，以及学习与真实生活相连。长期以来，教育被视为培养熟练劳动力（人力资本）和扩大经济机会的关键，同时，在欧洲经济合作与发展组织成员国中，教育政策旨在缩小不断扩大的不平等差距。随着呈指数式增长的技术发展将带来更具创新性的劳动形式，世界各国的人力资本战略开始做出调整。可以预见，到2030年，今天学校所教授的技能和能力将不再像今天这样有用。近年来，各国面向2030年的前瞻性教育战略逐渐强调21世纪技能的培养。

　　以下以加拿大滑铁卢全球科学计划2014年发布的《学习2030》和欧盟联合研

---

① Roland Berger Strategy Consultants. (2011). *Trend Compendium 2030*. Retrieved from：https：//espas. secure. europarl. europa. eu/orbis/sites/default/files/generated/document/en/Trendcompendium2030. pdf.

② Foresight 2030(2013). *What kind of Finland do we aspire to in 2030*. Retrieved from：http：//tulevaisuus. 2030. fi/en/index. html.

③ 同上。

究中心 2011 年发布的面向 2030 年的《学习的未来：为变革做准备》报告为例，考察全球学习战略 2030 的系统性图景。

二、学习战略 2030 的系统性图景：以加拿大和欧盟为例

（一）加拿大《学习 2030》图景

加拿大的《学习 2030》基于全球视角，从七个方面构想了未来的学习图景：（1）学习更多地关注终身学习和个人自我意识发展，而不是具体的知识和数字；（2）学生通过跨学科和合作项目进行学习；（3）学生根据需求与不同年龄、不同成就水平、不同兴趣的群体相互联系；（4）教师和其他专业人员作为学习的指导者和监护人；（5）通过对学生技能和能力的质性评价，即记录学习者的全部经验而不是单独的测量结果衡量学习过程；（6）学习框架由学习者、教师、家长和政府机构组成的利益群体共同决定；（7）学校给学生和教师授予权力，鼓励师生实验新想法并敢于失败，使师生有信心冒险。[①] 基于这样的未来学习样态，《学习 2030》探索了课程、教学、教师、学习环境、评价、组织以及成本与经费等七个关键领域，建构了理想学习的一幅幅图景。

1. 课程强调 21 世纪技能

19—20 世纪的学校课程关注知识内容，学生通过学习科学、数学、社会研究等学科学习事实知识。这种方式起源于一个世纪以前，政府通过建造"教育工厂"训练工业时代的劳动力，学生渴望学习，但除了教师和学校，获取知识的渠道有限。互联网的兴起极大地改变了这一图景。知识的传递不再有瓶颈。任何学科知识都能在网上轻易获取到，这意味着，作为知识传播中心的学校不再是学生的唯一需求。另一方面，学习不是获取事实和知识的线性路径，而是复杂的、动态的建构知识的过程。学习者以个体或合作形式进行探索和经验。因而，教育的任务并非是传递预先确定的知识。2030 年的课程应该集中于帮助学习者获得一套广泛的实用性技能和思维习惯，以灵活应对未来生活和职业挑战。《学习 2030》明确指出，系统和设计思维、合作、学会学习、知情决策、逻辑推理以及将思维转化为行动

---

① Brooks M., Holmes B.（2014）. *Learning 2030*. Waterloo Global Science Initiative：6 - 7.

等 21 世纪技能需要整合进学校课程。①

2. 探究性教学作为核心

2030 年关键的学习变革在于学习过程本身。学习过程不再是获取信息的手段，而是目的，因而教与学的方法比以往更为重要。不同的教学方法有不同的优势，有些方法适合传递事实知识，有些方法更利于形成创造性思维。2030 年的学习，重点不是学什么，而是如何学。这正好与新的课程应强调学习技能而不是学习事实性知识相符。这就要求教学通过个人或小组形式以深度探究性项目进行。合作探究性项目将学习者置于真实情境中，这样的学习比传统课堂需要更多样的技能。精心选择的项目会设置开放性问题，其答案不是已知的，学习者并不知道会得出什么结论，这也能直接培养思维习惯。"为了回答驱动性问题，创造出高质量的习作，学生远远不止是要记忆信息。学生需要运用高阶思维技能，学会团队合作。他们必须学会倾听，清晰表达自己的观点，能够大量阅读材料，用多种方式写作与表达，并有效地作出展示。"②基于项目的探究性学习的最大优势，是学生必须学会应对不确定性和歧义，这也是基本的 21 世纪技能，但实际上，今天的课堂教得并不好。基于项目的探究性学习也会改变教师的角色，教师从信息的施予者变为指导者或引导者，同时教师也会变为学习者。

技术在探究性教学中能发挥巨大作用。学生可以利用在线资源聆听专家型教师的授课，并与全球学习者合作解决问题。游戏和在线评估能帮助教师给学生提供快速、个人化的学习反馈。技术也能全天候地监测学生的注意力，给教师提供即时反馈，比如哪些因素吸引学生的注意力等，这能让教师迅速评价并放弃无效的教学行为。技术的辅助，能够缩短反馈周期，使教师更易于比较不同的教学方法，减少失败成本并激励创新。

3. 教师承担多样化角色

理解学生个人的优势和需求，据此进行个性化指导，给每个学生提供成功所需的学习方向、动力和指导，这样兼具爱心与能力的教师在 2030 年的教育愿景中

① Brooks M. , Holmes B. (2014). *Learning 2030*. Waterloo Global Science Initiative, 17.

② Buck Institute for Education(2016). *What is Project Based Learning*. Retrieved from: http://www. bie. org/about/what_is_pbl.

依然重要。到 2030 年，"填鸭式教学法"不会完全消失，但教师会减少使用这样的方法。他们会花更少的时间扮演信息提供者的角色，而会在其他角色上花更多的时间，例如学习教练、学习榜样和研究者。美国的《教学 2030》认为，到 2030 年，教师将是一个混合型职业，教师会成为教师企业家（teacherpreneurs），具备创造力、教学变革能力和领导力，一部分时间用于教学，一部分时间担当学生的指导专家、教师教育者、社会组织者、学习设计师、政策研究者以及网络中的虚拟导师等。①

到 2030 年，学校教育将从学习标准化知识变革为基于项目的开放性探究，教师不再总是需要提前了解学生将要学习的内容，而是会成为学生学习的共同发现者。但在今天的标准化课堂里，这样的机会不多。通常，教师到课堂前已经知道材料内容，学生很少能看到教师发现和学习的过程。而在 2030 年的学习模式中，教师会发现他们面对的是不知晓答案的问题，甚至是他们知之甚少的学科。这种学习方法的优势在于，学生有机会看到他们的教师即经验丰富的学习者获取新知识和技能的过程。这并不是说教师的背景知识不重要，好的教师仍会对某些特定领域的知识有深刻的理解和热情。学校应该鼓励教师实验新的教学方法、话题和资源。理想的教师应该相当于临床研究者，通过医学研究为患者找到更佳的治疗方案。同样，教师能够将教学、学习和认知科学的研究迁移到课堂中。可以说，2030 年的教师需要成为学习科学专家。②

因此，《学习 2030》指出，教师培训机构应该招募学业成绩优秀且具备相应技能和态度的学员。③ 加拿大和美国倾向于认可芬兰和新加坡的教育。在芬兰和新加坡，师范生的录取要求很高，不仅要成绩优异，而且要求高技能和高度的教学责任感。《学习 2030》同时指出，所有学校系统应该关注教师的继续教育。④ 例如，教师应该在刚入职时与老教师结对，老教师指导新教师运用课堂技能，新教师帮助

① Berry，B. The Teacher Solutions 2030 Team.（2011）. *Teaching 2030*：*What We Must Do for Our Students and Our Public Schools — Now and in the Future*. Teachers College，Columbia University，21.
② Berry，B. The Teacher Solutions 2030 Team.（2011）. *Teaching 2030*：*What We Must Do for Our Students and Our Public Schools — Now and in the Future*. Teachers College，Columbia University，46.
③ Brooks M.，Holmes B.（2014）. *Learning 2030*. Waterloo Global Science Initiative，31.
④ 同上。

老教师更新技术并开展教育研究;另一种促进教师继续发展的有效方式是利用在线网络,这样教师可以共享最佳教学实践和研究结果。

4. 网络重塑学习环境

在今天,对于学生来说,学校是个固定场所,学生在固定时间与固定的同龄群体在规定教室学习。2030年的学校性质将发生变化,学校日程的严格性、学习和生活的清晰界限将发生变化。学习将超越学校围墙,灵活的学习群体、灵活的时间安排、灵活的学习空间将使学习者能够随时随地地利用学习机会。学生在课时之外和学校之外进行大量学习,浏览网页、观看科普节目、玩教育游戏、参加慕课。校外学习将随着教育的变革变得愈发重要。学习者会花大部分时间在其感兴趣的领域,更加投入和更有学习动力,搜集信息,寻找教学资料,注册在线课程,追求校外知识。在贫困地区,校外学习机会更加重要,贫困学校缺乏经费雇佣足够知识背景的教师。因此,很多学校会选择引进虚拟教师,尤其是技术性学科教师。

5. 变革评价内容和方式

要使21世纪学习的有效性最大化,学校教育的焦点应该从简单的信息传递转到按照学习者需要查找、评价和处理信息的思维习惯和技能。目前广泛使用的评价方法通常是正规考试,测量对信息的回忆能力。测试分数注重结果,而不是学习过程本身,尤其是期末考试和国家标准化测试,反馈太迟,不能促进学生的进一步学习。另外,分数会刺激学校之间和学生之间的不当竞争。而且,标准化测试在测量团队合作、创造力、顺应力等软技能方面也不太有效。软技能很难量化,学生很难在高压的正规考试中展现出来。而这些软技能我们必须要教授,学校必须找到更好的方式来测量学生对这些技能的掌握程度。当学生参与实际项目而不是高度人工化的考试时,才能最有效地展示这些技能。基于项目的探究性学习可以给学生提供足够的机会来接收反馈,通过自我反思,从其同伴或者教师和外部的专家那里获得反馈,这样学生就能一直知道他们的优势在哪里,哪些方面可以提升。基于此,学生应该接受更多而不是更少的评价。这种评价体系能为深度学习打下基础。同时,教师也需要接受培训,形成性评价需要教师花费更多的时间和注意力。

6. 学校享有更大自主权

学校存在于由当地雇员、高等教育机构、社区群体、家长和看护人组成的生态系统中。学习过程的结果期望是由所有利益相关者决定的,因而学生、教师、家长必须明确学习目标。根据世界银行的报告,学校自主权和问责制是确保教育质量的关键,将核心管理责任转到学校,由学校来推进地方问责制,有助于反映当地的优先事务、价值观和需求。[①] 政府或学校委员会应该继续为学校设置目标,包括详细的对技能或能力的要求、毕业要求,并为学校推荐学科领域的课程或项目。但学校的自主权是形成本土化创新的核心。学校应该有自由实施能达成学习目标的适合本校的策略。其中,学校校长最重要的作用是学校的风险承担者,通过不断的试验来推动持续的创新。

尽管政府和学校委员会负责设置学习目标,但教师和其他专业人员将有权根据自己的经验和理解帮助指导学生使用最佳方法达成学习目标。教师会舒适地融入这样一个生态系统中,理解应该传授的内容,并享受到尊敬和自由。享有自主权的教师能够提高职业满意度和参与度。

到 2030 年,对于学习如何发生以及学习什么样的内容,学生的影响力将提升,这预示着需要显著提高学生的参与度。学习生态系统中的每一级政策制定者都应该重视学生的需求,学生的声音应该得以表达和倾听,同时家长和看护人、社区中的当地成员的作用也将增大。学生、教师、学校和领导者之间连成的网络应该共享促进学生学习的方法论和经验。[②]

7. 有效使用经费

据联合国教科文组织的估算,对教育每投入一美元能带来 10 倍的回报。[③] 在 2030 年快速变化的世界,对教育的投入将为学生获取更高的收入打好基础。但《学习 2030》通过对哥伦比亚、墨西哥和加拿大的改革项目的调查表明,经费不是变革的阻力。如果不给教师支付合理的工资,那么这会带来问题,但一旦经费投入达到了合理水平,附加的经费就不再是主要的驱动力。[④] OECD 的研究也表明,

---

① World Bank. (2012). *Finland*:*School Autonomy and Accountability*. SABER Country Report:2.

② Brooks M. , Holmes B. (2014). *Learning 2030*. Waterloo Global Science Initiative,46.

③ UNESCO. (2012). *EFA Global Monitoring Report*:*Youth and skills*:*Putting Education to Work*. UNESCO Publishing:142.

④ Brooks M. , Holmes B. (2014). *Learning 2030*. Waterloo Global Science Initiative,50.

如何有效使用教育经费和资源比教育支出总量更重要。①

要达成 2030 年的学习目标,《学习 2030》聚焦三大变革领域:减少甚至消除高风险总结性评价;从事实性知识学习变为技能和习惯的培养、灵活的终身学习;自主、高质量的学校领导力和训练有素、自主、可信的教师是达成 2030 学习目标的核心。大规模的变革通常会受到各种因素或环境变动的影响,变革的持续性可能是最难达成的标准,因其不仅需要远见也需要运气。然而,变革并不是不可预见的,对于防御变革退化的最强有力的措施是在不同利益相关者中建立强大的沟通网络。因而,《学习 2030》强调,学习的变革需要政策制定者、教育者、管理者、校长、家长、学生、社区和企业等齐心协力,使得教育不再是零和游戏,而是实现双赢,促使未来一代适应经济发展需求,并共同解决气候变化和能源生产等全球性问题。②

(二) 欧盟《学习的未来》图景

2010 年,荷兰应用科学研究组织、荷兰开放大学、英国媒体公司和欧盟联合研究中心发起联合项目"学习 2030 的未来"(The Future of Learning 2030)。该研究通过分析人口、经济、社会、技术、生态和政治因素,对未来教育的结构、发展、机遇和挑战进行了预测。基于此,2011 年,欧盟联合研究中心发布了面向 2030 年报告《学习的未来:为变革做准备》,该报告以"众筹"的方式收集了大量专家、教师和政策制定者的意见,对未来 10—20 年的教育与学习变革进行了预测,描绘了未来学习的蓝图。

欧盟专家、教师和政策制定者强调技术变革是未来学习的主要驱动力。基于专家意见,《学习的未来》从社会经济趋势、学习过程和策略、新技能、技术、教学法、课程等方面描绘了未来的学习地图(见图 6.1)。专家认为,教育与培训机构将成为学习社区,并与雇主合作确定技能需求,使大量学习和教学材料服务于学生的个性化需求,以学习者为中心、分权和定制化学习策略将变得很普遍;问题解决、灵活性、创造力和反思等技能和态度将比知识更为重要;科学研究将辅助教

① OECD(2016). *What Influences Spending on Education?*. Education Indicators in Focus, OECD Publishing:1.
② Brooks M. , Holmes B. (2014). *Learning 2030*. Waterloo Global Science Initiative,62.

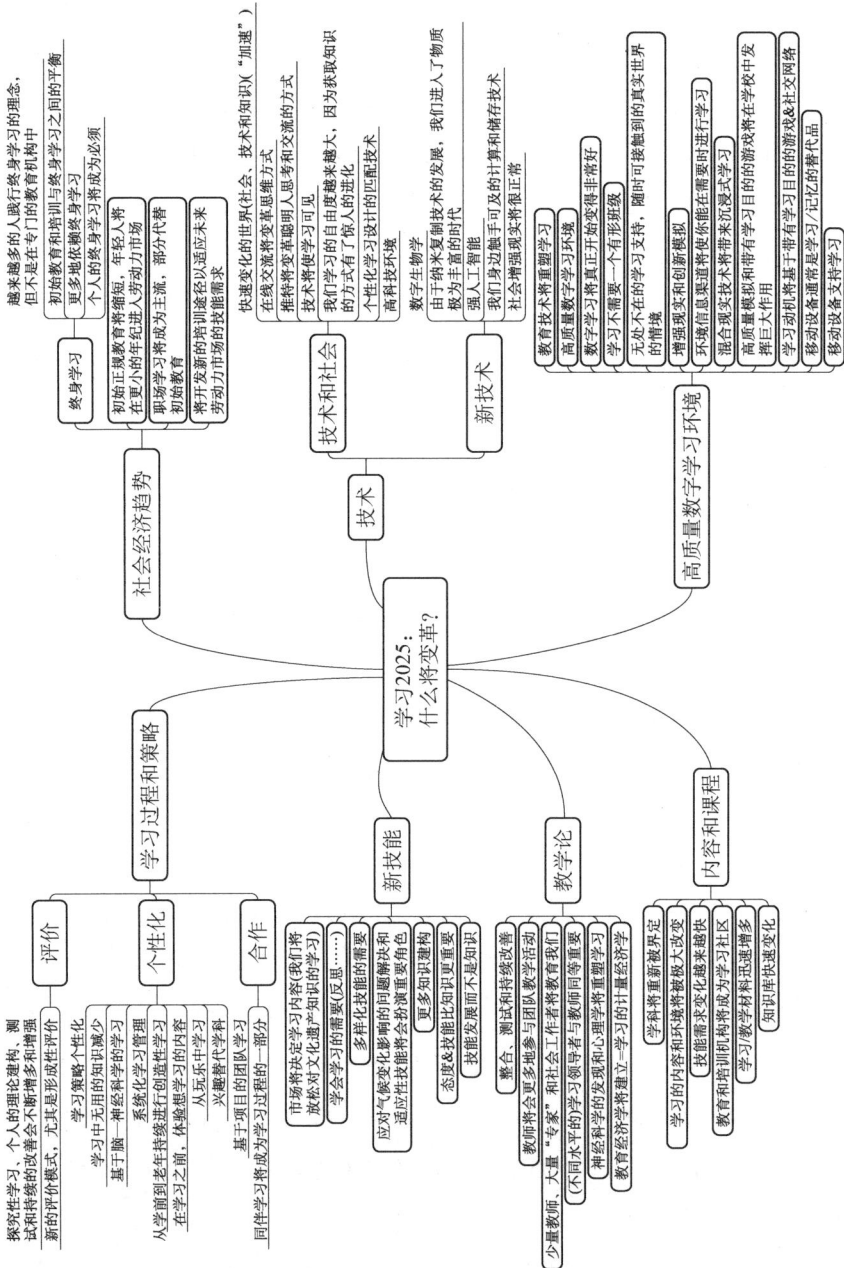

图 6.1 未来 10—20 年的学习地图 ①

学习 2025：什么将变革？

社会经济趋势

终身学习
- 越来越多的人践行终身学习的理想，但不是在专门的教育机构中
- 初始教育和培训与终身学习之间的平衡是必须
- 初始正规教育将缩短，年轻人将更早地依赖劳动力市场
- 更多人的终身学习将成为必须
- 职场学习将成为主流，部分代替初始教育
- 将开发新的培训途径以适应未来劳动力市场的技能需求

技术和社会
- 快速变化的世界（社会、技术和知识"加速"）
- 在线交流将变革思维方式
- 推特将变革聪明人思身考和交流的方式
- 技术将使学习可见
- 我们学习的自由度越来越大，因为获取知识的方式有了惊人的进化
- 个性化学习设计的匹配技术
- 高科技环境

新技术
- 数字生物学
- 由于纳米复制技术的发展，我们进入了物质极为丰富的时代
- 嵌入人工智能
- 我们身边触手可及的计算机储存技术
- 社会增强现实将成正常

技术

高质量数字学习环境
- 教育技术将重置联盟
- 高质量数学学习环境
- 数字学习真正开始变得非常好
- 学习不需要一个有形班级
- 无处不在的学习支持，随时可接触到的真实世界的情境
- 增强现实和创新模拟
- 环境信息渠道将使你能在需要时进行学习
- 混合现实技术未来将带来沉浸式学习
- 高质量模拟和带有学习目的的游戏将在学校中发挥巨大作用
- 学习动机基于带有学习目的的游戏&社交网络
- 移动设备通常是学习/记忆的替代品
- 移动设备支持学习

学习过程和策略

评价
- 探究性学习、个人的理论建构，测试和持续的改善会不断增强和增强
- 新的评价模式，尤其是形成性评价
- 学习策略个性化
- 基于脑科学的学习

个性化
- 系统化学习管理
- 学习中无用的知识减少
- 从入学前到老年持续进行创造性学习，在学习之前、体验学习的内容
- 从玩乐中学习
- 兴趣整合学科

合作
- 基于项目学习过程组成的一部分
- 同伴学习将成为学习过程的一部分

新技能
- 市场将决定学习内容（我们将放松对文化遗产知识的学习……）
- 多样化的需求（反思）
- 学会学习的需求
- 应对气候变化影响的问题解决和适应性技能将会扮演重要角色
- 更多学习知识
- 态度&技能比知识更重要
- 技能发展而不知知识

教学论
- 整合、测试和持续改善
- 教师将会更多地参与团队教学活动
- 教师成为工作者和社会教育者我们
- 少量教师，大课"专家"和社会
- 不同水平的学习导者与教师同等重要
- 神经科学的发现和心理学将重塑学习
- 教育和跨训练机构将成为经济学

内容和课程
- 学科将重新被界定
- 学习的内容将极大改变
- 学习内容环境将极大改变
- 技能需求变化将越来越快
- 教育和培训机构将成为学习社区
- 学习数字资料迅速增多
- 知识将快速变化

① Redecker C., Leis M., et al. (2011). *The Future of Learning: Preparing for Change*. Joint Research Centre, European Commission, 34.

师,使学习更有效;学习将是娱乐性的,并以探究为基础;教学法和教学策略、灵活的课程、改良的评价和验证机制将得到普及。未来学习地图的核心实质上是学习策略和途径的变革:新能力和与之相关的评价程序将集中于技能和态度而不是知识;学习策略在于将学习者置于学习过程的中心;通过个性化学习途径,适应学习者的个人学习需求和目标;合作学习过程的普及将改变学习者和教师的关系;新的学习环境将融入生活与工作。

《学习的未来》还指出了欧盟面临的六大挑战:多元文化整合、早期学校学习、人才培养、学校到工作过渡、重新进入劳动力市场和再培训。该报告最后提出了应对挑战与学习变革的政策建议,明确了优先发展的三大领域。[①]

1. 初始教育和培训

学校和职业教育机构需要更有效、迅速地应对变化的工作需求和社会趋势。首先,学校教育要推进更多定制化学习轨迹,学习内容符合学生个性化的技能、兴趣和学习需求,学习路径必须开放和灵活,允许整合不同学习资源;教学策略必须回应每个学生的特定需求,同时鼓励合作与同伴学习,其中 ICT 是能使教师调和这两种相反策略的关键因素;促进语言学习和跨文化能力的培养;教师作为指导者的角色愈加重要。其次,加强学校与雇主的合作与联系,加强中学学科和大学学科的联系与合作,为天才学生选择丰富的高水平学习资料和课程;未来的教师需要持续更新技能,构建教师网络与同伴合作,促进教师专业发展。再次,扩大校外学习机会,学校应该对社会更为开放,在教学中整合真实生活经验,培养学生的21世纪技能。

2. 终身学习

终身学习被视为应对欧洲人口结构变化、全球化和劳动力市场活跃的重要策略。在未来,人们更有可能在其一生中频繁地变更职业,在职的时间更长,终身学习变得更为重要,所有公民从摇篮到坟墓都必须不断更新和提升技能。首先,终身学习项目必须更灵活,更符合个人培训需求、更符合特定的工作需要;为再培训项目提供针对性和个性化的指导和支持。其次,教育和培训机构必须与企业界保

[①] Redecker C., Leis M. et al. (2011). *The Future of Learning: Preparing for Change.* Joint Research Centre, European Commission, 77-81.

持紧密联系,使学习目标与其相适应,这需要政治性指导和更多利益相关者的参与;职业和高等教育与培训机构应该承担责任,避免技能不匹配,课程应更好地与就业现实匹配,在教学中整合与工企业界的合作项目;促进学生自我管理、反思和学会学习的技能;扩大非正规学习的技能认证,简化认证过程;促进专家和新手、年长者和年轻者等之间的非正规知识交流;为培训师提供更好的培训和认证,以保证学员的学习质量。

3. 信息技术的作用

信息技术正在变革人类学习的内容、方式、地点和时间。泛在的技术使个性化的终身学习机会变为可能。政策制定者需要确保所有公民有机会从信息技术中受益,确保弱势群体具备参与基于技术学习活动的必要的技能;教育与培训机构需要提供必要的应用信息技术的基础设施和工具;教师和培训者需要接受针对性的训练,使自身的教学法和技术符合学习者的利益,学习者和家长也需要接受如何最佳利用技术的指导。

《学习的未来》描绘了未来的学习愿景,并基于现在的趋势和驱动力,指出了如何发展未来的学习机会以促进社会凝聚力、社会经济包容和经济增长。总的愿景是:个性化、合作化和非正规化(非正规学习)是未来学习的中心。《学习的未来》指出,很多变革很快就能预见,但是政策制定者迫切需要对此加以思考,提出并实施应对 21 世纪数字世界和经济的学习范式的根本性转变。[①] 核心的学习范式是信息技术所塑造的终身学习和全方位学习。同时,由于技术的快速发展以及与人口结构变革、全球化和移民相关的欧洲劳动力市场的结构性变革,横向技能即 21 世纪技能将变得更为重要。这些技能将帮助公民成为终身学习者,灵活应对变化。与之相关的教学法、评价策略和课程也需要发生变革。最重要的是,传统的教育和培训机构需要在未来的学习图景中重新定位;需要试验新的学习与教学方式和策略,以提供相关的、有效的和高质量的学习经验,尤其是需要更加灵活地应对学习者的需求和变化的劳动力市场的需求;为了达到个性化、合作化和非正规化的学习目标,需要作出整体变革,且必须落实灵活的、针对性的终身学习机

---

① Redecker C., Leis M. et al. (2011). *The Future of Learning*: *Preparing for Change*. Joint Research Centre, European Commission, 81.

制,支持对非正规学习获得的技能的认证。

三、全球人才争夺战中的学习变革：中国的战略回应

德国的《2030 趋势概略》预测,"到 2030 年,全球人才争夺战将愈加激烈,核心区域和国家如西欧、美国和中国将遭遇合格雇员的严重短缺。到 2030 年,合格人才的全球供应数量会增加,但不能完全满足市场对这类人才的需求。而且,人才与市场不相匹配将是一个重要挑战。目前,全球 31% 的雇员因能力缺乏很难与工作匹配,这在 2030 年还会加剧,尤其在工程和医疗保健方面会出现严重的技能差距。到 2030 年,劳动力市场的全球化将带来人力资本的迁移。工作和生活条件具有吸引力的国家和地区将带来'人才流入',而其他国家和地区将走向'人才外流'。在中国,人才将供不应求"。① 中国的高端人才奇缺,且中国流失的顶尖人才数量居世界首位。②

随着全球知识社会的扩展,以及技术创新变得愈发重要,全球市场对劳动力的要求不断提高。各国雇佣单位的招聘战略将不再局限于本国或本地市场,而是放眼全球吸引人才。为了参与全球人才竞争,应对全球化和技术进步带来的挑战,世界各国正在加快教育和学习的变革,竭力提升本国人才的全球竞争力,同时也在不断加强人才的对外延揽政策。在这样的全球人才争夺战中,中国要想角逐未来世界,必须做好人才储备,为人才培养做好前瞻性设计和规划。

(一) 21 世纪技能作为 2030 学习战略的目标

3R 曾作为基础技能为大量劳动力提供了应对劳动力市场的装备,但现在和未来的学生需要一套新的基础技能。在过去半个世纪中,常规性技能的工作比例在下降,而对分析性技能、人际交往技能、问题解决技能、创造力等高阶能力的需求在提升。到 2030 年,人工智能会替代更多常规性工作,也会创造出很多新的

① Roland Berger Strategy Consultants. (2011). *Trend Compendium 2030*. Retrieved from：https://espas. secure. europarl. europa. eu/orbis/sites/default/files/generated/document/en/Trendcompendium2030. pdf.

② 王辉耀：《人才战争》. 北京：中信出版社 2009 年版：第 210 页。

工作岗位,但这些新职业或工作岗位需要高阶能力。3R 依然很重要,但 4C 会变得更重要。2016 年,美国布鲁金斯学会发布报告认为,发展中国家和发达国家之间的教育成就存在"100 年差距",报告指出,"在今天和未来,要想在劳动力市场中获得成功,在事实性知识和 21 世纪技能的学习之间保持恰当的平衡变得愈加重要"。[1]

以 21 世纪技能或关键能力为核心的学习已成为各国教育改革的共识,各国趋向于构建技能或能力导向的培养模式。包括新加坡、美国、加拿大等在内的很多国家和地区从 20 世纪 90 年代开始就在课程、教学和评价中整合 21 世纪技能。PISA 测试也在不断改进设计,加入了合作性问题解决技能的测量。但各国在所有课堂实践中发展全套 21 世纪技能也面临挑战,这样的变革需要循序渐进。

欧盟于 2006 年制定了终身学习的关键能力框架,2011 年,欧盟联合研究中心组织专家对当前的关键能力框架提出了改进建议(见图 6.2),对面向 2030 年的关键能力的要求更加明确,更加强调利用技术进行学习,更加强调 4C 技能,以及强调灵活性、开放性和自我管理、自信、独立和社会意识。时隔十年后,基于全球和未来取向,从 2016 年开始,欧盟正在组织利益相关者、政策制定者、研究者和实践者正式重新修订关键能力框架。[2]

对于我国来说,单纯地记忆知识也并不能应对今天和未来的挑战。2016 年 9 月,《中国学生发展核心素养》报告发布。该报告旨在培养学生适应终身发展和社会发展需要的必备品格和关键能力,包含人文底蕴、科学精神、学会学习、健康生活、责任担当、实践创新等六大素养,具体细化为 18 个基本点。这样的素养与欧美国家的关键能力和 21 世纪技能框架相比,显得过于笼统、宽泛,包容庞杂,不够聚焦,且不具有时代性。参照国际经验,中国教育目标应有适合自己的"21 世纪技能"或关键能力,聚焦于核心的高阶技能,凸显关键的能力培养,也就是说,要培养

---

① Robinson J. P., Winthrop R., McGivney E. (2016). *Millions Learning: Scaling Up Quality Education in Developing Countries*. Center for Universal Education at Brookings,28.

② European Commission. (2017). *Review of the 2006 Framework of Key Competences for Lifelong Learning*. European Union:5.

现在和未来

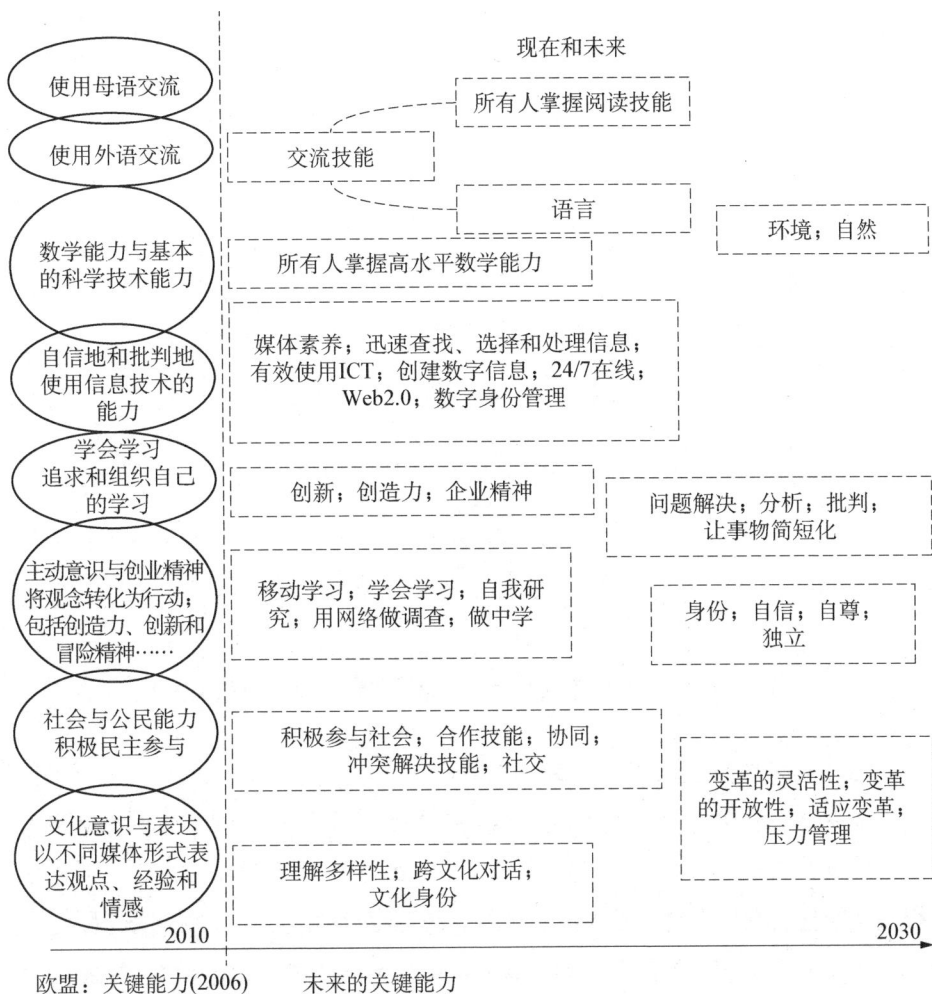

图 6.2　现在和未来的关键能力①

具有全球竞争力的中国人。这种新人才形象,既有身份认同之根,又有国际理解;既具有科技、外语的硬能力,又具有 4C 的软能力,能够自我规划以及负责任地行动(见图 6.3)。

① Redecker C., Leis M. et al. (2011). *The Future of Learning*: *Preparing for Change*. Joint Research Centre, European Commission, 33.

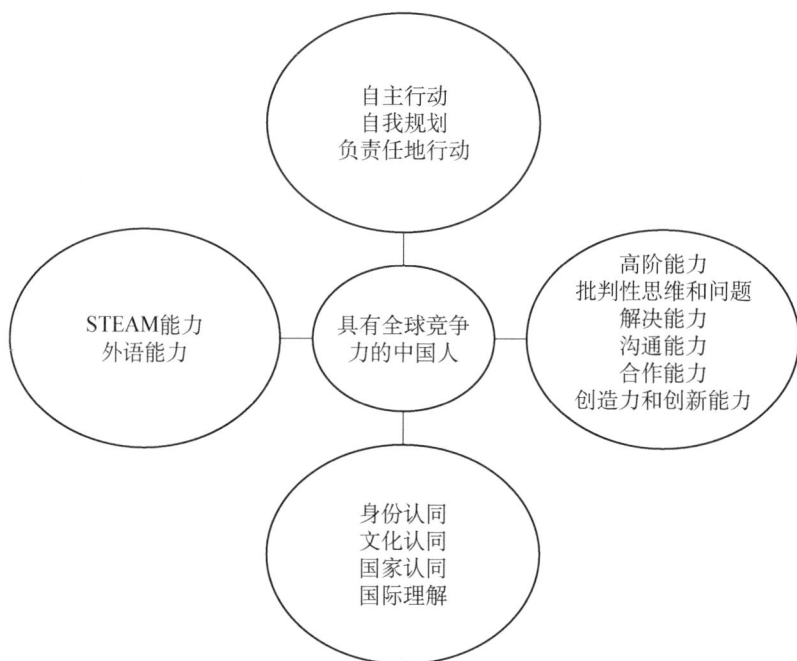

图 6.3 "具有全球竞争力的中国人"的人才能力框架①

(二) 技术作为 2030 学习战略的支撑

未来,全球知识社会将继续发展。"到 2030 年,通过网络的知识互联会显著增强。到 2020 年,将有 50 亿互联网用户"。② 到 2030 年,互联网用户还将出现更加爆炸性的增长。技术已经渗透进各行各业,但是在教育领域,我们并未发挥出技术的巨大潜能。美国脸书、谷歌和微软公司负责人曾联名写信给美国联邦通信委员会,建议在学校和图书馆接通高速宽带,"如果我们的学校不利用技术和互联网,那么我们的学生将不能参与全球经济竞争"。③《美国教育 2030》指出,"任何没

---

① 彭正梅,郑太年,邓志伟:"培养具有全球竞争力的中国人:基础教育人才培养模式的国际比较".《全球教育展望》,2016 年第 8 期。

② Roland Berger Strategy Consultants. (2011). *Trend Compendium 2030*. Retrieved from:https://espas. secure. europarl. europa. eu/orbis/sites/default/files/generated/document/en/Trendcompendium 2030. pdf.

③ Ducan A. , Wheeler T. (2015). *Connecting the pieces to prepare America's schools for 21st century learning*. Retrieved from:https://www. edsurge. com/news/2015-12-22-connecting-the-pieces-to-prepare-america-s-schools-for-21st-century-learning.

有将技术的潜在变化考虑进未来教育的预测都是极不可靠的"。①

在未来,技术将重塑学习的内涵。学习不再只是课堂内师生之间面对面授受,学习不再有固定场所和固定时间,不再只是吸取知识性信息。到2030年,新兴的3D网络环境、增强现实游戏和移动"智能"设备等新技术将超越地域和时间限制,重塑学习环境,扩大学习机会。② 技术将使面对面学习和在线学习有效结合,这样的混合学习环境将为学生提供充足的学习机会。面对技术的进步和普及,不管是主动还是被动,学校必须做出有效回应,使技术无缝整合进学习中。

如果技术变革只发生在具备经济优势的地区、学校或学生身上,那么也不是真正的变革。对我国来说,建立和改善全国范围内尤其是弱势地区和学校的基础设施,加大电子设备和宽带网络在落后地区和学校的覆盖,并确保这些设备的充分利用,是应对2030年学习挑战的基础。但仅仅消除数字鸿沟(digital divide),即消除能连接网络和不能连接网络的学生之间的差距,并不能彻底变革学习。为了进一步减少数字学习机会不平等,需要在消除数字鸿沟的基础上缩小数字使用鸿沟(digital use divide),即缩小使用技术手段主动学习的学生和使用电子设备(如电子工作表、网上的多项选择题测试)被动学习的学生之间的差距,确保所有学生理解如何运用技术(如媒体制作、与专家互动、全球联系、设计、同伴合作、编程、沉浸式虚拟)创造、设计、建构、探索、合作来参与创造性的、富有成效的终身学习,而不是简单地被动消费信息。③

当然,技术本身并不能改善学生的学业成就。教学方法才是决定学习成果的根本因素。④ 互联网上的信息和经验并不能直接转化为某一特定专业领域的知识、技能和心智模式。熟练掌握技术是有帮助的,但对于理解一门学科的结构是不够的,重要的是学生如何运用技术。如果学生被动消费媒体或教育媒体,那么

---

① Finn Jr. C. E. (2010). *American Education in 2030*. 2010 Board of Trustees of the Leland Stanford Junior University:4.

② 邓莉,彭正梅:"面向未来的教学蓝图——美国《教学2030》述评",《开放教育研究》,2017年第23期。

③ 邓莉,彭正梅:"通向21世纪技能的学习环境设计——美国《21世纪学习环境路线图》述评",《开放教育研究》,2016年第22期。

④ Lettvin E., South J., Stevens K. (2016). *Idea to retire:Technology alone can improve student learning*. Retrieved from:http://brookings.edu/blogs/techtank/posts/2016/03/18-technology-improving-student-learning-south-stevens-lettvin.

积极的影响将是有限的。当学生主动运用技术,将技术作为一种工具来进行创造、设计、探索与合作时,将能获得深层的通常也是变革性的学习经验。

同样,技术本身也不能变革教学。向技术寻找答案,最后还是会回到教师身上。但到 2030 年,"技术将很便宜,而劳力(比如教师)很贵"。① 教师必须承担新的角色,肩负起促进网络连接的责任,善用虚拟环境,给学生提供新的学习体验。教师教育培训机构需要给教师提供有效使用技术变革教学实践的专业学习机会,帮助教师将技术准备过渡到专业发展中,使教师成为熟练的技术使用者、创造性合作的问题解决者、适应者、社会感知专家,使教师帮助学生使用技术来进行发现学习、合作学习和创造学习。只有这样,我们才能见证技术产生可能的全面影响。②

可以预见,到 2030 年,在线学习将不断扩大,但学校仍然不会消失。学校并不只是传授知识和信息,并不只是训练的场所,学校还是传承智慧的场所。学生可以通过在线学习获得知识和信息,但也必须将所学知识与其他领域联系起来,与历史和个人经验联系起来。教学需要鼓励学生深入研究知识信息背后的深层意义,这离不开实体学校的学习。因而,技术只是手段而不是目的。

(三) 终身学习力作为 2030 学习战略的抓手

现在是"学校教育时代",但终身学习时代已经来临。世界著名未来学家阿尔文•托夫勒(Alvin Toffler)指出,"21 世纪的文盲不是那些不能读和写的人,而是那些不会学习、不会摈弃己学和不会再次学习的人"。③ 在全球知识社会,到 2030 年,知识更新将大大加快,市场对劳动力的技能水平需求将不断提升,工作性质的演变和多样化发展也要求人持续更新技能。终身学习力是 21 世纪生存和成功的关键。

因此,培养可持续的终身性的学习能力成为了教育改革的关键。学会如何学习,即如何调控自己的学习,如何搜集与综合多种渠道的信息,如何在新情境中应

---

① Lettvin E., South J., Stevens K. (2016). Idea to retire: Technology alone can improve student learning. Retrieved from: http://brookings. edu/blogs/techtank/posts/2016/03/18-technology-improving-student-learning-south-stevens-lettvin.

② 同上。

③ Thoman E., Jolls T. (2006). *Literacy for the 21st Century: An Overview & Orientation Guide To Media Literacy Education.* Center for Media Literacy: 8.

用所学知识和技能，如何批判性地思考，如何创造性地回应问题与挑战等。这是一套被20世纪教育系统和课程排除在外的技能和能力，在21世纪，学会学习是一项必备能力。在正规学校中，学会学习的能力关键在于通过探究性学习来获得，学生通过探究和解决问题，获得大量机会掌控学习经验，有助于成为自我导向的主动学习者。因此，面向2030年的课堂学习应将自主探究作为核心，学习评价也将不再只关注学生掌握学校所教授的知识，也应该测量学生为未来的学习是否做好了准备，衡量学生继续学习的意愿和能力，从而培养机敏的、创造性的、自我激励的终身学习者。

21世纪的学习没有开始和结束时间，没有固定场所，这些无所不在的机会将使学习者发挥最大的潜力，具有终身学习力的人，可以利用技术以单独、结对或团体的形式随时随地学习。为此，除了学校等正规学习体系，还需建立非正规学习体系及其相配套的咨询体系，使所有学习者能够获得指导和支持。在这方面，在线课程将发挥巨大潜力，在线课程将使学习者根据个人需求自定步调学习知识和技能。但是技术只是支持学习，学习仍需要有意愿和"纪律"，因而，整个社会需要营造终身学习的氛围。

（四）学习者中心的教学作为2030学习战略的关键

2030年学习战略最终要落实到每一个体的终身学习力，这必然要求我们的学校教育要从目前主导性的教师中心的教学迈向学习者中心的教学，去培养每个学生的自主的学习能力，培养每个学生自觉地利用现代技术所提供的学习机会的学习意愿和学习能力。

学习者中心的教学要求教师要做到这五个方面的内容：（1）使学生投身到富有挑战性的学习任务之中。传统的教师为学生的学习做了太多的事情，教师比学生更辛苦。但是，在这种"教练在流汗"的教学模式中，学生并没有大量机会参与和练习，因而很难发展学生的高阶学习技能。（2）进行必要的直接教学。学习者要学会如何思考、解决问题、评估证据、分析论证、提出假设和验证假设。但大多数学习者并不能靠自身来学会这些学习技能。研究一再表明，在教师直接教学帮助下，这些学习技能发展得更快。（3）鼓励学习者反思自己的学习。教师要与学生谈论他们的学习，促进他们去反思自己的学习，反思自己在学习什么以及如何学习，让他们意识到自己是学习者，意识到自己需要发展哪些学习技能，意识到自己需要承担自己的学习责任。(4)鼓励学生控制自己的学习过程。教师要鼓励学生自己决定,至少要让学生参与决定学习什么、如何学习、学习速度、任务完成节点以及如何评价自己的学习。教师如果做太多的决定,学生就会变成一个有依赖性的学习者。(5)鼓励合作。社会建构主义认为,一切高阶技能的产生都源于社会互动。课堂应该成为学习者共同体,鼓励学生相互学习、砥砺、分享和质疑。个体性的学习和集体性的学习都是重要的学习经历,也都是重要的教育目标。

我们为什么要思考教育的未来? 20 年前,互联网起步不久。学生从教师和课本中获取信息,很少有机会与课堂外的世界直接互动。到 2030 年,今天的技术(比如,移动电话和平板电脑)无疑也会过时,就如同 20 年前的技术对于今天来说一样。教育本身是一项建设未来的事业,思考教育的未来尤为重要,如何制定我们的长期战略和短期计划,如何将计划付诸实践,需要提前设计。未来变幻难测,但却是可以创造的。无人能够准确了解 2030 年的世界会是什么样的,但是如果我们现在就开始建构灵活的、创新的、前瞻性的教育体系,那么我们就能给未来的学生提供最好的机会。

到 2030 年,美国、欧盟和中国仍将是全球主导力量。[①] 尽管根据西方国家的预测,到 2030 年,中国会超越美国成为全球最大的经济体,[②③]成为全球经济的增长引擎,但是,中国的经济发展也将遭遇人口老龄化的巨大阻碍。到 2030 年,中国的 65 岁人口将从现在的 8% 增长到 16% 以上,而劳动适龄人口(15—65 岁)的比例将从现在的 72% 下降到 68%,尤其是年轻劳动人口将更为缺乏,15—29 岁人口将从现在的 30% 以上下降到 21%。[④] 中国能否在 21 世纪中叶超越美国,崛起为全球最大的经济体,同时成为全球知识、科技、创意的中心,也将取决于中国在未来 30 年能否通过人才培养与人才引进,在全球人才战争中成为一个吸聚大多数

① European Strategy and Policy Analysis System(ESPAS). (2015). *Global Trends to 2030*:*Can the EU meet the challenges ahead*?. Luxembourg:Publications Office of the European Union,29.

② Talwar R.,Hancock T. (2010). The shape of jobs to come:Possible new careers emerging from advances in science and technology (2010 - 2030). *Fast Future Research*,21.

③ National Intelligence Council(2012). *Global Trends 2030*:*Alternative Worlds*. *Office of Director of National Intelligence*,USA:44.

④ National Intelligence Council(2012). *Global Trends 2030*:*Alternative Worlds*. *Office of Director of National Intelligence*,USA:iv.

顶尖人才的人才强国。① 中国教育多年来学习美国，美国历来把"教育失败"当成是国家危机，进而将教育政策上升为国家战略。当前，面对中国的崛起，美国深感危机，对现在和未来的教育也在做出改革和远景规划。对于中国来说，教育与学习的变革迫在眉睫，教育的现代化需要"面向世界和面向未来"，需要参考当今的国际教育变革和未来趋势加以推进，培养具有全球竞争力的中国人②，克服技术创新和人口老龄化的挑战，支撑经济的持续发展。

报告执笔人：彭正梅、邓莉

---

① 王辉耀：《人才战争》. 北京：中信出版社 2009 年版：第 307 页。
② 彭正梅，郑太年，邓志伟："培养具有全球竞争力的中国人：基础教育人才培养模式的国际比较".《全球教育展望》，2016 年第 8 期。

第三编

专题报告二

第七篇
基础教育专题报告

"建设教育强国是中华民族伟大复兴的奠基工程"。面向未来,谁赢得了教育改革的胜利,谁就赢得了国家与民族的未来。在整个国民教育体系中,高中处于承上启下的独特、关键位置,既引领着基础教育发展,又决定着高校与社会的人才质量。在国际教育改革中,人们形成了一种共识:谁赢得高中,谁就赢得人才,谁就赢得未来。

一、时代发展对高中教育的新挑战

(一) 经济与社会发展对人才培养提出新要求

当今世界,新一轮科技革命蓄势待发,一些重大颠覆性技术创新正在创造新产业、新业态,信息技术、生物技术、制造技术、新材料技术、新能源技术几乎广泛渗透到所有领域,带动了以绿色、智能、泛在为特征的群体性重大技术变革。

习近平总书记在 2016 年全国科技创新大会的讲话中指出,"一切科技创新活动都是人做出来的。我国要建设世界科技强国,关键是要建设一支规模宏大、结构合理、素质优良的创新人才队伍,激发各类人才创新活力和潜力。要极大调动和充分尊重广大科技人员的创造精神,激励他们争当创新的推动者和实践者,使谋划创新、推动创新、落实创新成为自觉行动。"[①]各个国家和地区无不将发展战略聚焦于"人才培养"上,期望以此提升综合实力和国际竞争能力。

进入 21 世纪,上海确定了到 2020 年基本建成"四个中心"和现代化国际大都

---

① "为建设世界科技强国而奋斗——在全国科技创新大会、两院院士大会、中国科协第九次全国代表大会上的讲话",http://www.xinhuanet.com//politics/2016-05/31/c_1118965169.htm(阅读时间 2018 年 10 月 15 日)。

市的战略目标,到 2035 年建成"卓越的全球城市,令人向往的创新之城、人文之城、生态之城"和"国际经济、金融、贸易、航运、科技创新中心和文化大都市"的远景目标。[①] 这一战略目标和远景目标确定的总体方向,是将上海建成与中国经济实力和国际地位相匹配的、具有重要国际影响力的全球城市,成为全球高端要素集聚、流动网络的重要枢纽。

上海在迈向卓越的全球城市过程中,不仅要具备硬实力,更要提升软实力。为此,到 2035 年,上海将全面实现教育现代化,建设与卓越全球城市远景目标相匹配的现代化教育体系与制度,建成卓越、开放的全球教育中心。就此而言,经济与社会的升级发展与深度变革,迫切需要各级各类学校教育的转型发展。这种转型的一个根本原则就是不能用统一的、同质的发展模式,而需要结合时代经济与社会发展对人才的需求,提供一种适合性的教育模式。就此而言,普通高中的优质、多样发展就是应对时代发展的一种适合性的教育发展路径选择。

(二) 人民群众对教育提出新期待

当前,党和国家对教育的重视程度前所未有,对教育的投入和保障水平前所未有,与此同时,人民群众对优质教育的旺盛需求前所未有。党十九大报告将新时代我国社会矛盾的变化概括为:"我国社会主要矛盾已经转化为人民日益增长的美好生活需要和不平衡不充分的发展之间的矛盾"。

在教育领域中,新时代人民群众日益增长的教育生活需求变革主要表现在两个方面:优质与多样。优质是基础与保障,没有优质作为基础的多样,只能是平庸的多样,昙花一现注定无法长久远行。同样,多样是活力与状态,没有多样作为基础的优势,同质单调注定无法健康发展。这是因为,如果组织或系统成分或者种类过分单一化,这就意味着组织与系统内部无法进行充分的资源或者能量交换,长久以往此类组织或系统的生命力必将殆尽消亡。对于教育系统来说,未来的教育现代化生态必将是丰富多样的。

从人民群众日益增长的教育需求来说,在多样这一维度上,首先,普通高中的多样化意味着教育资源供给的多样,可以满足不同群体民众的丰富需求;其次,普通高中的多样化意味着高中学校的发展方式的多样,可以充分发挥高中学校的自

---

① 《上海市城市总体规划(2017—2035 年)》中提出的目标。

主性与创造性;再次,普通高中多样化还意味着一个区域高中教育系统的丰富,可以更好地发挥教育系统的活力,更好地适应经济与社会发展的多样需求。

(三)上海基础教育事业进入发展新阶段

改革开放以来,上海始终将教育改革发展和人力资源开发置于优先地位,持续推进科教兴市、人才强市战略,教育发展整体水平持续保持全国领先位置,培养了千千万万的各级各类人才。2016 年,上海积极推进各级各类教育全面普及。全市符合条件的适龄儿童学前三年毛入园率达 99％以上,义务教育毛入学率达99.9％,高中阶段毛入学率达 98.7％,残疾儿童义务教育阶段入学率达 99％以上,高等学校录取率达 89.8％。

表 7.1　上海各级各类学校教育入学率情况

指　标	2000	2010	2015	2016
小　学				
小学学龄儿童净入学率	99.9	99.9	99.9	99.9
初　中				
初中学生净入学率	99.9	99.9	99.9	99.9
高　中				
高中阶段新生入学率	97.0	96.5	97.0	98.7
普通高中招生比例	51	51	57	60
高　校				
普通高等学校录取率	67.4	85.1	89.0	89.8

注：根据上海统计年鉴 2016 数据整理而成

表 7.2　上海主要年份普通中学基本情况

指标	2000	2010	2015	2016
普通中等学校数量(所)	1 133	869	888	898
普通中学	861	755	790	801

指标	2000	2010	2015	2016
普通中等学校	10.43	8.26	8.33	8.39
普通中学	7.66	6.73	7.02	7.12
普通中等学校专任教师	6.26	5.97	6.36	6.43
普通中学	5.01	5.07	5.50	5.58
普通高中	**1.42**	**1.67**	**1.74**	**1.77**
普通初中	3.59	3.40	3.76	3.81
普通中等学校　毕业生数	32.76	21.24	18.33	17.91
普通中学	22.92	16.13	14.55	14.37
普通高中	7.18	6.24	5.12	5.19
普通初中	15.74	9.89	9.43	9.18
普通中等学校　招生数	33.71	21.07	20.11	20.91
普通中学	26.46	16.33	16.87	17.83
普通高中	7.84	5.39	5.34	5.31
普通初中	18.62	10.94	11.53	12.53
普通中等学校　在校生数	105.53	75.47	67.49	66.76
普通中学	79.54	59.44	57.05	57.11
普通高中	23.94	16.89	15.82	15.78
普通初中	55.60	42.55	41.23	41.33

注：2016 年，在普通中学中，完全中学 97 所，高级中学 138 所，初级中学 362 所，九年一贯制学校 183 所，十二年一贯制学校 21 所。根据上海统计年鉴 2016 数据整理而成。

当前，上海基础教育发展已全面普及，未来发展方向迫切需要从数量扩张外延式发展进入质量提升的内涵发展的新阶段。在此背景下，一方面，上海基础教育发展的起点上了一个新台阶，迫切需要向优势多样发展；另一方面，教育发展的着力点逐渐下移到学校，迫切需要基层学校，尤其是普通高中积极认识教育改革与发展的趋势并主动应对。

二、当前上海高中教育发展存在的问题

面向未来,面向现代化,伴随上海城市定位、经济文化发展和产业升级,上海高中教育发展面临着全新的挑战。上海高中教育发展与上述发达国家与地区高中教育发展相比仍有差距,具体体现在如下几个方面。

(一) 普职教育发展的割裂

在我国国民教育体系中,高中阶段教育发展是按照普通教育与职业教育分类发展,并要求两者按照大致相当的规模进行发展。这一规定限制了上海高中阶段教育的制度空间。这表现为上海教育发展首先在初中毕业阶段进行分流,且在分流后是按照普通高中与职业学校的制度设计分别发展。依据发达国家与地区教育分流与中学发展的综合趋势来看,上海教育发展面临着教育分流阶段过早,高中阶段普职教育发展割裂的问题,这无论对于未来的劳动力从业素养来说,还是对于未来高校选拔培养的人才素养来说,都是不利的。

从上海未来高中教育发展的趋势来看,目前我们面临着两方面的重任:一方面伴随着政府教育投入的不断增多,可以考虑将高中阶段纳入到义务教育阶段,进一步加大高中,尤其是普通高中的普及率,这可以进一步将教育分流的阶段延后,提升教育人力资源的投入;另一方面则需要进一步深化普通高中的教育内容变革,加强普通高中培养目标定位的综合化改革趋势,打破高中阶段的普职教育的割裂的制度设计。

(二) 高中发展的同质化趋势

从世界普通高中的历史发展进程来看,精英阶段的普通高中强调选拔淘汰,注重学术质量;而到了大众化、普及化阶段之后,普通高中将越来越多地从升学转变为兼顾升学、就业以及普及等职能。[①] 就此而言,关注所有学生而不是部分精英学生,是普通高中大众化、普及化发展阶段之后的必然选择。

但是,从上海高中发展来看,虽然近年来政府不断推进高中多样化发展。但

---

① 刘世清、苏苗苗、胡美娜:"从重点/示范到多样化:普通高中发展的价值转型与政策选择",《华东师范大学学报(教育科学版)》2013年第1期。

是,受长期的"重点/示范性"高中政策的影响,普通高中发展模式存在着"同质化"的弊端。这种"同质化"弊端表现为:其一,高中学校的定位都着眼于升学考试,学校之间发展竞争越来越多地表现为生源与师资竞争,这种竞争反过来会进一步恶化教育生态,加剧学校之间的恶性竞争,固化高中的等级。其二,高中学校指导学生发展职能缺乏。在现代学校发展中,教学、管理与指导是三项基本职能。发达国家的高中学校,建立有学生发展指导制度来指导学生,在学业、生活、心理等方面促进学生的健康成长。如,芬兰中学积极建立学生发展指导制度;法国在"面向2010的新高中"行动也提出了"更好辅导"的改革目标,即从一年级至三年级针对学习困难的学生实施每周 2 小时的个别辅导。

对于上海高中来说,由于过于重视升学选拔功能,过于强调分数至上,导致了对于学生发展指导职能的轻视或者忽视,这种制度设计的弊端也进一步影响着普通高中"育人"价值的转型与实现。

(三) 高中创新人才培养的滞后

进入新世纪以来,上海市教委积极通过试点实验校方式,探索普通高中创新人才培养的多元模式之路。上海中学从 2008 年开始实施"创新素质培养实验项目",开设"实验班",提高探究课程与专门课程比例,激发学生的探究兴趣,开展以创新素养为核心的资优教育。2009 年 3 月,华东师大二附中、复旦附中和交大附中也相继开展试点工作。[①] 各校创新班或实验班均实行开放式教学,直接与高校"对接",聘请教授进课堂、拓展学习的深度和广度、增加实践与体验等内容。

在试点工作基础上,上海部分高中积极利用校外资源,打造校内外联合培养平台,构建了以普通高中为主,高中与高校联合培养的机制;在招生机制方面,结合高中的办学定位和培养目标进行改革,打破常规,对科技素养较高的学生实施特殊招生标准与方法;同时,还重视与加强对部分资优学生的学习资助与个别化教育。

但是,与发达国家高中创新人才相比,上海高中创新人才培养还存在诸多问题。具体表现为:其一,缺乏政策法规的制度支持与保障。社会上有些教育机构抓住家长望子成龙的心理,打着培养超常儿童的幌子从事不科学的教育,有悖于

---

① 刘世清:"'科教合作:普通高中科技创新人才培养'研讨会综述",《教育发展研究》2010年第 1 期。

正规学校中培养拔尖创新人才的目标。其二,高中拔尖创新人才教育研究的人、财、物严重不足。超常教育的关注度不够,研究基础薄弱、力量不足、投入稀缺。开展各种活动所需要资金筹措有很大的困难,指导教师没有或很少有相应报酬。其三,创新人才教育的功利化与标签化现象严重。受社会读书功利化、教育功利化思想的影响,创新人才教育成为提前毕业跨入大学校门的捷径。由于我国的创新人才培养长期以来主要是在一些重点大学、中学开展,而一些重点学校为了追求高分、名次、升学率,往往将创新人才教育和应试教育捆绑在一起,通过分数筛选,使某方面潜质优秀而其他方面较差的优秀学生,被排斥在重点学校之外。同时,分数也掩盖了学生的差异,忽视了学生的个性、兴趣及在此基础上产生的不同的职业理想,更多地体现了功利。①

三、高中教育发展的国际趋势

当前,世界发达国家的高中教育发展存在三种重要的趋势:综合化、多样化与创新化。

(一) 综合

在现代社会,各国在发展中越来越重视教育的作用,加大对教育的投入,义务教育的年限也随之不断延长。世界发达国家的高中教育已进入了普及阶段,教育分流的时间已向后延伸。在此背景下,普通高中的定位开始由单纯为高校提供人才拓宽为:多方面考虑升学、就业与个体成长的综合性功能定位。

如美国的综合高中,是其一贯的特色,在强调学生的共同基础上,重视个性发展,为学生提供全面而富有挑战性的学术课程与职业课程,以使学生可以进入高度竞争的高校,以及各种各样的职业领域。

德国在 1972 年在各州文化教育部长联席会议《关于改组中等教育第二阶段文理高中的协定》中,把文理高中的目的定位为向高等学校过渡,其课程安排既要确保所有学生拥有共同的基础,也能为个人的专业化提供可能性。2010 年,政府相关部门对上述协定进行了修订,依然强调文理高中的目的就是使学生获得普通

---

① 闫东:"层级互动式教学模式及其在高中数学教学中的实践探索",西南大学 2016 年学位论文。

高校的入学资格,同时也要有相应的职业训练。

芬兰在《高中学校法》中规定,高中学校教育的目的在于促进学生发展,使之成为良好的个人与社会成员,并为学生提供继续学习、工作生活、个人兴趣及多方面的个性发展所需要的知识、技能与素养。

英国于1988年推行全国课程,但是中四、中五(高一、高二)的第四阶段,以及中六、中七的2年预科,强调灵活性、多样性、专业性的底色并没有变。英国2002年的教育法规定,将中四、中五阶段与前面的课程分开要求,以体现高中阶段的特殊性与灵活性。

1996年联合国教科文组织出版的《教育——财富蕴藏其中》一书立足于全民终身教育的角度明确提出:"应把中等教育设想为每个人生活中的一个十字路口:正是在这里,青年们根据自己的爱好和能力决定自己的未来;还是在这里,青年们能够获得有助于他们成人阶段的生活圆满成功的能力。因此,中等教育应当适应青少年走向成熟的不同过程,这些过程因人而异,因国家不同也有很大区别;这一级教育还应适应经济和社会生活的需要。应使学生的学习途径多样化,以便适应他们多种多样的才能,还应增加学习指导阶段,提供补课或改变学习方向的机会。"

由上可以看出,发达国家的高中教育的目标定位呈现出了学术与职业融合、兼顾共同基础与特长发展的综合化趋势。在适应学生发展需要方面,各国普通高中的培养目标涵盖了学术、职业、组织、服务等学生生活的各个方面。在具体目标的设计方面,除基础知识和技能外,新时代所需要的公民责任、批判思维、人生规划、健康人格、民主平等、合作意识、国际理解、实践能力和创新能力等已经成为各国高中改革方案中特别强调的内容。

(二) 多样

20世纪80年代以来,伴随着终身教育思想被普遍接受,以及初中阶段的义务教育的普及,各国开始关注高中教育的独立价值。"多样化"成为各国普通高中发展的共同趋势之一。

为了适应学生多元化的教育需要,各国在普通高中的办学模式上也呈现出了多样化的趋势。从总体上说,主要包括以下几种类型。

设置多种类型高中学校。如俄罗斯目前实施普通高中教育的学校主要有四种：1—11 年级一贯制的传统型学校、特科学校、文科中学和实科中学四类；日本在新时期创办的新型高中包括：综合学科高中、学分制高中和初高中一贯教育校等；意大利的高中阶段设有普通高中、师范高中、技术高中、艺术高中和职业高中五类学校；2009 年，韩国颁布《高中多样化 300 工程》，积极创建设农村寄宿制高中、地方自律型私立高中和产学联合的"达人高中"等，以多样化新型高中回应国民的教育需求。

普通高中内设置不同的专业系列。如法国的普通高中内设有文学、科学、经济和社会科学三个方向；瑞士的大学预备班设五个专业系列：文学、人文科学、数学自然科学、外语、经济学。

建立特色高中。英国于 1997 年发布了《卓越学校》白皮书，鼓励在数学与计算、科学、工程、艺术、体育、语言、商业与娱乐、技术、人文、音乐 10 个专业领域建立更多的特色或专门学校，以满足不同学生的兴趣和学习需求；保加利亚建立的特色高中，主要招收自然科学、数学、人文、语言、艺术、体育等多个领域的特长生进行培养。[①]

与上述高中办学模式的多样化相适应，在高中课程设置中也在发生着变革，转变为强调学生对课程的选择，强调校本课程的开发，以适应多样化的教育需要。

强调学生对课程的选择性。如芬兰在 1994 年颁布的《高中学校课程框架》中规定：高中阶段的必修课程由原来的占总课时的 80%—84% 降为 60%—65%，缩减的课时通过增加专门化课程和应用性课程选择来实现。专门化课程是学科领域必修课程的补充，由学生根据自己的兴趣选学；应用课程是学校开发和实施的课程，是学生的任选课程。日本在 1999 年修订版的《高中学习指导要领》中明确规定：高中毕业的总学分压缩为 74 学分，而最低必修学科学分则压缩到 31 学分，目的是为了减少学生的学习量，增加学生自主学习的空间。美国还积极推进 AP 课程，为有能力的高中生提供大学课程选修。近年来，AP 课程发展迅速，在 2002、2003 学年间，美国有 67% 的公立高中提供 AP 课程，有 180 万名高中生参与了 AP 课程计划。

鼓励学校开设校本课程。如日本在《高中学习指导要领》中规定：允许各个学

---

① 毅著："多样化：普通高中发展的世界趋势"，《红蕾·教育文摘旬刊》2011 年第 9 期。

校开设规定以外的校本课程,最大可有 20 学分;同时不再规定高中的课外俱乐部活动应该确保的时数,而是由学校自主裁量与决定。[①]

(三) 创新

人才,尤其是创新人才是当今国际竞争的核心力量。发达国家和地区正纷纷制订与颁布专门的制度和政策保障,建立健全创新人才教育管理体系,明晰英才教育的管理职责,从而有序、全面、高效地推动英才教育的实施。一项根据 2004 年对欧洲拔尖创新人才教育总体情况的调查显示,在所调查的 21 个国家中,已经有 9 个国家和地区在法律中明确提到了"拔尖创新人才"一词,有 12 个国家在立法中将拔尖创新学生视为有特殊需要的学生的一部分,保护他们接受适当的教育的需要。

高中阶段是学生创新素养发展的关键时期,各国政府纷纷设立特色高中或专门高中以推进拔尖创新人才培养。美国特色高中有文科、理科、科技、艺术学校等不同类型,规模一般较小。2002 年,日本在全国范围内选定了 26 所高中(包括初、高中一贯制学校)作为理科高中。进入新世纪,韩国积极设立创新高中,如外语高中、艺术高中、体育高中、国际高中等。

各国政府设立创新高中或者特色高中的意图在于:集中各种资源服务于大批资优高中生;师生均经过挑选,因而竞争性强,学习效果好;便于教学,学习内容、速度、指导方式能适时加以调整。

发达国家培养普通高中拔尖创新学生的主要基调是区别对待(differentiation),即为不同的学生提供不同的教育。一般说来,主要的培养模式有:充实制、加速制以及灵活分组。这三种模式分别是从课程、培养速度以及组织形式方面进行不同的设计和安排的。大部分国家和地区都是以充实课程模式为主,以加速课程模式为辅,如英国、新加坡、我国台湾地区、香港地区,这说明各地英才教育注重通过拓展课程内容、丰富课程内涵,来促进学生的全面发展,发展学生丰满的人格。

四、未来发展的政策建议

面向未来,面向未来上海全球卓越的定位,上海高中发展应从如下几个方面

---

① 毅著:"多样化:普通高中发展的世界趋势",《红蕾·教育文摘旬刊》2011 年第 9 期。

进行战略变革。

其一，全面普及上海普通高中教育，促进高中教育的综合化发展。结合上海经济与社会发展对于未来人才素养的要求，将义务教育年限延长到高中阶段，全面普及上海普通高中教育。同时，在高中教育的定位与内容上，逐步推进综合化发展，打破升学与考试的功利倾向，强化育人功能，注重为学生未来的学习、职业与生活打好基础。同时，逐步推进由高中阶段分流代替初中阶段分流。在高中阶段，可以通过创新培养模式，探讨在高二与高三年级内部分流，一部分继续参加高考，一部分分流进行一年职业教育准备，然后考高职。

其二，坚持内涵发展，推进普通高中的特色发展与多样发展。促进学生的自主学习、个性学习和综合素养提升，注重创新能力与实践能力培养，满足学生的多样化与个性化的教育需求，为学生的成长、成人与成才奠定基础。同时，深入推进普通高中课程改革，打造类似高校的"高中课程选课系统"，全面落实课改方案，加强课程内容现代化，优化课程结构，推进多样化选修课程建设，深入推进个性化课程，为学生提供更多选择，促进学生全面而有个性地发展。此外，鼓励创办特色高中，如科技、艺术、体育、外语、数理等不同类型的普通高中，适应多样化的教育需求。

其三，探索建立高中和大学的有效合作机制，加强高中创新人才培养。颁布相关制度政策，重视普通高中阶段创新人才，加强高中与大学的沟通衔接，创新人才培养模式与机制，创设科技高中，鼓励大学向高中开放课程、实验室等教学资源，开展大学先修课程，为高中拔尖创新学生开辟学习发展的新途径与新空间。加强高中与高校科研院所、社会机构的合作交流，推进课外创新教育，为学生的创新素养提升与自主发展提供更多机会。

报告执笔人：刘世清

第八篇
高等教育专题报告

　　上海作为长江三角洲世界级城市群的核心城市,国际经济、金融、贸易、航运、科技创新中心和文化大都市,国家历史文化名城,改革开放以来,凭借丰富的资源、优越的地理位置以及改革开放等政策利好获得了飞速发展。衔接十九大提出的"两个一百年"奋斗目标和"两个阶段"的战略安排,上海市从近期(2020年)、远期(2035年)和远景(2050年)三个时间节点明确了城市分阶段发展的目标愿景。到2035年,上海市将致力于成为"卓越的全球城市,令人向往的创新之城、人文之城、生态之城,具有世界影响力的社会主义现代化国际大都市,更好地满足人民群众对美好生活的向往。为了匹配与支撑卓越城市建设,上海市高等教育也必将全面深化综合改革、加快转型发展、提升内涵质量与水平,以"优质""卓越""一流""领先"的姿态迈步于国际舞台,为城市发展提供精神动力、智力支持和人才支撑、文化引领。

一、现状与挑战

　　改革开放40年来,上海市始终将高等教育发展作为人力资源开发的重要抓手而置于优先发展地位,持续推进高教兴市、人才强市战略,高等教育发展长期居于全国领先水平,培养了千千万万优秀的产业工人和科技人员,在为上海经济社会发展提供持续动力的同时,也塑造了上海市民独特的精神世界与文化品味。进入21世纪以来,为促进经济转型及创新驱动发展,上海市启动了教育综合改革国家试点,推进高等教育全面创新,高等教育改革与事业发展取得了更为显著的成就：高等教育规模持续扩大①，为上海城市经济社会发展输送了高素质人才；空间布局不断优化，基本形成了与城市建设总体布局相呼应的格局②；高校服务创新驱动发展能力不断提升，科研成果不断涌现③；学科发展与建设处于全国领先水平④，高校教学改革探索初具成效，毕业生就业质量保持稳定⑤；实施管理体制改革创新，探索了高校分类发展⑥以及行业高校共建共管⑦等新模式；教育国际化水平不断提升，成为中国第二大留学目的地城市，为汉语国际推广做出了卓越的贡献。⑧

面向未来，上海市高等教育发展依然面临诸多挑战：一是从全面实现高等教育现代化、保持全国领先的定位以及参与全球范围的高等教育竞争来看，上海市高等教育财政支出水平还显著低于发达国家和作为追赶目标的纽约、伦敦等国际

---

① "十二五"末，普通本专科和研究生在校生为64.03万人，成人和网络在校生为29.09万人。与2005年相比，上海高校在校生总规模增长了22.8%，主要劳动年龄人口受过高等教育的比例达35%。预计到2020年，上海高等教育人才培养规模将达105万人左右，到2035年将达到150万人左右，上海高等教育将全面进入普及化阶段。

② 经过布局调整形成了围绕杨浦知识创新区、闵行紫竹科学园区、张江自主创新示范区的高校集聚地，以及松江、奉贤、临港等大学园区，基本形成了与上海城市总体规划和产业结构布局相呼应的高等教育空间布局。

③ 上海市高校共获国家科技三大奖123项（含参与），有效发明专利数位居全国高校前列。初步建成29个上海市协同创新中心，其中上海交通大学、同济大学领衔的4个协同创新中心入选国家"2011计划"，成为引领知识创新、推动人力资本积累的重要力量。依托复旦大学、华东师范大学、上海大学建成三家智库平台；依托学校优势学科筹建18个新型高校智库。截至2017年6月，依托各高校，建设23家国家级重点实验室、117家省部级重点实验室；国家级工程技术研究中心4家，省部级工程技术研究中心245家；专业技术服务平台192家。

④ 在全国第四轮学科评估中，上海共有350个学科上榜，上海高校近50%的在建学科达到全国前30%的水平，20%的在建学科达到全国前10%的水平。

⑤ 38项教学成果（含合作成果）获得2014年高教类国家教学成果奖，其中特等奖1项，一等奖6项；12项教学成果获得2014年职教类国家教学成果奖。高校毕业生就业率基本稳定在95%以上，到西部就业的高校毕业生增加了5个百分点。

⑥ 构建了以"二维"分类为主的新管理体系，推动上海高校从"一列纵队"向"二维网格"发展。按照人才培养主体功能和承担科学研究的差异性，将高校区分为"学术研究、应用研究、应用技术、应用技能"四种类型。按照主干学科专业门类，将高校划分为"综合性、多科性、特色性"三个类别。

⑦ 实施行业高校管理体制改革，将10所行业高校的隶属关系划归市教委，实行市教委、原行业主管部门合作共建的管理模式。

⑧ 截至2015年底，来沪留学生数量近9.2万人，与短期语言进修生相比，外国留学生在上海高校攻读学位的学生比例升至31.5%，学习期限超过半年的长期生比例则升至73.9%，成为中国第二大留学生目的地城市；共有中外合作办学机构和项目192个，其中机构29项，项目163项，创办了全国第一所中美合作高校——上海纽约大学；有12所高校和13所中小学在20多个国家举办了孔子学院47所、孔子课堂46个，遍布世界五大洲，仅2015年在各地孔子学院（课堂）注册学生数就有6万多人。

性大都市①,公共教育财政保障能力有待提高②;在与其他学段和教育类型的衔接上贯通、融通不够,影响了学习者的就学体验,也制约着上海高等教育的综合水平;高校同质化现象依然明显,高等教育管办评分离体系尚不完善,社会参与度不高。二是从建设世界科创中心的战略目标看,距离高等教育对城市发展的支撑目标还有明显差距,仍存在着主要劳动力平均受教育年限偏低③、就业劳动力产出不高④与科研创新中研发经费投入水平⑤、研发人员规模⑥与创新能力⑦等关键指标

① 2011 年高等教育财政投入占 GDP 的比重为 1.52%,高于全国平均水平 0.87%,但与 OECD 平均水平 1.6%有些许差距。

② 2015 年上海公共财政教育支出占公共财政支出的比例为 11.94%,在人均 GDP 排名前十的省份中位列倒数第一,远低于广东省的 20.45%,从体量上来看也远落后于北京、广东的公共财政教育支出水平。2010—2015 年期间,上海学前教育生均经费、小学教育生均经费、初中教育生均经费、高中教育生均经费、高等教育生均经费的增速分别为 38.16%、22.42%、40.81%、44.81%、33.29%,同期北京各级教育生均经费增速分别为 108.45%、59.4%、58.73%、71.12%、17.48%,上海仅在高等教育阶段增速高于北京。从量上看,北京学前教育至高等教育各级生均经费分别比上海高 53.79%、35.55%、54.29%、23.56%、11.17%。

③ 2015 年,上海市主要劳动年龄人口平均受教育年限为 11.9 年,其中受过高等教育的比例为 35%,而 2005 年的美国主要劳动力人口平均受教育年限已达到 13.63 年,日本达到 12.9 年。上海中心 11 个区城区大专以上人口比例达到 30.81%,与东京 1982 年的水平相当。上海每十万人口高等教育在校生数 2012 年为 3 550 人,低于伦敦 4 989 人、纽约 6 741 人、东京 5 378 人等城市的水平。

④ 以劳动生产率看,2014 年硅谷平均每个就业劳动力产出约为 17.5 万美元,上海则为 2.8 万美元(172 653 元),相差 6.2 倍。

⑤ 2015 年上海 R&D 总经费为 9 361 439 万元,研发投入占地区生产总值(GDP)的比重为 3.75%,虽然大大高于全国平均水平(2.07%),但显著地低于北京(6.03%)。其中,高校 R&D 经费为 866 479 万元,R&D 经费在高校和企业间的分布比例为 18.27%,即高校获得的 R&D 经费远低于规上企业所占有的 R&D 经费。而北京该比例在 5 年间均高于 60%,且北京的 R&D 总经费体量远高于上海。从研发经费的增速看,2010 年至 2015 年间天津 R&D 总经费增速为 122.24%,高校 R&D 经费增速为 142.93%,远高于上海的 94.34%、89.21%。以上数据反映出上海 R&D 经费的体量和增速在全国均不领先。

⑥ 2015 年,上海总人口中大专以上文化程度人员所占比例为 22.7%,与北京(36.8%)、南京(35.8%)的比例相差 10 点百分点以上,与广州市、武汉市的比例相差 1 个百分点。2010—2015 年间,上海大专以上文化程度人口比重提高 0.7%,在 7 个地区中增速最低。国际上,根据 2Thinknow 创新城市指数 2014 年数据,纽约和伦敦受过高等教育的人口比重分别达到 32.4%和 34%,巴黎甚至高达 40%,而上海仅为 24%。数据表明,上海市高层次人才所占比重严重偏低且增长速率相对较低。

⑦ 在 2016 年全国创新城市排名前 5 的城市中,上海以 44.8 万的研发人员占据首位,但其创新排名仅为第三;排名第一的深圳 2015 年研发人员仅为 20.6 万人、排名第二的北京则为 35.1 万人,排名第四、第五的苏州与杭州则分别为 13.9 万人、9.4 万人。分析研发人员占总人口的比例,由于人口总数较大,上海、北京明显不占优势,仅为 0.4%、0.2%,而深圳、苏州、杭州则分别为 2.8%、1.1%、3.7%。作为全球著名的科创中心,2014 年硅谷每万人专利数量为 655 件,远超 2015 年北京 61.3 件/万人、上海的 34.6 件/万人。其中,硅谷专利涉及领域较为集中,其中 40.5%为计算机、数据处理与信息储存领域,25.6%为通信技术领域,科技含量较高。

偏低的问题,亟需扩大科技创新人才的培养规模①,探索贯穿各学段支持创新人才可持续发展的培养机制与模式。三是从建设卓越的全球城市看,上海城市发展的开放度还不高②,教育开放程度有待进一步扩大,国际化水平与全球城市的目标定位还有明显差距。③

二、指导思想、基本原则、战略目标

(一) 指导思想

深入贯彻党的十九大和十八届三中、四中、五中、六中全会精神和"四个全面"的战略布局,以马克思列宁主义、毛泽东思想、邓小平理论、"三个代表"重要思想、科学发展观为指导,深入贯彻习近平总书记系列重要讲话精神,全面落实国家和上海市中长期教育改革和发展规划纲要,以"创新、协调、绿色、开放、共享"发展新理念统领高等教育改革发展。紧密围绕上海城市发展总体目标,以全员育人和创新创业为主线,不断优化高等教育分类发展布局和多样化人才培养结构;以推动高等教育改革为动力,建立健全现代高等教育治理体系;以支撑创新驱动发展战略、服务经济社会发展为导向,促使高校更好地为国家和地区发展作出更大贡献。

(二) 基本原则

坚持党的领导。办好中国特色社会主义教育事业关键在党,上海市高等教育改革与发展必须牢牢掌握党对教育工作的领导权,坚持正确的政治方向,掌握教

---

① 上海每千名从业人员中高技术服务业就业人数为东京的1/3,北京的2/3。

② 据统计,2014年硅谷居民中有37.4%外籍常住人口(出生地不在美国),高于美国13.3%的外籍人口平均比重。上海当前已成为海外人员来中国工作创业的首选城市,2015年持外国人就业证、实际在上海就业的外国人8.6万人,占全国比重的1/6,但是考虑到伦敦、纽约、硅谷均超过30%的比重,上海吸引的海外人才规模仍然相对较小。由于海外人才流入贡献巨大,72%的硅谷居民具有专科、本科及以上学历(研究生及以上学位占比为21%),而上海仅有21.9%的常住人口具有本科及以上学历。

③ 2015年OECD组织国家(中上等收入国家)该项指标的平均值已经达到10%,许多国家的这一比重要高得多,如澳大利亚的国际留学生人数占其高等教育在校生总数的18%,英国为17%。就大都市的比较而言,在英国伦敦各高校就学的外国留学生2005年就高达22%,美国纽约各高校的外国留学生规模为1.4万人,比例达到15%以上;2012年法国巴黎外国留学生已占城市大学学生总数的17%;2016年东京都23区内大学的外国留学生数量达25 273人(占全国留学生总量的35%),占大学生数量的5%。

育领域意识形态工作的主导权,着力加强教育系统内党的思想建设、组织建设、作风建设、反腐倡廉建设、制度建设,增强政治意识、大局意识、核心意识、看齐意识,强化基层党组织的创造力、凝聚力、战斗力,为教育改革发展提供坚强的政治保证和组织保障。①

坚持依法治教。法治是实现教育现代化的可靠保障。要坚持依法行政、依法办学、依法执教,更加注重运用法治思维和法治方式推动高等教育改革发展,建立完备的教育法律规范体系、高效的教育法治实施体系、严密的教育法治监督体系、有力的教育法治保障体系;依法规范各部门职能,简政放权、依法决策、依法行政,使任何改革发展有法律依据,获得法律保障;依法保障广大人民群众接受高等教育的权利和广大师生的权益,保障人民群众对教育改革发展的知情权、参与权和监督权,为高等教育发展创造良好的法治环境。

坚持需求导向。服务经济社会发展、满足人民群众需要是社会对上海高等教育改革发展的基本要求。上海高等教育发展要对接上海城市建设,主动适应和引领经济发展新常态,为上海乃至国家现代化建设厚植人才优势,培育创新动力。要不断满足广大人民群众对更高质量、更为多样的高等教育的需求,优先解决人民群众关心的重点、热点、难点和焦点问题。② 为上海创新驱动发展战略实施、全球化城市的建成提供卓越人才、科研成果和知识服务体系支撑。

坚持分类发展。构建以人才培养主体功能和主干学科专业集聚度为主要区分标准的上海高等教育分类发展体系,实行分类管理、分类评估、绩效拨款,引导上海高等学校进一步明晰办学定位和发展目标,促进错位竞争、特色办学和多样化发展,在各自领域内追求卓越、争创一流,形成上海高等教育科学发展、持续发展的良好生态。

坚持开放创新。确立与上海建设现代化国际大都市相匹配的高等教育发展体系,充分利用国际国内两种资源,吸收借鉴国际高等教育发展的先进理念和成功经验,结合国情和上海实际,积极探索高等教育发展的新思维、新模式、新路径,

---

① "国务院关于印发国家教育事业发展'十三五'规划的通知",http://www.gov.cn/zhengce/content/2017-01/19/content_5161341.htm(阅读时间 2018 年 10 月 15 日).

② "国务院关于印发国家教育事业发展'十三五'规划的通知",http://www.gov.cn/zhengce/content/2017-01/19/content_5161341.htm(阅读时间 2018 年 10 月 15 日).

以创新发展加快推进上海高等教育迈入世界发达高等教育之列。立足于教育治理体系和治理能力现代化建设,进一步加强政府政策引导、学校自主办学、社会多方参与、市场有效调节的高等教育统筹管理体制与机制改革,推动政府相关管理部门之间,政府、高校与社会之间的沟通平台和制度建设,促进高等教育与城市发展的协同共进。

(三)战略目标

到 2035 年,努力建成全国领先、富有成效的高等教育现代化治理体系,实现高等教育的内涵特色发展,为服务上海市实现"四个率先"(率先转变经济增长方式、率先提高自主创新能力、率先推进改革开放、率先构建社会主义和谐社会),加快推进"四个中心"(经济中心、金融中心、贸易中心和航运中心)建设,加快推进全球科技创新中心建设,实现当前确定的"卓越的全球城市,令人向往的创新之城、人文之城、生态之城"和"国际经济、金融、贸易、航运、科技创新中心和文化大都市"[①]这一远景目标提供人力资源和智力支持。

1. 稳定规模,优化结构

在稳步提高高等教规模的基础上,着重提升劳动力人口整体素质和受教育水平,适度优化上海普通高等教育人才培养的层次结构。减少专科生规模,扩大本科尤其是应用技术型本科生规模和比例,扩大研究生尤其是专业学位研究生培养规模。立足上海城市功能定位和经济转型,合理优化人才培养类别结构。按照医学、艺术学、经管、法学、理工农和文史哲教六大类别,统筹规划上海普通高等教育分学科在校生的规模与结构,使各类学科人才培养结构更好地适应未来经济社会发展对人才的需求。

2. 加强制度创新,完善治理体系

完成教育综合改革方案提出的主要目标与任务,基本形成全员育人和创新育人制度体系、管办评分离制度体系和开放互联制度体系。基本建成以章程为基础的现代大学制度体系,进一步落实和扩大高校办学自主权,支持高校在招生、学科专业调整、人才培养、科学研究、教职工选聘、经费使用、国际交流等方面落实自主

---

① "上海城市总体规划(2017—2035)",http://www.shanghai.gov.cn/nw2/nw2314/nw32419/nw42806/index.html(阅读时间:2017 年 12 月 15 日)。

权。高等教育体制机制更加成熟定型,政府、学校、社会之间新型关系更加明晰,治理体系和治理能力现代化取得重大进展,形成良好的全社会共同推动高等教育发展的生动局面。

3. 加强"双一流"建设,提高学科竞争力

集聚一批在国际上有重要影响力的杰出人才,建成若干国际一流学科,实现一批学科点和学科方向接近或达到国际一流水平。高校基础研究能力进一步提高,在世界科技前沿领域的若干关键核心技术领域和基础科技领域取得重大创新突破,成为全国科学研究中心。参与国际科技合作和国际大科学计划的数量和质量稳步提高,高校开放协同能力进一步提升,支撑社会经济发展需要的应用研究能力显著提升。

4. 聚焦能力发展,创新人才培养体系

积极探索教育新理念、新制度、新内容、新方法、新手段,提升高等教育与经济社会发展的融合度,培养数量充足、素质精良、适应经济社会发展需要的各类人才。顺应移动互联网、大数据、人工智能和智能增强技术等迅猛发展的时代潮流,以高等教育信息化促进先进教学内容与方法的融合,打破传统教育制度、形式、机构、空间和时间边界,构建智慧校园,拓展无边界高等教育。集聚一批有影响的学术大师和行业大师,形成一支结构优化、适应不同人才培养要求的教师队伍。不断加强人事制度改革,增强高校教师的内生动力和活力。以专业和学位授权点合格评估为抓手,进一步健全人才培养质量保障机制。

5. 高等教育国际化水平显著提升

以开放、合作、共享、包容的姿态塑造上海高等教育国际化形象。以人才培养及科学研究为主线,加大对本地学生出国学习的支持力度,提高国际人才培养比例,外国留学生在全市普通高等学校全日制在校生中所占比例和学历生比例持续提高;构建国际高等教育合作联盟,形成多区域、多类型、多层次高等教育国际协作网络,关注全球高等教育共同利益,提升参与全球高等教育治理能力,促进国际高等教育联动效应。高等教育对外开放水平和国际竞争力影响力达到全球城市水平,拥有一批世界知名的一流大学、一流培训机构,建成国际教育交流中心城市和全球最受欢迎留学目的地城市之一;建成与"四个中心"和具有全球影响力的科技创新中心、社会主义现代化国际大都市相匹配的全球教育、科技创新资源与信

息交换、传播的枢纽。

三、重点任务

面向未来,上海市高等教育率先实现现代化,高等教育质量普遍提升,结构更加合理,整体水平迈向世界前列,人人都有机会获得有质量、可选择的高等教育;毕业生创新创业能力显著增强,培养数以万计的专门人才和一批拔尖创新人才;率先建成一批具有国际水平的一流大学和一流学科;建成一批享有国际声誉的学术高地、创新平台和知名智库。面向未来,上海市高等教育将持续发挥在人才培养、科学研究、社会服务、文化传承等多方面职能,以一流的高等教育孕育全面自由发展的人,以一流的高等教育释放人力资源红利,以一流的高等教育服务于国家科技创新战略和上海市经济社会发展,以一流的高等教育带动整个城市的文明与进步。

(一) 分类建设世界一流大学

持续推进世界一流大学和"高峰""高原"学科建设。坚持以一流为目标、学科为基础、绩效为杠杆、改革为动力,不断改进实施办法创新财政支持方式,健全绩效评价办法持续实施引导和支持具备一定实力的高水平大学和高水平学科瞄准世界一流,汇聚优质资源,培养一流人才,产出一流成果,加快走向世界一流。实施高峰高原学科建设计划,重点打造一批世界一流学科点和高水平特色学科群,建立布局合理、高峰凸显、高原崛起的高校学科布局体系。

继续引导高等学校科学合理定位与分类发展。建立完善的高等学校分类发展政策体系,通过分类设置、分类指导,分类支持、分类评估,引导高等学校科学定位。构建形成高校"二维"分类发展体系,建立完善与分类发展相适应的分类资源配置机制、绩效评价机制和重点建设机制,引导高校科学确定办学定位和发展目标,实现从"一列纵队"向"多列纵队"发展。进一步统筹全市各类高等教育资源,围绕国家战略和上海城市发展有序推进高校布局结构调整,优化高等教育规模、类型、层次和空间布局,促进高等学校特色办学、错位竞争、合作共赢,鼓励不同层次和不同类型的高等学校办出特色、办出水平。持续推动应用本科高校转型发展,围绕产业和区域发展需求,建设一流学校、一流专业,努力建成一大批国际高水平应用型高校。

（二）完善投入保障机制

完善市级财政高等教育投入机制。健全高校经常性经费投入机制，优化高等教育经费支出结构；落实教育综合改革重点任务，优化重大教育项目市级统筹机制；健全学生培养成本分担机制，优化高校学费成本核算基本标准。在条件成熟的高校，试行综合预算管理。完善教育项目支出绩效管理，优化财政教育经费监督管理系统，进一步深化教育经费管理综合改革，提高高等教育办学效益。根据高校办学水平、质量提升和产出效益的情况，开展绩效评估，实施动态调整。

建立分类评估、绩效拨款的政府投入机制。与高校分类发展紧密对接，制定差异化拨款投入机制。按分类发展和分类管理框架，坚持不同高校、不同发展定位、不同财政支持的高校分类管理原则，调整优化高校财政拨款结构，完善拨款管理制度，推动高校财政拨款逐步从"投入型"向"绩效型"转变。建立公办高校综合定额动态调整机制，制定分级分类拨款标准。探索民办高校公共财政扶持方式和用途的改革。

（三）完善中国特色现代大学制度

加强现代大学制度建设。继续加强大学章程建设，创新章程实施的保障机制，切实发挥章程在学校战略规划和日常运行中的引领和规范作用。坚持和完善党委领导下的校长负责制，完善大学校长的遴选机制，优化大学管理团队结构。完善大学理事会、教职工代表大会、学生代表大会制度，积极发挥群团组织作用，健全高校的内部治理体系。保障学术委员会在高校学术管理体系中的核心地位，畅通教授行使学术权力渠道，构建行政权力与学术权力相互平衡、良性互动的机制。鼓励民办学校按照非营利性和营利性两种组织属性开展现代学校制度改革创新。

扩大高校与社会合作办学。完善社会参与教育决策的机制。建立健全社会民众、专家学者、人大代表、政协委员等参与教育决策的制度，完善民意调研、信息公示、听证与咨询、意见反馈等决策流程，提高教育决策过程中公众参与的水平。开展教育舆情的常态化调查，推动公众热点问题及时纳入教育决策议程。健全社会参与教育评价与监管的机制，大力培育第三方教育评价机构，通过项目委托、购买服务、社会合作等形式，充分发挥专业评估机构的作用，提高教育评价的专业水平和公正程度。建立社会参与学校管理的机制，推动行政职员化、后勤社会化发展改革，努力形成教师、学生、用人单位、行业协会、基金会等共同参与学校治理的格局。

（四）深化招生考试制度改革

建立与高等教育普及化相匹配的高等学校招生考试制度。深化考试内容和考试方式改革，着重考察学生综合素质和能力，建立有利于素质教育的招生考试导向机制。探索招生和考试相对分离、学生考试多次选择、学校依法自主招生、专业机构组织实施、政府宏观管理、社会参与监督的运行机制，从根本上解决一考定终身的弊端。逐步推行普通高校基于统一高考和高中学业水平考试成绩的综合评价多元录取机制。探索全国统考减少科目、不分文理科、外语等科目社会化考试一年多考。

完善招生录取办法，建立健全有利于专门人才、创新人才选拔的多元录取机制。大幅减少并严格控制考试加分项目，规范并公开自主招生办法、考核程序和录取结果。创造条件淡化并逐步取消录取批次，推进并完善平行志愿投档方式。高等学校普通本科招生以统一入学考试为基本方式，结合学业水平考试和综合素质评价，择优录取。对特长显著、符合学校培养要求的，依据面试或者测试结果自主录取；高中阶段全面发展、表现优异的，推荐录取；符合条件、自愿到国家需要的行业、地区就业的，签订协议实行定向录取；对在实践岗位上作出突出贡献或具有特殊才能的人才，建立专门程序，破格录取。[①] 深入实施高校招生阳光工程，健全分级负责、规范有效的信息公开制度。加强考试招生全程监督，加大查处违规行为力度。

（五）完善人才培养体制机制

对接国家战略与上海市经济社会发展要求，形成响应及时的人才培养结构调整机制。建立多部门协同、跨行业合作的人才需求预测机制，统筹产业发展、就业等各类信息，充分发挥行业协会、社会组织、企业等作用，充分利用各类大数据分析平台，建立国家人才需求预测及信息发布体系，构建人才培养结构调整的有效

---

① "国家中长期教育改革和发展规划纲要（2010—2020 年）"，http://old. moe. gov. cn/publicfiles/
business/htmlfiles/moe/info_list/201407/xxgk_171904. html（阅读时间 2018 年 10 月 15 日）。

引导机制。建立学科专业动态调控机制,综合运用招生计划、拨款、标准、评估等方式建立学科专业动态调控的有效引导、退出和激励机制,引导高等学校主动适应国家及上海市发展需要;适应我国高端制造、信息技术等战略新兴产业发展要求,因应人工智能、机器人、新材料、三维(3D)打印等技术对现有生产方式、工作岗位、工作技能需求的革命性影响,推动新兴学科、专业特别是交叉性、复合型学科专业集群的发展,加大复合型、应用型、技能型人才比重,形成更具支撑力的人才培养科类专业结构。

稳固人才培养在高校工作中的中心地位,建立健全人才培养质量保障体系,以立德树人为根本,建立能够与国际接轨、符合社会需求、具有专业特色、满足学生自由全面发展要求和贴近高等教育当前发展实际的多样化的人才培养质量标准。建立并完善人才培养资源要素标准,根据高等教育特点,围绕教师能力、经费投入、办学条件等关键资源要素,建立保障人才培养目标实现的基本要素标准体系。健全人才培养过程规范,对招生考试、课程设置、课堂教学、实践学习、考试评价等教育教学过程中的关键环节和流程,建立既能保证基本质量,又有利于不断创新教育教学方式的指导性规范,形成相互协调、相互衔接、结构完整的过程质量保障规范。健全对人才培养质量的监测、反馈与控制机制,建立并完善具有国际视野、中国特色的质量监测评估指标,引导行业企业和其他社会力量积极参与教育质量监测评估,培育和扶持一批具有独立性、专业性、权威性的第三方评估机构,形成若干具有国际知名度的教育质量监测评估组织与机构。健全质量信息和发布制度,逐步健全监测结果与资源投入挂钩机制和监督问责机制,发挥监测结果对修订人才质量标准、改善教育教学过程的积极促进作用。建立完善研究生,尤其是博士研究生的分流退出机制。

聚焦人才培养改革,着力培养信念执著、品德优良、知识丰富、本领过硬的高素质专门人才和拔尖创新人才。全面实施素质教育,以学习者为中心,更加注重自主学习,促进知行合一、学思结合,注重保护和激发学生的好奇心和学习兴趣,注重学生创新思维、独立思考和问题解决能力的培养。利用信息技术手段,丰富课程供给,为学生提供更多可选择的教育内容,实现通识、专业融通。改进课堂教学方式,推行以学生为中心的启发式、合作式、参与式和研讨式学习方式,探索翻转课堂、混合式教学等教学方法,加强个性化培养。落实社会企事业单位育人责任,建立完善的学生实习实训和社会实践的保障和激励机制,实现产学研用协同育人,促进理论与实践结合。坚持科教融合、协同育人,改进研究生培养方式。广泛运用新技术,积极推行因材施教的教育方式,逐步扩大学生自主选择专业、课程和教师的权利,促进学生的个性发展,积极探索各类具有特殊才能及特殊教育需求学生的甄别、发现与培养的有效机制,形成更加有效的一流创新人才培养方式。

(六) 增强服务创新发展能力

推进科教融合发展,促进高等学校全面参与国家创新体系建设。聚焦张江,以张江国家自主创新示范区、中国(上海)自由贸易试验区、国家(上海)全面创新改革试验区联动为契机,依托高校建设一批高水平创新基地,建成若干国际领先的国家实验室、国家科学中心等综合性大平台,建设一批特色鲜明的国家重点实验室、国家工程(技术)研究中心、国家工程实验室等国家级科研平台,与科研院所和企业联合建立一批国家技术创新中心,使上海成为全球认同的创新重镇。建设高水平的高校哲学社会科学体系,坚持马克思主义指导地位,坚定不移实施以育人育才为中心的高校哲学社会科学整体发展战略,形成中国特色、中国风格、中国气派哲学社会科学学科体系、学术体系、话语体系。形成更加完善的高校哲学社会科学研究创新平台体系,建设一大批国家急需、特色鲜明、制度创新、引领发展的国际知名专业化高端智库。

健全有利于激发创新活力和促进科技成果转化的高校科研体制。破除束缚创新和成果转化的制度障碍,优化创新政策供给,形成创新活力竞相迸发、创新成果高效转化、创新价值充分体现的体制机制。建立技术转移的运行机制,加强“上海高等学校技术市场”建设,促进高等学校科技成果转化。扩大高校自主权,实行中长期目标导向的考核评价机制,以鼓励创新为导向,更加注重研究质量、原创价值和实际贡献。实施分类评价,健全学术代表作制,支持自主探索,包容和支持非共识创新。赋予创新领军人才更大的财物支配权、技术路线决策权。完善科技成果转化和收益分配机制,全面下放创新成果处置权、使用权和收益权,提高科研人员成果转化收益分享比例,支持科研人员兼职和离岗转化科技成果。

(七) 加强师资队伍建设

完善高等教育教师聘任和培养制度。改善教师来源结构,扩大具有行业背景教师的来源,实施境外优秀教师引进战略,提高外籍专任教师和有海外经历专任教师的比例。大力培养引进学科领军人才、高层次科技创新人才和青年拔尖人才。实行更积极、更开放、更有效的人才引进政策,对国家急需紧缺的特殊人才,开辟专门渠道,实行特殊政策,实现精准引进。完善引才配套政策,解决引进人才的任职、社会保障、户籍、子女教育等问题。配合外国人永久居留制度改革,健全外籍教师资格认证、服务管理等制度。以中青年教师和创新团队为重点,建设高素质的高校教师队伍。大力提高高校教师教学水平、科研创新和社会服务能力。促进跨学科、跨单位合作,形成高水平教学和科研创新团队。创新人事管理和支持高等学校进行教师年薪制改革探索,激励教师全身心投入教学科研,增强高等学校对高层次人才的吸引力。

改进教师考核评价制度。深入推进高校教师考核评价制度改革,坚持德才兼备,以实际能力为衡量标准,注重凭能力、实绩和贡献评价人才,克服唯学历、唯职称、唯论文等倾向,引导高校教师潜心教书育人,围绕国家战略需求开展科学研究。

(八) 扩大高等教育对外开放

走出去,加强高等教育对外合作交流,提升高等教育影响力。积极发展中外合作办学,开展教师交流、学生交换项目,鼓励高校教师学生走出去,加强对国外先进经验的学习、借鉴。建立境外教师培训基地,加大选派重点课程教师和骨干教师出境培训的力度,建设适应教育国际化要求的教师队伍。鼓励有条件的高水平大学在海外建立分校,或设立海外学习中心(站),参与国际教育服务。充分发挥孔子学院综合文化交流平台作用,办好孔子学院,完善孔子学院布局,大力加强中方合作院校支撑能力建设,建立健全汉语国际教育学科体系,着力打造一支高素质院长和教师专职队伍,大力培养各国本土汉语师资。增强学生国际交往和竞争能力,积极引进、消化国外先进课程资源,加强国际理解教育,培养具有国际视野、知晓国际规则并能参与国际交流的国际化人才,加强双语教学,发展多种语言教育,普遍提升各级各类学校学生的国际语言交流能力。设立大学生海外游学专项资金,每年资助本市 2%的普通高校在校生到海外著名大学、跨国企业、国际组织游学、实习和见习。[①]

---

① "《上海市中长期教育改革和发展规划纲要(2010—2020 年)》", http://old. moe. gov. cn/publicfiles/business/htmlfiles/moe/s4604/201010/110458. html(阅读时间 2018 年 10 月 15 日).

引进来,提高国际化办学水平,增强高等教育国家服务能力。完善吸引海外学者来沪从事教学和合作研究的政策体系,积极引进海外教师、专家和管理人员。加强教育国际交流与合作专业服务机构建设,吸引国际教育组织落户上海。采取多种方式,创办中外合作的高水平大学和二级学院,加强国际合作科研,建立若干国际联合研究中心。扩大高等教育阶段学历教育留学生的规模和比例,优化留学生的层次结构。建立外国留学生服务中心,为海外学生来华学习提供权威、便捷的专业服务。建设一批国际化的品牌学科专业和课程,建立全市统一的留学生课程库和学分互认制度,增强上海高等教育对留学生的吸引力。完善留学生奖学金制度和资助政策,探索建立留学生勤工助学和医疗保险等制度。建设语言预科中心,为留学生适应汉语教学提供服务。研究开发"当代中国研究"课程,发展留学生中国文化体验基地,增进留学生对中国文化的理解和感受。

探索区域教育协作新机制试验。充分发挥上海对外开放的优势,探索区域教育合作的新形式、新模式、新途径。推动长江三角洲共同建立都市圈教育联动发展新机制,完善上海教育服务长江流域、服务支援中西部地区、服务全国的可持续机制,促进上海与港澳台地区的教育交流和合作。[①]

报告执笔人：荀渊、刘信阳

---

① 《上海市中长期教育改革和发展规划纲要（2010—2020 年）》, http://old. moe. gov. cn//publicfiles/business/htmlfiles/moe/s4604/201010/110458. html(阅读时间 2018 年 10 月 15 日).

第九篇
职业教育专题报告

实现无边界职业生涯发展：职业教育发展关键问题与基本思路

21 世纪以来，上海已经基本形成了战略性新兴产业为引领、先进制造业为支撑、现代服务业为主体的新型产业体系。面对全球新一轮科技革命和产业变革，上海产业结构不断优化调整，供给侧结构性改革持续深化，实体经济能级不断提升，其对人才规格需求变化速度加快，人才质量要求越来越高，导致个体在社会组织内的流动性也大大增强，个体的职业生涯日趋无边界化。这要求职业教育必须进一步提高人才培养质量，增强个体可持续发展的职业能力，促进个体的无边界职业生涯发展。

面向未来的上海职业教育，必须处理好经济发展需求与人的发展需求的关系，满足经济发展的人才需求，同时兼顾落实以人为本，实现个体的无边界职业生涯发展。本报告通过把握上海职业教育发展现状及趋势，以便明确职业教育发展过程中需要解决的关键问题，并在理清上海职业教育发展思路的基础上，提出了上海职业教育发展的战略举措。

一、职业教育发展现状与趋势

改革开放以来，上海职业教育已经取得了飞速的发展，把握当前上海职业教育的发展现状以及趋势对于明确未来上海职业教育发展方向、实现个体的无边界职业生涯发展具有重要意义。本报告将从培养目标、办学主体、人才培养以及保障建设四个方面阐述职业教育发展的现状与趋势。

（一）培养目标：基本确立职业教育培养定位

职业教育作为促进上海经济社会发展的重要教育类型，为满足上海区域经济社会持续转型提出的新需求、实现个体的无边界职业生涯发展,越来越需要培养出能够适应先进制造业、现代服务业、战略性新兴产业,以及"四新"和劳动力市场发展变化新需求的高素质劳动者和知识型、发展型技术技能人才。

当前上海职业教育已经培养了一大批一线的中高级技能型人才。2017 年,上海中等职业学校共有在校生 9.09 万人,与普通高中规模比例为 1∶1.75;专科层次职业教育在校生 13.9 万人,占普通本专科生总人数的 27%[1];2017 年,上海市已就业的中职毕业生中有 27 211 人在上海市就业,占比 93.09%,上海中职学校毕业生的修读专业与就业岗位整体对口率达 85.02%,其中 55.13% 的学生比较对口,29.89% 的学生基本对口。[2]

同时,为进一步满足个体无边界职业生涯发展的需求,上海职业教育已经初步形成了包括中等职业教育、高等专科教育、应用技术本科教育、专业学位研究生教育的教育体系,一定程度上打通了学生的上升渠道,满足人们不同层次的需求;通过开展职业体验活动,对中小学生进行职业指导;不断开放公共实训中心对在职人员、农村劳动力等进行就业与再就业培训,满足人们多样化的需求。

从以上的数据可以看出,上海职业教育的发展已经形成一定的规模,不断满足着人的发展需求和经济发展需求,但是随着上海产业不断升级,职业教育培养的人才与经济发展所需的人才规格还有一定的差距,在促进个体无边界职业生涯发展方面还需要进一步探索、加强,增强社会服务功能。

(二) 办学主体:持续推进多元主体办学

由于职业教育自身特有的职业性,要求其与市场紧密联系。职业教育在办学方面必须加强校企合作,健全学校与企业实训等资源的共享机制,增强职业教育办学活力。

当前职业教育的办学模式主要以政府办学为主,市场办学为辅。一方面,政府办学主要有中等职业学校和高等职业(专科)学校。从规模上看,当前中等职业学校规模稳定,截止到 2017 年,上海市共有普通中等职业学校 96 所,其中职业高

---

① "2017 年上海市教育工作年报",http://www.shmec.gov.cn/html/xxgk/201803/9042018001.php(阅读时间:2018 年 3 月 26 日).

② "关于编制和发布 2017 年度上海中等职业教育质量年度报告的通知",http://www.xhedu.sh.cn/cms/data/html/doc/2017-12/08/352988/(阅读时间:2017 年 12 月 15 日).

中 27 所,中等专业学校 50 所,技工学校 7 所,成人中专 12 所,在校生规模基本稳定在 11 万人以上;截止到 2016 年,高职学校共有 26 所,占普通高等学校数的 41%,在校生数为 11.52 万人,占普通高等学校在校生数的 22%[①];且 2016 年已经有 88 个开放实训中心。另一方面,市场办学则以企业为依托,主要是一些民办学校以及职教集团,截止到 2016 年,上海民办中等职业学校共有 4 所;截止到 2014 年,上海民办高职学校共有 13 所,占普通高职(专科)总数的 42%[②];同时从 2007 年至 2017 年的十年,上海市已经先后建立 25 个职教集团,不断推进着校企合作、深化产教融合。[③]

由此可以看出,为了解决职业教育办学主体单一的问题,上海不断进行着市场办学的尝试,但仍然处于初步发展阶段,市场对职业教育的办学参与不充分,未来应进一步加强校企合作平台建设,推动市场在职业教育教学、管理等方面的参与,激发职业教育办学活力。

(三)人才培养:更加注重内涵建设

2015 年上海市颁布的《上海市人民政府关于加快发展现代职业教育的决定》提出,将“努力让每一个人都有人生出彩的机会”作为核心理念。因而,职业教育应当着力于加强内涵建设,整合教育资源,提高人才培养质量,满足个体无边界职业生涯发展需求。

首先,不断优化专业结构,开展教育部示范专业点建设。2017 年,8 所学校 8 个专业入选教育部装备制造、旅游、交通运输、邮政快递 4 个专业大类示范专业点;试点示范品牌与品牌专业验收,制定示范品牌专业和品牌专业建设验收核心指标和实施方案;不断更新和完善专业设置动态数据库。[④]

其次,相继进行课程与教学改革。如逐步实施“双证融通”制度,开展“双证融

---

① "2016 上海统计年鉴",http://www.stats-sh.gov.cn/html/sjfb/201701/1000339.html? pClassID=664&ClassID=665&MatterID=56381(阅读时间:2018 年 10 月 15 日).

② 上海教育:"上海市普通高等学校一览表",http://www.shmec.gov.cn/web/glxx/listInfo.php? id=27471(阅读时间:2018 年 10 月 15 日).

③ 上海市职业教育协会:"上海市职业教育集团工作会议召开",http://shanghai.zjchina.org/jg/shtml/news/201711/n12642.shtml(阅读时间:2017 年 12 月 15 日).

④ "2017 上海市教育工作年报",http://www.shmec.gov.cn/html/xxgk/201803/9042018001.html(阅读时间:2018 年 3 月 26 日).

224   上海教育 2035 战略规划研究

通"专业改革试点,2015年"双证融通"专业改革试点工作已经完成第一轮工作调研报告[1];不断进行中高职、中本贯通人才培养模式试点,如2018年继续增设25个专业点开展中高职教育贯通培养模式试点工作[2],增设14个专业点开展中等职业教育—应用本科专业贯通培养模式试点工作[3];进行"职业教育国际水平专业教学标准"试点实施工作;开展"订单班"等加强与企业需求的对接;不断申报教育部现代学徒制试点,加强校企合作。

最后,不断加强促进对教师专业发展的培训,完善教师队伍建设。在教师队伍建设方面,不断扩大"双师型"教师队伍,目前兼职教师已经成为上海职业学校师资队伍的重要组成部分,截止到2017年,上海市中职学校校均"双师型"教师比例为51.3%,专兼职教师比例为4∶1[4];在教师专业发展方面,对新进教师进行规范化培训,上海市已经颁布了《上海市中等职业学校新进教师规范化培训实施意见(试行)》,同时开展中职教师企业实践工作,2017年,上海市29个企业实践基地共开展近60个培训项目,199名教师赴企业实践。

上海市职业教育质量提升还处于初步发展阶段,面向2035上海职业教育将进一步扩大改革范围和力度,更加注重提高人才培养质量,满足经济发展,同时提高个体的职业转换能力,实现个体的无边界职业生涯发展。

(四) 保障建设:职业教育保障建设不断加强

增强职业教育的可持续发展能力必须通过各个方面加强保障,上海职业教育的发展离不开政府的政策、经费等保障。面向未来的上海职业教育的发展必须更加注重完善各项保障条件,从各个方面保障职业教育质量,不断推进治理能力和治理体系现代化。

首先,政策制度保障。21世纪以来,为进一步贯彻《国务院关于大力发展职业

---

[1] "2016上海统计年鉴",http://www.stats-sh.gov.cn/html/sjfb/201701/1000339.html? pClassID=664&ClassID=665&MatterID=56381(阅读时间:2018年10月15日).

[2] 上海教育:"关于2018年增设25个专业点开展中高职教育贯通培养模式试点工作的批复",http://www.keku100.com/news/r11092/(阅读时间:2017年12月15日).

[3] 上海教育:"关于2018年增设14个专业点开展中等职业教育-应用本科专业贯通培养模式试点工作的批复",http://www.keku100.com/news/r11093/(阅读时间:2017年12月15日).

[4] 上海教育:"关于编制和发布2017年度上海中等职业教育质量年度报告的通知",http://www.xhedu.sh.cn/cms/data/html/doc/2017-12/08/352988/(阅读时间:2017年12月15日).

教育的决定》,上海市政府大力发展职业教育,出台大量相关政策文本支持职业教育的发展,1980 年—1995 年 15 年间,职业教育政策颁布数量仅为 2 份,而后 18 年,即 1995 年—2013 年间共颁布 160 份政策文本(其中法规 131 份)[①],例如从政策层面推进现代学徒制的实施,推进职业教育体系的完善,并积极引入市场机制,体现了政府对职业教育的政策制度保障的不断完善。

其次,经费保障。《上海市职业教育改革和发展"十三五"规划》提出要建立与办学规模和培养要求相适应的财政投入制度[②],2016 年,生均公共财政预算教育事业费达到 28 302.29 元,生均公共财政预算公用经费达到 8 969.86 元。[③]

最后,监督评价保障。强调对职业院校的评估,建立职业教育质量报告制度,定期发布职业教育年度质量报告等,2017 年,上海市 73 所中职学校全部完成了学校质量年度报告编制工作,另有 10 个区完成并提交了区中等职业教育质量年度报告[④];上海市职业教育开放实训中心每年也会接受市教委委托,组织上海市教育评估员对评估范围的实训中心进行运行绩效评估和等级认定,确保其发挥相应的功能。

由此,我们可以看出当前上海职业教育各项保障措施正在不断完善,致力于推进职业教育体系的完善以及为职业教育的发展做好基础保障。未来的上海职业教育应当更加专注职业教育发展的各项保障措施,不断增强职业教育可持续发展的能力。

二、职业教育发展的关键问题

未来的上海将加快建设国际经济、金融、贸易、航运、科技创新中心"五个中

---

① 李进、夏人青、严军、朱炎军:"上海职业教育政策演变述论——基于 1980—2013 年文本的分析",《教育发展研究》2017 年第 5 期。

② 上海教育:"上海市职业教育改革和发展'十三五'规划",http://www.shmec.gov.cn/html/xxgk/201611/301132016008.html(阅读时间:2018 年 10 月 15 日).

③ 上海教育:"关于编制和发布 2017 年度上海中等职业教育质量年度报告的通知",http://www.xhedu.sh.cn/cms/data/html/doc/2017-12/08/352988/(阅读时间:2017 年 12 月 15 日).

④ 上海教育:"关于编制和发布 2017 年度上海中等职业教育质量年度报告的通知",http://www.xhedu.sh.cn/cms/data/html/doc/2017-12/08/352988/(阅读时间:2017 年 12 月 15 日).

心"，建设"卓越的全球城市、令人向往的创新之城、人文之城、生态之城"、社会主义现代化国际大都市①，这对职业教育提出了新的挑战，在理清职业教育现状与发展趋势的基础上，必须要对职业教育的关键问题进行解读、分析。

(一) 如何兼顾经济的发展需求和人的发展需求

职业教育的职业性和教育性决定了职业教育的服务对象，即职业教育既要服务于经济的发展，同时也要服务于人的发展，为个体无边界职业生涯奠定基础。由于我国独特的经济社会发展背景，职业教育一直以就业为导向，追求满足经济社会发展需求。

自2010年以来，上海第一产业的生产总值持续下降，至2016年，第一产业的占比为0.4%；第二产业的生产总值则以3.8%的增长率增加，但相较于2001年至2016年8.3%的增长率而言，其发展速度有所减缓；而第三产业则以9.8%的增长率持续上升，至2016年，第三产业的占比达到69.8%。② 产业结构的变化必然会引起就业结构的变化，职业教育如何匹配当前上海经济结构或者未来的发展趋势，如何根据经济转型适当调整职业教育专业结构和人才培养，为经济转型升级提供人才支撑、为上海卓越发展提供人才支撑成为职业教育的关键问题。

同时职业教育是重要的民生工程，不能忽视其自身的教育性。随着全面建成小康社会以及人民生活水平的提高，学生家长对教育的多元诉求更加强烈③，同时在终身学习与学习型社会建设背景下，劳动者在终身学习中，其职业生涯需求从最初追求财富、地位和名望，逐步超越财富和地位，发展到追求更高层次的自我价值实现及成就感和满足感④⑤，基于终身教育的职业教育与培训将成为未来的发展方向。

在当前职业教育需要满足经济发展需求和人的发展需求的背景下，如何处理好两者的关系已经成为当前职业教育发展的关键问题。事实上，人的发展需求的

① 中国上海："上海城市规划2017—2035"，http://www.shanghai.gov.cn/nw2/nw2314/nw32419/nw42806/index.html#(阅读时间：2018年10月15日).
② 上海统计局："2017年上海统计年鉴"，http://www.stats-sh.gov.cn/(阅读时间：2018年10月15日).
③ 上海市教育委员会："上海市职业教育改革和发展'十三五'规划"，http://www.shmec.gov.cn/web/xwzx/jyzt_sonlist.php?area_id=3521(阅读时间：2018年10月15日).
④ 李光、赵建英："终身教育视野下的员工职业生涯管理"，《职教论坛》2014年第15期.
⑤ 彭小虎："小学教师生涯发展需求满意度调查研究"，《教育研究与实验》2013年第3期.

实现离不开经济社会的发展;经济社会的发展同样离不开人的发展,在德国人看来,生涯发展永远是基于真实世界工作岗位的生涯发展,如果个体在岗位上能够获得成功,那么无疑也会带动经济社会的发展。[①] 职业教育应当在明确两者的关系基础上寻求解决机制。

(二) 如何协调政府和市场的关系

职业教育的发展涉及不同的参与主体,治理职业教育需要建立起一种有效的治理机制以应对发展需求;职业教育的多元共治主要是指各种公共或私人机构和组织统筹合作、各尽所能,形成政府机构、职业院校、行业企业以及社会组织等利益相关主体共同参与的多元治理结构。[②] 教育的公共性也倡导多元主体的治理,强调合作、互动与服务。

当前世界各国越来越重视多元主体参与职业教育治理,例如,美国提出要激励学校和企业之间加强合作,通过在中等和中等后教育机构、雇主及行业间建立密切合作关系,提高职业教育学生的技术水平和就业能力。[③] 当前上海职业教育的发展很大程度上都是在政府主导下进行,而市场方面的行业企业以及社会组织等参与并不广泛。由于政府自身对如何发挥主导作用认识不足,对实现主导作用的形式和路径缺少探索和经验积累;校企合作的管理体制尚不完善,政府及其部门参与的职责分工有待明确;政府主导不足;政府支持的社会评价体系不成熟。当前,职业教育校企合作的法制建设仍然十分薄弱。再者,由于我国职业教育处于市场机制发展的初级阶段,市场方面的行业企业表达意愿的机会、条件尚不成熟[④],因而很难真正参与到职业教育发展中,政府对职业教育的发展指导力不从心,而市场行业企业缺乏指导职业教育发展的意识,两者之间没有建立起相互协调的促进的关系。

因此,如何处理好政府和市场之间的关系?如何让更多的主体参与职业教育

---

① 郝天聪、石伟平:"就业导向,还是生涯导向? ——职业教育发展两难抉择的破解之策",《教育科学》2017 年第 2 期。

② 南旭光:"多元共治:现代职业教育治理创新研究",《现代教育管理》2017 年第 3 期。

③ Investing in America's Future:A Blueprint for Transforming Career and Technical Education [EB/OL]. [2012 - 04 - 19]. http://www.ed.gov/news/speeches/investing-americas-future-biueprint-transforming-career-and-technical-education.

④ 和震:"职业教育校企合作中的问题与促进政策分析",《中国高教研究》2013 年第 1 期。

的治理？这成为了激发职业教育发展活力的关键问题之一。

（三）如何提升职业教育人才竞争力

职业教育是人力资源开发的重要部分，是促进劳动力就业和职业能力提升，加快产业结构转型的重要基础，是满足社会成员无边界职业生涯发展需求、提升城市竞争力和建设学习型社会的重要途径。上海建设国际大都市，提升城市国际知名度和影响力，落实"一带一路"、长江经济带战略需要上海职业教育为其提供极具竞争性的知识型、发展型的技术技能型人才。

当代社会的一个重要特征就是瞬息万变，随着科学技术的日新月异，社会的产业结构和劳动力就业结构不断发生着变化。伴随全球经济的继续演进，从业者在其工作生涯中预计将更换七次或八次工作。[①] 而上海企业已经由劳动密集型向知识密集型转变，以"机器换人"为背景的技术革命悄然而至，一方面低技能的工作不断被自动化；另一方面涌现出大量知识型、技能型的岗位，迫切需要大批高素质技术技能型人才的支撑。当前上海经济社会的发展不再需要仅仅具备某种职业娴熟岗位技能的劳动力，更加要求其具有更高的知识水平和技能，具备一定的学习能力、问题解决能力、交流协作能力、创新与革新能力等核心素养，能够快速适应新岗位。

因而，职业教育作为直接与经济生产相结合的教育类型，面对当前"机器换人"等新变化带来的严峻挑战，如何提高职业教育人才竞争力，增强个体的核心素养，成为了职业教育需要解决的关键问题之一。

（四）如何夯实职业教育基础力

目前上海职业教育呈现出快速发展态势，实现了规模上的重大突破，职业教育质量也不断提升，较好地适应了社会经济发展对技能型人才的需求。政策制度等要素的保障在职业教育规模和质量发展的过程中发挥着重大的作用，能够为职业教育"培养所需要的人"以及"正确培养人"保驾护航。

首先，政策制度、法律法规的支持。法律法规制度能够为职业教育的发展提

---

① Dede，C.（2010）. Technological supports for acquiring 21st century skills. In E. Baker，B. McG aw and P. Peterson（eds），International Encyclopedia of Education，3rd Edition（Oxford，UK：Elsevier）［EB/OL］. Available online at http://learingcenter. nsta. org/products/symposia _ seminars/iste/files/Technological_Support_for_21st Century_Encyclo_dede. pdf.

供良好的制度环境支持,职业教育在一定的法律法规制度下发展,其发展将更加规范、有序;其次,经费支持。职业教育本身具有昂贵性。职业教育的实施不仅需要铅笔和纸张,还可能需要厂房、石油、面粉、钢铁、木材以及化肥等,需要设备的购置、维修及更新,需要水、电、暖气的供应,需要往返实验基地……这些都需要经费,因此职业教育的成本更高[①],需要更多的经费支持。由国家办的职业学校和私人办的企业合作开展的"双元制"职业教育,构成了德国职业教育的主体,其最大的特点在于公共财政负责学校运转经费,由各级政府共同承担,企业承担企业培训费用。[②] 然而当前上海的政策制度支持力度不够,职业院校难以与企业进行资源上的共享,极大地限制了职业教育的可持续发展。因而,完善各项保障措施,增强职业教育发展基础力是当前职业教育发展必须解决的关键问题之一。

三、职业教育发展的基本思路

以立德树人为根本,以服务发展为宗旨,以促进就业为导向,统筹发挥好政府和市场的作用,系统设计现代职业教育的布局结构、体系框架和运行机制,推进上海现代职业教育的改革与发展,推动教育制度创新和结构调整,实现个体的无边界职业生涯发展,为推进"四个率先"、加快建设"四个中心"和社会主义现代化国际大都市,全面建成具有全球影响力的科技创新中心,提供更强大的技术技能人才支撑。[③]

(一) 精准定位职业教育功能,兼顾经济需求和人的需求

现代职业教育并不是单纯的职业培训,而是一种与复杂的职业环境相联系的"教育"类型,兼具职业性和教育性,因此,职业教育既要重视技能的培养,跟上经济发展需要,同时更应注重人的发展,培养全面发展的完满职业人。[④] 职业教育不

---

① 徐国庆:《职业教育原理》,上海:上海教育出版社 2007 年版,第 26—27 页。
② 王直节、许正中:"中德职业教育公共财政支持机制的比较研究",《教育研究》2013 年第 6 期。
③ "现代职业教育体系建设规划(2014—2020 年)",http://old. moe. gov. cn/publicfiles/business/htmlfiles/moe/moe_630/201406/170737. html(阅读时间:2018 年 10 月 15 日)。
④ 高宝立:"高等职业院校的人文教育:理想与现实",《教育研究》2007 年第 11 期。

应为了满足经济发展需求而忽视人的发展需求。

首先,上海现代职业教育的发展需要重视与产业的密切结合,按照当前设立的专业门类确定现代职业教育的规模、层次结构以及培养模式;根据行业企业的要求,结合职业院校的培养现状,引导形成中职培养、专科培养、应用技术本科培养、专科贯通培养、应用技术本科贯通培养以及社会培训这六种不同的人才培养模式,并且适应市场发展需求,调整和完善人才培养模式;根据上海各区县的产业发展特点,当地职业院校应当依据其产业发展特点以及趋势重点发展相关专业门类,努力做到专业发展与区县经济发展相协调。

其次,全面发展的完满职业人体现在可持续发展的技能要求、匠人匠心的人文精神和终身学习的发展理念三个方面。可持续发展的技能要求:包含基础岗位能力与职业核心素养。基础岗位能力往往是职业院校比较重视培养的,但职业学校对基础岗位能力的培养往往滞后于经济发展的需求,职业教育在目标导向上不仅要关注受教育者当前就业的需要,还要致力于受教育者的可持续发展能力的塑造,关注学习者无边界职业生涯的发展。因此,职业院校需要更加关注职业核心素养,它是个体在当今时代参与任何一项工作都必不可少的综合能力,在不同的职业岗位之间具有迁移性和普适性,在不同的职业生涯时期具有连续性和柔韧性[①],它是个体无边界职业生涯发展的核心。匠人匠心的人文精神:文化素养需要长时间的持续积淀才能够获得。面向未来的职业教育应深入挖掘技术技能背后的价值和精髓,着眼于促进受教育者"技、艺、道"之间的协调发展,在技术技能型人才培养过程中,做到"寓道于教",切实摒弃一些为了眼前利益而偏离职业教育本真价值的做法,实现受教育者的本体价值与工具性价值的协调统一,培养更多具有人文精神素养、适应社会发展所需的真正的"匠人"。[②]终身学习的发展理念:体现终身教育理念,坚持促进学生终身发展,建立面向人人的学习制度,努力让每个人都有人生出彩的机会。

(二)谋求合作共赢,倡导办学主体多元化

推动职业教育办学主体的多元化,是面向未来的职业教育的重要改革方向。

---

① 陈鹏、庞学光:"培养完满的职业人——关于现代职业教育的理论构思",《教育研究》2013 年第 1 期。
② 吴青松:"面向 2030 年职业教育发展中的挑战、问题及改革方向",《教育与职业》2017 年第 11 期。

要让多元主体参与职业教育办学的构想能够落到实处、取得实效，关键在于职业教育管理机制的变革。变革职业教育管理机制，核心则在于完善多元主体参与职业教育办学的激励机制[①]，统筹发挥好政府和市场的作用，推动治理体系和治理能力现代化。

发挥政府在职业教育体系建设中的引导、规范和督导作用，深化重要领域和关键环节的改革。现代政府更多地应是一种有限政府，有所为有所不为，做一个好的"掌舵者"而不是"划桨者"，契合有限政府的内在精神——"国家之手"只应该存在于市场失灵之处。[②] 基于未来职业教育发展要解决经济、社会、可持续发展等方面的一系列问题，从终身性、综合性、参与性的角度开展职业教育治理，建立多元利益相关者合作共赢的职业教育治理体系成为2035愿景下上海职业教育发展的重要趋势，这也是保障未来职业教育改革发展的必然要求。[③]

发挥市场在资源配置中的决定性作用，坚持需求导向，增强职业教育体系适应社会主义市场经济的能力，服务城市和产业发展需求、区县发展需要。2014年，国务院召开了新世纪以来的第三次全国职业教育工作会议，提出用改革的办法激发职业教育活力，提出"政府推动、市场引导的"的基本原则，发挥好政府保基本、促公平的作用；同时充分发挥市场机制作用，引导社会力量参与办学，扩大优质教育资源。[④] 让"看不见的手"在"看得见的手"的引导下，恰如其分地发挥作用，才是职业教育长久发展和日益兴盛的必由之路。[⑤]

（三）促进无边界职业生涯发展，打造纵横贯通的人才培养立交桥

无边界职业生涯的概念是 Arthur 在1994年最先提出来的，其主要说明社会组织环境的变化不仅会导致企业的重建和裁员，同时也会导致新的组织发展原

---

① 宫静·"面向2030职业教育发展中的挑战与应对"，《教育与职业》2018年第1期。

② 张秋华："论政府经济管理权的理性收缩——以有限政府理论为分析框架"，《东北师大学报（哲学社会科学版）》2015年第6期。

③ 李玉静："走向2030：UNESCO战略框架下全球职业教育发展趋势"，《现代教育管理》2017年第7期。

④ "国务院关于加快发展现代职业教育的决定"，http://www.gov.cn/zhengce/content/2014-06/22/content_8901.htm（阅读时间：2017年12月15日）.

⑤ 徐桂庭："政府经济学视角下的职业教育资源配置方式的演进与思考"，《中国职业技术教育》2015年第27期。

则,而这些组织原则的变化会改变个体职业能力的发展。[①] 面对当前上海社会环境的发展变化,为服务上海经济社会持续转型发展和个人"无边界职业生涯"发展需要,满足处于不同学习阶段和不同职业发展阶段的学习者需要,培育高素质劳动者和知识型、发展型、技术技能型人才,需要贯通学校和职业生涯,面向学龄青少年和全体劳动者,拓展职业教育和继续教育服务范围,协调政府与各相关主体的关系,整合资源,优化纵向贯通和横向融合的人才培养立交桥。

拓宽从中职、专科、本科到研究生的上升通道,统筹协调发展职业教育。加强中等职业教育基础地位,优化中等职业教育布局。创新发展高等职业教育,引导一批本科层次高等院校转型发展,优化高等教育结构。统筹职业教育和普通教育、继续教育发展,建立覆盖城乡学龄青年和全体劳动者、贯穿从学习到工作各阶段、满足人的多样化和差异化需求的现代职业教育体系,完善人才培养立交桥,满足人的无边界职业发展需要。

(四) 实现可持续发展,加强质量保障建设

未来职业教育的发展将更加关注社会的可持续发展。可持续发展视角具有三个因素:绿色经济、代际权力和全球公民素养。在绿色经济方面,职业技术教育与培训体系要培养绿色工作和绿色就业需要的技能;在代际权力方面,职业教育要有效应对可持续的经济活动对技能不断变化的需求,同时培养学习者相关的社会行为和价值观使其不损害未来几代人满足其需求的权利;全球公民素养是指,从可持续的发展角度来说,整个世界在时间和空间上都是联系在一起的,每个公民个体都必须站在整个世界发展的角度对自己的行为负责。[②] 关注社会的可持续发展有利于促进职业教育的可持续发展。

另一方面,良好的制度环境是职业教育发展的前提和基础[③],能够保证职业教育健康运行。健全区域职业教育发展机制,把促进公平作为制定政策的依据,保障区域职业教育共同发展;健全职业教育财政投入机制,保障职业教育办学基础建设;同时完善相应的质量评估体系。

---

① Defillippi, R. J. & Arthur, M. B. (1994), "The boundaryless career: A competency based perspective", Journal of Organizational Behavior, 2015(4). 307 - 324.

② 李玉静:"走向 2030:UNESCO 战略框架下全球职业教育发展趋势",《现代教育管理》2017 年第 7 期。

③ 潘建华:"制度架构下的职业教育发展研究论要",《现代教育管理》2013 年第 9 期。

四、职业教育发展的战略举措

教学发展方式是实现教育发展的方法、手段和模式,其实质是依赖什么要素、借助什么手段、通过什么途径、怎样实现教育发展。[①] 面对当前职业教育面临的关键问题,必须调整发展方式,优化职业教育结构,提高职业教育质量,并进行相应的职业教育体制机制改革,职业教育的发展主要有以下六个方面内容。

(一) 完善贯通融合的职业教育体系

1. 建立中小学生职业学习体系。一方面,开展中小学生职业体验学习。增加选修课和拓展性学习活动,提供中小学生多样性职业体验学习和职业探索机会,培养学生的职业认知,增强职业体验,着力提高学生的社会责任感、创新精神和实践能力,为无边界职业生涯发展奠定基础。另一方面,搭建中小学生职业体验平台。综合利用职业教育开放实训基地、课程和师资,开展"职业教育活动周""职业学校体验日"等活动,推动在普通中小学教育中的职业教育渗透。

2. 建立普职融通、中高本贯通的学校职业教育体系。建立普通高中和中等职业学校之间的合作融合,建立中等职业学校和普通高中统一招生平台,探索"课程互选、学分互认、资源互通",为学生提供更加自由、开放的个性化发展和成长空间,使学生拥有更大的学习选择权和自主权;完善中高职衔接和中高本贯通机制,为学生进一步学习深造打开上升通道;发展技术应用型本科教育,使学习者在职业技术教育体系和学术的两个平行体系之间自由畅通地流动,实现技术技能人才的衔接和贯通培养。

3. 提升社会培训能力,建立职前职后互通机制。一方面推进学校职业教育与成人继续教育的有机融合,推进学校职业教育与职业培训的并举与融合。加强对企事业单位员工和转岗、再就业人员等社会群体的职业技能培训,支持各类职业院校面向社会开放教育培训资源;利用与开发学校机构资源,开展校企合作和工学结合,为在职成人提供技术和职业教育与培训、不同形式的高等教育以及成人学习的机会,建立多元化的职业学习路径。

---

① 褚宏启:"论教育发展方式的转变",《教育研究》2011 年第 10 期。

(二) 建构跨部门多元主体合作的育人机制

1. 制定跨部门的合作政策。要"合作"就需要"统筹",统筹的实质是对全社会的统筹,积极打破行政部门间的壁垒,探索多个行政部门协调联动,系统整合学校、企业、行业、研究机构等多个主体、多种资源协同推进职业教育发展。

2. 推进职业教育办学主体多元化。增强公办职业院校活力,减少政府行政干预,切实履行监督规范职责,充分发挥职业院校能动性;制定行业企业参与的合作育人机制。以法律或法规的形式明确规定行业企业参与职业教育的权力、责任和义务,明确"奖惩机制""激励机制""保障机制"等具体制度,真正发挥行业企业参与职业教育过程的效用。以政府为主导,以企业行业为主体,以职业院校为基础,以职业培训机构为补充,建立终身职业教育和学习格局,形成政府、行业企业、学校合作的职业育人机制。

3. 实施市民终身学习促进工程。鼓励各级政府部门、各级各类学校、企事业单位和社会力量办学机构为社会提供教育教学资源,充分发挥公共文化设施、新闻媒体的社会教育职能。

(三) 健全系统科学的评价制度

1. 健全职业教育社会评价制度和质量报告机制,鼓励和支持社会第三方组织参与到对职业教育办学水平、人才培养质量的评价中来,并根据评价结果定期发布相关的质量报告,为职业院校的发展提供科学的决策信息。

2. 优化学校教学质量评估体系,通过教师自评、学生评价等多方参与评估,关注学生对学校教学的满意度、学生的学习成果以及教师的教学技能与水平,不断提高教学质量。

3. 完善以学生发展为中心的质量评估体系,关注学生在不同时期的发展,通过建立学生个人档案等,记录学生在不同时期、不同场所接受职业教育的情况。

(四) 优化职业教育可持续发展的资源配置机制

1. 优化职业教育财政投入制度,完善办学基础建设。完善经费稳定投入机制,建立与办学规模和培养要求相适应的财政投入制度,依法制定职业院校生均经费标准或公用经费标准。建立职业教育经费绩效评价制度、审计监督制度、预决算公开制度;

2. 加大基本建设和设施设备投入力度,实施高等职业院校技术技能培养能力提升工程,改善学校实习实训条件,支持建设一批与产业应用技术发展前沿紧密对接的产教研协同创新中心(基地)。

(五)打造结构合理的职业教育教师队伍

1. 改革职业教育教师培养体系。由于职业教育教师应当更加具有实践性,对具体专业的实践应用应当更加了解,同时准确把握当前职业核心素养,因此,职业教育教师的培养内容应当包括职业教育相关理论、教育教学理论以及相应的专业教学理论;增加其企业实习见习机会,提高教师教育能力。职业教育教师所应当具备的知识和能力要求必须形成独特的职业教育教师培养体系。

2. 建立职业教育教师准入制度。职业教育教师不仅仅需要具备教师资格证书,同时也应当具有相关专业的从业资格证书,具备3—5年相关企业、相关专业的工作经历。

3. 加强"双师型"教师制度建设。设立职业教育教师专业发展专项资金,鼓励专业教师获得专业技术资格或职业技能资格,成为"双师型"教师;吸引企业专业人才和能工巧匠担任兼职教师,不断壮大、优化专兼结合的"双师制"教学团队。

(六)构建学分积累转换制度和职业资格框架

1. 完善学分积累与转换制度。由于个体的无边界职业生涯发展超越了正规教育体系,还包括工作、社区和休闲生活中的非正规、非正式学习,因此需要以政府为主导,发挥行业企业的作用,完善培训补贴政策,探索实施在职人员带薪继续教育制度,健全继续教育激励机制,建立劳动者培训个人账户,整合各种学习情境中的非正规和非正式学习成果,实现技术技能等学习成果的互认和衔接。

2. 建立区域性(国家)资格框架体系。制定职业资格框架,确立透明、高效的技术和职业教育与培训质量保证系统,提高技术和职业教育与培训资格证书的透明度和认可度,建构连接技术技能型人才供需之间的纽带,实现学习者和劳动者之间的转换,确保职业教育与培训适应劳动力市场的需求。

报告执笔人:陆素菊

第十篇
学前教育专题报告

一、上海学前教育现代化提出的背景

第四次科技革命和工业革命方兴未艾,教育、科技、人才、文化等成为国际竞争的核心要素。我国经济发展进入新常态,在"一带一路"倡议、"中国制造 2025"、"大众创业万众创新"引领下,我国正在快步迈向经济社会发展的 2.0 版。作为全国最大的经济中心和对外开放的窗口城市,上海确定了到 2020 年基本建成"四个中心"和现代化国际大都市的战略目标,到 2040 年建成"卓越的全球城市,令人向往的创新之城、人文之城、生态之城"和"国际经济、金融、贸易、航运、科技创新中心和文化大都市"的远景目标。

城市的发展离不开现代化教育的改革与进步,城市经济建设、政治建设、文化建设、社会建设以及生态文明建设的全面推进,凸显了提高国民素质、培养创新人才的重要性和紧迫性。优先发展教育、提升教育现代化水平成为城市发展的基础和关键。2010 年以来,上海教育发展整体水平继续保持全国领先位置,率先基本实现了教育现代化。但从当今时代发展的大背景来看,我们依然面临着一些突出的问题:变革的劳动力市场,技术的更新换代,人口的压力,全球失业率的攀升,新型城镇化的推进,环境的恶化,政治环境的不稳定等因素,都对未来教育的改革与发展提出了新的要求。

学前教育是终身学习的开端,是国民教育体系的重要组成部分,在整个教育体系中居于重要地位。办好学前教育,关系亿万儿童的健康成长,关系千家万户的切身利益,关系国家和民族的未来。2035 上海市的社会、经济、文化和科技变革将使学前教育迎来一系列的变革与挑战：一方面，随着科技的进步和人工智能的普及，学前教育将迎来新的机遇，采取诸如人工智能的信息化手段可以详细记录未来幼儿学习与发展的水平，减轻教师文案工作压力，解放教师，儿童"电子档案""电子考勤"等智能管理方式催生了新的"智慧型幼儿园"，师幼互动的方式、教师的专业成长、幼儿园管理将呈现全新的面貌；另一方面，我们面临着更为严峻的挑战：在"全面二孩"政策背景下，适龄儿童数目将会在 2024 年达到最高峰，教师市场供不应求情况将异常突出，如何在短期内补充大量合格的、令广大家长满意和放心的幼儿园教师队伍？如何加强幼儿园教职工的专业准入、心理准入、伦理准入？教育均衡和可持续发展问题亟待解决，区域间资源配置不均衡、教育公平问题仍旧凸显。作为国际化大都市，上海未来可能面临国内人口流动（进城务工人员）和国际化人口流动（国外人口）的问题，如何真正做到去"小学化"、如何实现0—6 岁托幼一体化建设、如何实现特殊需要儿童学前教育的全覆盖，推进上海市学前教育发挥其公益、普惠、服务的社会职能，这都是未来上海学前教育将面临的巨大挑战。

推进学前教育整体建设和发展，为上海市民提供更公平、更均衡、更优质、更卓越、更便捷、更美好的基础教育开端，使优质的学前教育资源成为上海市教育发展和城市发展中的一抹亮色，真正办好人民满意的学前教育，是现代化 2035 上海学前教育发展的重要目标和努力方向。

二、上海学前教育现代化的战略原则

上海学前教育 2035 规划的制定必须把握好对学前教育未来发展特征趋势的判断。我们预测到 2035 年上海学前教育的普及阶段将基本结束，之后战略重心将转移到内涵提升阶段。因此学前教育现代化 2035 的工作重点将放置在教育内涵与教育质量提升、发展结构与发展模式优化升级上。对于上海学前教育 2035 的规划，需要从以下方面考虑。

1. 贴近中央关于教育的要求

中央对于教育尤其是对于学前教育的要求，是进行顶层设计、规划设计的基本要求。北上广地区作为国家经济发展与教育资源最发达的地区所面临的问题与阶段是基本相同的,中央对于其要求都是发达地区及城市率先实现教育现代化,所以将中央的要求作为规划思考的大前提与大逻辑十分必要。

2. 贴近国家学前教育现代化发展的方向

国家目前教育发展的主题是"教育现代化",学前教育作为教育领域的一个阶段,首先要符合"教育现代化"的基本逻辑,再者需要放眼世界学前教育领域,关注世界学前教育发展的一些前沿动态并紧跟其改革与发展的方向。

3. 贴近上海市学前教育发展的大事件

教育发展的难题具有区域性和特殊性。而对于上海来说,最主要就是有针对性地关注上海市学前教育发展的阶段性特征。2035 年,从整个国家层面看,学前教育应该依旧是普及时期,其次是战略重心转移到内涵提升的发展时期,但是对于上海来说,战略重心的转移即内涵发展质量方面的提升应成为发展的重点。

三、上海学前教育现代化的概念图景

面向 2035 的上海市学前教育现代化发展,将配合国家在 2020 年全面建成小康社会,在 2050 年打造出现代化国家战略部署需求,坚持目标导向、改革导向、问题导向,在资源配置、发展结构、体制机制、内涵质量、社会功能、品牌创造上进行重点突破,最终实现优质、便捷、多样、创新、具有活力和上海特色的学前教育发展蓝图。

图 10.1　上海学前教育 2035 概念图景

四、上海学前教育现代化的战略规划

（一）加速学前教育信息化建设，构建"智慧型"幼儿园课堂

1. 推动儿童信息电子化平台建设，为所有上海常住儿童办理"身份识别卡"

推动建立上海市儿童发展信息平台系统，为每位上海市内常住儿童免费办理"身份识别卡"①，形成微缩儿童发展档案；在原有"身份认证"的基础上，尝试将数据库平台功能从保障儿童人身安全扩展到记录、分析、追踪、监控并支持儿童学习与发展状况；加强系统化建设和政府职能的转化，加强信息管理法律建设工作，确保大数据背景下儿童个人信息的安全。

2. 积极探索人工智能在幼儿园中的运用

加强人工智能技术在学前教育领域的综合运用。鼓励高校、幼儿园和企业合作开展学前阶段STEM（科学、技术、工程和数学教育）教育的研究，探索将人工智能（AI）内容、技术（如AR、VR技术、虚拟课堂等）融入幼儿园的实践，营造"智慧型课堂"；开展智能校园建设，推动人工智能在教学、管理、资源建设等方面的全流程应用②，如"儿童电子档案""电子考勤""家园互动平台"等，营建"智慧型校园"；加强人工智能技术在学前教育领域的综合运用，借助人工智能的信息化手段解放教师，如利用Google眼镜、智能电子教育助理等，帮助教师进行智能、快速、全面的儿童档案记录、分析和追踪，培养"智慧型教师"。

3. 关注教师信息素养提升，关注儿童人文素养提升

教师应不断提升有效运用大数据进行教学的信息素养和信息能力，同时具备"信息化胜任力"，懂得如何检索、辨析、整理、利用和生成数据，成为主导信息的人；遵循人工智能时代对教师的新要求：精准把握儿童的成长需要与个性特质，给

---

① 建设身份识别卡、儿童信息数据库思路源于2010年经由河南省安阳市率先尝试，被证实已在保障儿童人身安全、保障儿童合法权益、防止突发意外等方面产生了积极的效果。建议上海市首先推进上海市常住儿童建立"身份识别卡"，除原有儿童基本家庭信息、血型、指纹、DNA外，尝试定期录入儿童的健康、发展数据，帮助追踪、评价、监测上海市儿童的学习与发展状况，并为儿童针对性支持提供依据。

② 该建议来自国务院印发《新一代人工智能发展规划》一文，该文要求实施全民智能教育项目，发展智能教育，开展智能校园建设，完善人工智能教育体系。

予儿童人工智能无法取代的个性化关怀、呵护和尊重,帮助儿童感受教育的温暖和仁爱的力量;在日常教育教学中,更重视提高幼儿的内在修养,丰富幼儿对于真实世界的认知与体验,加强幼儿与现实世界的联系,鼓励幼儿与自然世界连接。

(二) 推进教育资源均衡、共享,实现"普惠型"学前教育服务

1. 优化学前教育资源供给,支持推进普惠性民办园建设

鼓励有条件的企事业单位创办幼儿园,鼓励有条件的小学办附属学前班[①];探索"政府购买服务"的成本分担机制[②],通过教育行政部门向有资质的普惠性民办园、企事业单位及其他组织创办的幼儿园等购买学前教育服务的方式,扩大普惠性学前教育资源,满足上海人民方便入园、就近入园需求;支持普惠性民办园发展,对本市普惠性民办园实行一"奖"、二"引"、三"补"政策。一"奖",即建立完善政府财政性经费扶持民办学前教育发展机制,设立专项经费,重点用于普惠性民办园升等晋级奖励、幼儿园建设等各类补助,推进普惠性民办园质量提升;二"引",即明确普惠性民办园用地纳入全区发展总体规划,在用地指标安排、土地供给方式、土地规费减免等方面享受与公办园同等政策和优惠,推进民办园扩面行动;三"补",即对普惠性民办园持有教师资格证的高层次教师给予资金补助,设立普惠性民办园提升工程[③],同时规定普惠性民办园在分类定级、评估指导、科研项目申报、教师培训和职称评审等方面与公办幼儿园具有同等地位,推进普惠性民办园师资优化。[④]

---

① 2016 年,教育部部长袁贵仁在列席十二届全国人大四次会议开幕式时表示,积极支持企事业单位举办幼儿园,还可以在有条件的小学办附属学前班,以此应对全面"二孩"政策实施后,学前教育面临的压力。

② 2017 年 3 月,浙江省印发《政府向社会力量购买学前教育服务实施方案》,提出了"一'奖'、二'引'、三'补'"政策,通过政府购买服务,完善学前教育生均经费补助机制,进一步健全学前教育公共服务体系,取得了一定的效果,值得上海借鉴。http://www. moe. edu. cn/jyb_xwfb/s5147/201703/t20170301_297631. html(阅读时间: 2018 年 10 月 16 日).

③ 2008 年,南京市实施了由点到面的 3 轮次的集体幼儿园"提升工程",以区为单位成立领导小组,通过财政投入、园长培训、核定编制、结对帮扶等方法支持集体幼儿园的发展,其具体举措可作为推进上海市普惠性民办园质量提升的参考。

④ 该政策来自浙江省台州市扶持普惠性民办幼儿园发展的政策举措。政策由台州市椒江区教育、财政、发改三部门联合发文,为精准扶持普惠性民办幼儿园发展,推动普惠性民办园幼儿数量、质量提升起到了重要作用 http://www. mof. gov. cn/xinwenlianbo/zhejiangcaizhengxinxilianbo/201609/t20160928_2429312. htm(阅读时间: 2018 年 10 月 16 日).

（三）实现体制机制优化升级，营造"发展型"学前教育格局

1. 改革督导制度，推动第三方机构教育评估监测

变革督导方式，创设"上海市幼儿园督导评估资源共享与发展平台"，探索利用信息技术开展在线督导考核的新模式，督导将不需要进入幼儿园以避免干扰幼儿园常规教学活动，而是通过平台了解幼儿园的真实的教育教学情况，真正实现督导评估的"常态化"；充分利用督导平台的资源共享功能，坚持"以评促建"的评估理念。教师、家长、园长、评估人员、教育行政部门可以借助平台上传资料、进行即时交流、互动，实现考核的透明化与人性化，解放教师；鼓励社会参与教育评价，推进上海市学前教育管办评分离，引入独立于政府、幼儿园的第三方公益性评估机构，保障政府购买服务的质量。①

2. 建立"4＋4"幼小衔接模式，推动幼小衔接体制改革

继续推行小学生"零起点"教学和低年级"等第制"评价模式，推进建立健全幼小衔接教育机制；开展幼小衔接学制改革，做到资源整合、体系打通，实行教师跟班、教学过渡，教育资源均衡配置。建议改变以往"3＋5"的幼小学制模式，将小学一年级下移至幼儿园变为"4＋4"学制，建立幼儿园教师与小学教师教研协作共同体，共同制定幼小衔接阶段幼儿的课程目标、课程内容及课程形式，帮助幼儿顺利实现从幼儿园到小学的过渡。

（四）关注教师队伍建设，搭建"优质型"学前教育平台

1. 逐步取消教师编制，提高教师整体工资待遇，增强教师资格证含金量，实行教师身份信用认证制

坚持编制教师与实行人事代理非编制教师"齐步走"的队伍补充机制。在建立系统的非在编教师工资标准、变动、晋升、福利等规定，足额足项为教师缴纳社会保险和住房公积金等措施的基础上，变革教师招聘体制系统，逐步取消教师"编制"，均衡配置教育资源；提高幼儿教师工资待遇和各项福利，提升教师最低工资

---

① 2015年，教育部下发《关于深入推进教育管办评分离促进政府职能改变的若干意见》，部署构建"政府管教育、学校办教育、社会评教育"的格局；2016年，国务院颁布《关于鼓励社会力量兴办教育促进民办教育健康发展的若干意见》，大力推进管办评分离，建立民办学校第三方质量认证和评估制度，推进教育管办评分离，规范实施第三方机构教育评估监测，保障政府购买服务质量，成为未来学前教育评估中的重要方式。

标准,保障幼儿园教师工资待遇与中小学基本持平,不低于当地公务员工资水平;取消教师职称评定与教师工资水平挂钩机制,设置教师工资阶梯性增长制度,教师工资随工作年限增长,制定幼儿园教师收入倍增的计划;提高教师资格证的含金量,持教师资格证可享受城市购房、购车、出行、博物馆、图书馆优惠政策;[①]将教师资格证与师德挂钩,实行资格证"吊销"制,一旦出现有违师德行为,立即吊销教师资格证。以"教师身份"的信用认证实现教师资格证和诚信机制的联结,规范教师师德,增强教师自身的职业认同感,从根本上提高教师队伍质量。

2. 扎根实践,加强教研员队伍道德建设与专业培养

加强教研员队伍建设。在选拔教研员的程序中,抛弃仅从基层教师中选拔教研员的选拔机制,充分挖掘教研员学科特长,以增大教研员队伍的专业引领面;厘清部门、教研员职责分工,增设"教研行政助理"岗,进行项目化管理,降低教研员工作行政化。有计划地开展对现有教育科研人员的培训工作,提升教研员专业素质和业务水平。转变教研员观念,树立平等观念,在行动中实现评估的科学化、高效化、人性化和全面性;建立有效的竞争激励机制,对于在教育科研工作中有科研成果、做出成绩的教研员给予相应的待遇,将职称评审、工资奖金等与教研员工作成果相挂钩。

3. 拓宽师资来源,创新教师培训制度,加强教师队伍建设

拓宽师资来源,加强师范院校学前教育专业的建设力度,通过支持地方师范学校的改革和规划,鼓励高师、幼师和师专扩大学前教育专业的招生规模,采用"3+2"、"3+4"、本科和中职对口招生等多种培养模式,提供专业的学前教育人才;鼓励中小学富余教师、师范毕业生经过专业培训后进入幼儿园工作,扩充幼儿教师师资来源;加强幼师职后培训,改变传统培训方式,采取学分制,规定授课学分,教师根据学分要求选修感兴趣的课程,增强教师培训的效果和针对性。

(五) 坚持服务取向,构建开放、包容、全纳的"服务型"学前教育体系

1. 关注特殊需要儿童群体发展,推进上海市全纳教育整体水平提升

完善本市特殊儿童评估体系,细化特殊儿童分类标准,借助儿童福利信息管

---

① 根据《中华人民共和国教师法》第二十八条规定:"地方各级人民政府和国务院有关部门,对城市教师住房的建设、租赁、出售实行优先优惠。"但实践层面尚未落实,建议从此点入手,不断提升教师的福利待遇,提升教师的社会地位,巩固和完善教师队伍稳定性。

理平台,依托网格化管理畅通特殊儿童发现和上报机制,确保"精确到户"。采用物资发放、生活补贴、家庭入户指导和干预等方式,为特殊需要儿童生存、发展、学习提供支持和保障;健全上海学前特殊儿童教育有关师资培养、入学和升学安置、无障碍环境等实施细则。将自闭症儿童的早期筛查知识培训纳入各级儿童保健机构医务人员和幼儿教师的业务培训体系;完善普通幼儿园特殊教育考评机制,积极构建融合教育示范学校。建立特殊教育教师培训和职业发展机制,将特殊教育课程作为上海师范类高校师范生的必修课程;创办"上海流动儿童之家",开展健康保健和家庭教育服务,搭建重症疾病救助通道、组织流动儿童参与社区活动项目,建立应对儿童家庭暴力支持体系,为流动儿童提供力所能及的服务和帮助。

2. 保障进城务工人员随迁子女接受公平、优质的学前教育服务的权利

关注非沪籍常驻儿童、进城务工人员随迁子女等特殊儿童群体的发展需要。逐步推进实行上海市"住房租购同权"政策①,赋予符合条件的承租人子女享受就近入学的权益,保障市内所有儿童都能享有就近接受优质学前教育的权利;完善学籍信息管理系统建设,建立教育经费可携带支持机制,实现"一人一籍,籍随人走,钱随人走"的随迁子女入学动态监管全覆盖和全程跟踪,解决流入地公办学位紧张的问题。②

3. 建立学前教育社区服务中心和家长学校,满足家长多样化育儿需求

积极推进各区建立学前教育社区服务中心,进一步加强家庭教育的统筹规划,以"家校新型关系"建设作为基础教育转型发展的重要突破口,创新家校互动机制,保证每所幼儿园都建有"家长学校";③制定"上海市早期教育支持计划",充分利用上海已有资源,完善以上海市学前教育网、上海市早期教育指导服务中心等为代表的学前教育服务网站平台及资源库,支持科学育儿指导等大型育儿公

---

① 2017 年 7 月 17 日,广州市政府正式发布《广州市人民政府办公厅关于印发广州市加快发展住房租赁市场工作方案的通知》,《方案》明确,赋予符合条件的承租人子女享有就近入学等公共服务权益,保障租购同权,为解决上海进城务工人员子女入园问题,建议在上海地区推行租购同权政策。

② 2015 年,为解决随迁子女异地就学问题,财政部启动义务教育阶段教育经费可携带机制探索,化解流入地政府经费困局,上海可仿照此类方法,探索尝试通过建立教育经费可携带支持机制。

③ 2016 年,全国妇联联合教育部、中央文明办、民政部等九部共同引发《关于指导推进家庭教育的五年规划(2016—2020 年)》,提出了到 2020 年基本建成适应城乡发展、满足家长和儿童需求的家庭教育指导服务体系,健全家庭教育公共服务网络、促进家庭教育均衡发展的重点任务。

益活动的开展,重点面向低龄幼儿家长提供短期培训课程及实际有效的教育咨询。

4. 推进0—6托幼一体化建设

发挥上海市0—6岁托幼一体化建设在全国范围的引领作用,建立教育、卫生、计生、街道多部门合作运转机制,推进0—6岁托幼一体化建设的机制探索;到2035年,努力实现以街道为单位,早教中心全覆盖;建立上海市公益早教补助制度,为需要家庭免费提供一年不少于两次的早教指导服务;加强专业队伍建设,推进育婴师、早教教师、儿童保健师、营养师等专业人士培养,为0—6托幼一体化建设提供专业支持。

(六) 革新教育理念,创立具有辐射效应的上海"特色型"学前教育新模式

1. 树立立德树人根本任务,将弘扬传统文化纳入基础教育工作重点

加快推进《上海市幼儿园德育工作指南》研制工作,树立学前教育基本理念和价值导向,着力思考上海学前教育该培养具有什么样品德、价值观、核心素养和能力的儿童;[1]关注传统文化在基础教育中的地位,集中力量编写中华文化幼儿读物,开展"儿童传承美德"系列教育活动,创作系列绘本、童谣、儿歌、动画等;围绕立德树人的根本任务,遵循儿童的学习和发展规律,以游戏为基本活动,将中华优秀传统文化全方位融入幼儿思想道德教育、文化知识教育、艺术体育教育以及社会实践教育等各个环节。[2] 用优秀的文化陶冶、浸润、滋养儿童的心灵,向儿童播撒中华民族优秀传统文化的"微光"。

2. 面向上海教育现代化2035,建构上海ECE学前教育模式

立足上海实际,努力推进建设坚持公益、开放多元、优质均衡、充满活力、具有上海特色的学前教育模式;在总结上海学前教育发展的经验与特色的基础上,营

---

[1] 2017年9月,为落实党和国家对德育工作的要求,适应德育工作自身改革发展的需要,教育部印发了《中小学德育工作指南》,根据中小学生年龄特点、认知能力和教育规律,按照小学低年级、小学中高年级、初中学段、高中学段四个阶段,提出了分层次的德育目标,明确了不同阶段具体目标要求。但该份文件并未涉及学龄前儿童的德育。学龄前是儿童道德发展的关键时期,如何在幼儿园阶段树立立德树人的根本任务,帮助儿童树立国家意识和初步的社会责任感,了解本民族的优秀传统文化,需要结合学龄前儿童的发展水平进行深入研究。

[2] 2017年1月,中共中央办公厅、国务院办公厅印发了《关于实施中华优秀传统文化传承发展工程的意见》,要求将传统文化贯穿国民教育始终。

建品牌,构建上海 ECE 学前教育模式,发挥上海作为现代化国际大都市在全国及国际上学前教育发展中的领先和示范作用。上海 ECE 模式,既要有传统文化传承的人文情怀,又要有国际格局和视野,代表中国现代化学前教育,同世界其他国家、地区进行对话和交流。

报告执笔人:姜勇、郑楚楚

　　优质特殊教育是实现教育公平的重要基础。改革开放四十年来,我国特殊教育事业实现了历史性的发展。近年来,特殊教育更是受到了党和国家的高度重视,《国家中长期教育改革和发展规划纲要(2010—2020)》将"特殊教育"单列一章,为特殊教育发展提供了前所未有的重大机遇,"十二五"期间,党和国家把特殊教育放在教育事业发展全局的高度,统筹规划,系统推进,取得了显著成效。伴随《特殊教育提升计划》(2014—2016)和《第二期特殊教育提升计划》(2017—2020)的实施以及《残疾人教育条例》的修订,国家层面对特殊教育的政策保障显著加强、投入力度明显增加、办学条件不断完善、师资队伍建设初见成效,特殊教育普及和发展水平持续提高,残疾人受教育机会显著增加。特殊教育改革发展呈现出从未有过的新局面。

　　上海市地处我国东部发达地区,特殊教育事业发展具有良好的基础。上海的经济、文化与教育的发展为特殊教育发展提供了有力的保障。《上海市中长期教育改革和发展规划纲要(2010—2020)》提出"为了每一个学生的终身发展"的理念,将包括残疾学生在内的所有学生享有公平的教育机会以及享受优质教育资源作为发展目标。[①]　近年来,上海市特殊教育取得了长足发展。2011年起,上海市以开展国家教育体制改革试点项目"推进医教结合,提高特殊教育水平"研究为契机,在医教结合管理制度和专业服务体系、特殊教育信息通报系统等课程实施保障机制的研制与应用方面取得了突破性进展。与此同时,上海市通过先后实施三轮特殊教育三年行动计划,在特殊教育管理体系与服务运行、医教结合、特殊教育课程建设、特殊儿童信息通报等各方面取得了突出进展,特殊教育发展处于国内领先地位。

---

① 刘春玲:"为了每一个学生:上海市特殊教育的内涵发展",《现代特殊教育》2016年第6期。

一、特殊教育的发展现状与趋势

近十年来,尤其是"十二五"以来,上海特殊教育发展进入快速发展期,在建设高起点、高质量的特殊教育的理念指导下,上海市特殊教育办学体系、办学条件等得到了较大改善,师资队伍向年轻化、专业化发展,特殊教育的课程改革不断深入,基本保障了残疾儿童的受教育权,为特殊教育向纵深发展建立了坚实的基础。

(一) 特殊教育体系不断完善

为保障全体残疾儿童均能享有公平而有质量的教育,上海市着力建设与完善特殊教育体系,建立了以特殊教育学校为骨干、以特殊教育班和随班就读为主体、以送教上门为补充,从学前教育到高等教育互相衔接、普特融合的特殊教育体系。截至 2017 年,全市共有特殊教育学校 29 所,其中盲校 1 所,聋校 3 所,辅读学校 19 所,特殊职业学校 5 所,综合性特殊教育学校 1 所;另有特殊幼儿园 1 所,学前教育点 27 个,全日制高等教育点 4 个。

1. 积极开展残疾儿童早期干预

20 世纪 80 年代末期,部分特殊教育学校及医疗机构尝试针对学龄前残疾儿童开展早期干预。90 年代中期开始,上海市教育系统通过在特殊学校设学前班、举办特殊幼儿园、在普通幼儿园特教班等方式,对各类残疾儿童开展早期教育,越来越多的学前残疾儿童得到了干预训练。截至 2017 年,全市共有学前特教点 27 个,在教育机构接收早期教育的学龄前残疾儿童达 546 名。

2. 残疾儿童义务教育入学率达到较高水平

为保障残疾儿童接受义务教育的权利,自 20 世纪 90 年代后期开始,上海市率先推行对无法正常到校上学的重度及多重残疾儿童实施"送教上门",2003 年,《上海市人民政府办公厅关于印发上海市特殊教育事业"十五"规划的通知》(沪府办〔2003〕8 号)正式提出将"对中重度、多重残障、脑瘫、自闭症儿童少年的教育得到发展"作为发展目标之一。[①] 构建了以随班就读和特教班为主体、以特殊教育学校

[①] 上海市人民政府办公厅:"上海市人民政府办公厅关于印发上海市特殊教育事业'十五'规划的通知"http://law.lawtime.cn/d406918412012.html(阅读时间:2018 年 11 月 6 日)

为骨干、以送教上门为补充的多元化的教育安置形式。特殊教育对象逐步扩展到自闭症、脑瘫、多重残疾、重度残疾等各类残疾儿童,适龄残疾儿童入学率达到98%以上。

3. 不断推进残疾儿童职业教育、高中教育和高等教育

残疾儿童职业教育及高中教育始终是特殊教育发展的关注点之一。上海市通过举办专门的特殊教育高中、中等职业学校、普通职业学校特教班以及在普通学校随班就读等多种方式,为各类残疾儿童提供适当的职业教育和高中教育。2017年,上海政府相关部门先后发布关于加强特殊职业教育管理的实施意见①,明确了特殊教育高中阶段学校考试招生工作②,在全市十六个区设立了特殊中等职业学校或班级,极大地推动了特殊职业教育的发展。为满足残疾学生接受高等教育的需要,上海应用技术学院、上海师范大学、华东师范大学和上海第二工业大学通过举办特教班、融合教育的方式为残疾学生提供接受高等教育的机会。

(二) 特殊教育办学条件显著改善

近年来,上海市加大投入,积极为残疾儿童创设良好的教育教学、康复与生活环境。2010年,市教委印发了《市教委关于进一步优化特殊教育学校(班)办学条件的几点意见》(沪教委基〔2010〕43号)③,对各区进一步做好特殊教育办学条件建设工作提出具体意见。同时,市、区两级财政加大特殊教育专项经费支持力度,经过近十年的努力,全市各特殊教育学校达标建设基本完成,特殊教育学校办学条件得到显著改善,为残疾儿童和学生添置了大量先进的教育教学、康复和现代信息技术等设施设备,建设无障碍设施,极大地丰富了特殊教育资源,学校面貌焕然一新。与此同时,学前特教点、普通学校资源教室的条件也有了显著改观,为实施优质教育创造了良好的条件。

(三) 特殊教育课程改革持续推进

上海市教委将特殊教育纳入基础教育二期课改,先后发布了《上海市辅读学

① 上海市教育委员会、上海市残疾人联合会"关于加强特殊职业教育管理的实施意见":沪教委基〔2017〕11号。
② 上海市教育委员会"关于2017年本市特殊教育高中阶段学校考试招生工作的实施意见":沪教委基〔2017〕22号。
③ 上海市教育委员会:"关于进一步优化特殊教育学校(班)办学条件的几点意见",http://www.shmec.gov.cn/html/xxgk/201006/402142010001.php(阅读时间:2018年4月6日).

校九年义务教育课程方案（试行）》以及包括生活、品德与社会、实用语文、实用数学、感知运动训练、言语沟通训练以及行为训练等多门学科的课程纲要（指南），并编写了学前特殊教育课程纲要、随班就读课程实施指南以及特殊中等职业学校（班）课程方案，在推进特殊教育课程改革中取得了重要突破。

（四）特殊教育师资队伍不断优化

特殊教育师资队伍建设始终是上海市特殊教育发展的重要工作内容之一。上海市率先实施了特殊教育教师"双证"制度、特殊教育教师职称评审单列等制度，并通过特殊教育岗位培训、各类专题培训、各级骨干教师培养、举办特殊教育名师基地等措施，有效提升特殊教育教师的专业化水平。截至 2017 年，上海市特殊教育教师总计 1 739 人，具有大学本科及以上学历的占 86.4%，具有研究生学历的教师 157 人，占 9%，远高于全国总体水平。[①]

（五）特殊教育跨部门合作取得显著成效

特殊教育管理是一个复杂的系统，涉及到教育、卫生、残联等多个部门。2009年，《上海市特殊教育三年行动计划》（2009—2011 年）提出"构建满足残疾学生身心全面发展需求、医教有机整合的特殊教育支持保障体系"。2010 年，上海市政府与教育部签署教育体制改革项目书，确立了"推进医教结合，提升特殊教育水平"的实验项目，经过多年探索与实践，突破了部门之间长期存在的壁垒，建立了医教结合管理体系与服务体系，实现了教育、卫生计生、残联之间的跨部门合作，为提高特殊儿童服务的针对性和有效性奠定了基础。

二、特殊教育发展面临的新挑战

尽管上海市目前在构建特殊教育体系、改善特殊教育办学条件、推进特殊教育课程改革、优化特殊教育师资队伍、推动跨部门合作等方面初见成效，但从教育效能的发展现状以及发达国家与地区特殊教育的发展趋势来看，上海市的特殊教育在完善特殊教育体系、有效推进融合教育、提高特殊教育质量、完善特殊教育支

---

① 教育部 2016 年教育统计数据显示，全国特殊教育专任教师本科以上学历占比为 64.8%，研究生学历占比为 2%。http://www.moe.edu.cn/s78/A03/moe_560/jytjsj_2016/2016_qg/201708/t20170823_311707.html（阅读时间：2018 年 10 月 16 日）.

持保障体系等工作中还面临着许多亟待破解的发展难题与新的挑战。

（一）如何进一步完善特殊教育体系

相比普通儿童，有特殊教育需要的儿童对具有可持续性、衔接性且与不同发展阶段相适应的特殊教育发展系统有着更高的需求。[①] 不同层次结构与安置体系的协调发展能够为不同障碍类别和障碍程度的特殊儿童提供满足其特殊教育需要的多样化教育机会。与各学习阶段对应，早期干预服务体系能够为儿童的毕生发展提供良好的开端，完备的学前特教专业设施设备条件及专业的师资力量是特殊幼儿接受教育与康复训练的重要依托，随后的义务教育阶段是掌握必要的知识基础的关键时期，而职业/高中阶段教育以及高等教育则是特殊儿童发展独立生活能力、融入社会的重要转衔阶段。相应地，各国基本上形成了从学前教育到小学教育、中学教育、职业教育与高等教育的特殊教育纵向层次结构。其中，发达国家与地区的特殊教育各层次之间衔接更为顺畅。[②]

近年来，上海市特殊教育体系不断完善，其层次结构与国际发展趋势一致，但力量集中在义务教育阶段，特殊儿童的早期干预以及学前教育、职业/高中阶段教育、高等教育乃至终身教育尚有大量的发展空间，各层次之间的衔接性较弱；特殊教育的服务范畴虽不断扩大，但主要限于残疾儿童，尚未覆盖全体有特殊教育需要的儿童。上海市的特殊教育体系建设能否与特殊儿童的不同的发展阶段相适应？各层次之间的可持续性与衔接性如何？为了回答上述问题，我们需要在当前与今后很长一段时期结合国际特殊教育发展趋势及上海市特殊教育发展的实际情况进行持续而深入的实践与探讨。

（二）如何有效推进融合教育

融合教育是旨在促进全体儿童共同受益的教育潮流。随着融合教育在全世界范围内的推广与发展，各国对这一教育实践的关注点逐渐转向如何提供合适的教育支持与服务以实现更高质量的融合教育。2017 年，我国新修订的《残疾人教育条例》也进一步倡导"积极推进融合教育""根据残疾人的残疾类别和接受能力，

---

① 方俊明：“构建与完善现代特殊教育的三个体系”，《当代教师教育》2017 年第 4 期。
② 邓猛：“关于特殊教育体系发展的思考”，《现代特殊教育》2016 年第 11 期。

采取普通教育方式或者特殊教育方式,优先采取普通教育方式"。①

　　近年来,上海市各区因地制宜地探索了多种推进融合教育的办法与策略,使得融合教育的内涵与工作方式趋于多元化。同时需要看到的是,随着工作重点从相对表浅的物理空间融合向实质意义上的融合推进,各相关利益方遇到的难题也日益突出。主要表现为:接受融合教育的特殊学生人数少、范围窄,大量有特殊教育需要的非残疾学生未能接受到特殊教育及相关专业服务;融合教育主体责任与协同合作工作模式有待进一步明确;融合教育管理与支持力度不够,多数特殊儿童未能在普通教育环境中接受合适的教育。因此,在保障受教育权利的基础上,探索为特殊儿童提供合适的、有质量的教育的有效途径成为了当下推进融合教育过程中亟待解决的核心问题。

(三) 如何显著提升特殊教育质量

　　如今,随着各国开始重新审视特殊学校、资源教室、融合教育等模式以求为特殊儿童提供更高质量的教育②,我国也开始越来越多地探讨"如何办好特殊教育"。例如,我国《残疾人教育条例》明确提出"残疾人教育应当提高教育质量"③,与多数国家与地区一致,提高特殊教育质量既是上海市特殊教育发展的核心目标,同时也是当前面临的最大挑战,主要表现为:缺乏完善的特殊教育质量监测制度,缺少系统的质量监测指标、工具和督导体系;教育教学的针对性不强,课程与教学改革有待进一步深化,满足特殊儿童个别化教育与相关专业服务需求尚有很长的路要走。

(四) 如何强化特殊教育支持保障体系

　　《国家中长期教育改革和发展规划纲要(2010—2020 年)》提出要"健全特殊教育的保障机制"。④ 随着特殊教育的快速发展,特殊教育对象的覆盖范围不断扩

---

① 国务院:"残疾人教育条例",http://www.gov.cn/zhengce/content/2017-02/23/content_5170264.htm(阅读时间: 2018 年 11 月 5 日).
② 邓猛:"关于特殊教育体系发展的思考",《现代特殊教育》2016 年第 11 期.
③ 国务院:"残疾人教育条例",http://www.gov.cn/zhengce/content/2017-02/23/content_5170264.htm(阅读时间: 2018 年 11 月 5 日).
④ 国家中长期教育改革和发展规划纲要工作小组办公室:"国家中长期教育改革和发展规划纲要(2010—2020 年)",http://old.moe.gov.cn/publicfiles/business/htmlfiles/moe/info_list/201407/xxgk_171904.html(阅读时间: 2018 年 11 月 5 日).

大,呈现出障碍类型复杂化、障碍程度严重化、多重障碍增加的趋势,这一发展趋势必然会对特殊教育支持保障体系提出更高要求。

目前,上海市特殊教育师资力量与专业化水平尚无法满足特殊教育需要儿童日益多元化的需求;缺乏有效的协同工作模式,未能充分重视与整合特殊教育师资、家长、同伴及社区等重要社会支持力量;特殊教育的信息化与资源保障有待进一步拓展。这些问题极大地限制了特殊教育的发展。因此,完善特殊教育支持保障体系将是今后实现特殊教育现代化及提升特殊教育质量的重中之重。

三、特殊教育的发展目标

特殊教育是社会文明的重要标志。面向未来的上海市特殊教育现代化发展,要立足特殊儿童的需求,以提升内涵为核心,以公平、优质、融合为导向,最大限度满足特殊儿童及其家庭对特殊教育的多元需求。

特殊教育要面向所有有特殊教育需要的人群,针对个体需求提供有针对性的教育与相关服务。要在普通幼儿园、中小学、职业学校、高等院校全面实施融合教育,建立并完善特殊儿童的发现、诊断、评估、教育与转衔服务体系,建立特殊教育质量监测制度,全面提升特殊教育质量,推进跨部门多学科合作,让每个特殊儿童都能享受公平优质融合的特殊教育与相关专业服务。

四、特殊教育发展的战略举措

(一) 建立公平优质的特殊教育服务体系

1. 建立特殊儿童早期干预体系

与卫生及相关部门合作,及早甄别各类特殊儿童,科学、全面地评估特殊儿童的发展与教育干预服务需求,建立特殊儿童早期干预管理与支持系统,实施个别化家庭服务计划,为0—3岁特殊儿童提供早期干预。

2. 完善特殊教育体系

保障全体特殊儿童接受学前至高中阶段教育。将特殊儿童义务教育延伸至学前及高中阶段,保障特殊儿童接受15年免费教育。合理配置特殊教育资源。

依据特殊儿童发生、分布情况，合理设点布局，配置优质特殊教育资源，满足特殊儿童就近接受教育及相关服务的需求。建立特殊儿童发现—评估—安置—教育—转衔服务体系，建立弹性、多元的特殊儿童教育安置体系，根据特殊儿童的障碍程度和教育需求提供梯度式、多样化、弹性灵活的连续安置选择，满足不同阶段、不同类型特殊儿童教育安置的需求；逐步减少送教上门学生人数，接纳极重度、多重残疾学生入校就读；建立特殊儿童转衔服务体系，实现不同教育阶段、不同教育安置方式、学校教育与就业安置之间特殊教育服务的无缝衔接。积极推进残疾人高等教育与继续教育。

3. 拓展特殊教育服务对象

逐步将特殊教育对象从残疾儿童拓展至有特殊教育需要的儿童，将学习障碍、情绪与行为障碍、病弱等各类特殊儿童纳入特殊教育范围，为其提供适当的特殊教育及相关专业服务。

4. 建立跨部门多学科合作服务体系

突破部门之间的壁垒，整合优质专业资源，建立教育、卫生、残联、民政等相关部门共同参与特殊儿童教育及相关服务工作的管理体系，建立管理制度，明确职责与分工，形成工作合力；建立跨部门合作运行机制，实现部门之间、学校与相关专业机构之间、教师与相关专业人员之间的有效合作，实现特殊教育与相关专业服务的合理衔接，为特殊儿童提供教育、医疗、康复、社会福利等综合服务。最大限度地满足特殊儿童的教育与相关专业服务需求。

5. 建立特殊教育专业支持体系

整合优质专业资源，建立专业支持与服务网络。加强市级、区级特殊教育指导中心建设，通过赋权增能，提升特殊教育指导中心专业服务能力，强化市特殊教育资源中心、特殊学生评估中心等专业机构的服务能力；强化市教研室特殊教育课程与教学指导能力；建设专业资源，充分利用家庭、社区及社会力量，共同支持特殊教育。

6. 建设特殊教育公共服务平台

完善特殊教育信息通报系统，实现对特殊儿童的动态监测；建设特殊教育公共服务平台，整合优质特殊教育与相关服务资源，实现普及与共享。

（二）大力推进融合教育

1. 普通学校全面推行融合教育

普通中小学、幼儿园、职业学校及高等院校全面推行融合教育,通过普通班、资源教室、特殊班等多种方式实施融合教育;普通学校全面建成无障碍校园,实现物理环境与人文环境的无障碍,通过多样化的支持手段,消除特殊学生适应学校学习与生活的障碍;普通学校承担融合教育的主体责任,在学校制度设计、管理服务、课程、教育教学活动中充分体现融合,为全体学生提供适当的教育。

2. 完善资源教室功能建设

建立并完善资源教室评价机制,根据特殊儿童的教育需求充实资源教室的设备,做到有的放矢,有所侧重,在建设达标的基础上,重点评价资源教室在个案管理、教学辅导、支援服务以及教育咨询等方面的运作情况,推进资源教室的优质发展。

3. 建立特殊教育与普通教育的衔接体系

实现包括学前教育、义务教育、高中/职业教育、高等教育等各教育阶段在招生入学、课程教学、考试评估、质量监测等各教育服务环节的融通与衔接。

（三）全面提高特殊教育质量

1. 完善特殊教育课程建设

建立与普通教育课程贯通融合的特殊教育课程体系。基于各类特殊儿童的障碍特点与需求,在普通教育课程的体系下架构特殊教育课程体系。

2. 提高教育教学成效

基于评估,制定并落实特殊学生个别化教育计划,为每个特殊学生提供有针对性的特殊教育及相关服务;聚焦学生发展规律与学习特点,创新教学模式、改革教学方法。积极探索提高融合课堂教学成效的有效途径,探索针对自闭症学生、多重残疾学生的教育教学策略,切实提高教学成效。

3. 推进信息技术与特殊教育深度融合

充分发挥现代信息技术独特优势,建设适于特殊学生学习与发展的便捷灵活和个性化的学习环境,创新特殊学生教育教学与康复服务方式。根据特殊儿童的身心功能状况及特殊需要,按照合适、便捷和通用设计的原则,灵活多样地运用辅助技术,实现课程内容呈现、表达方式、信息获取、知识通道、识别手段、学习方式及评价方式多样性;利用新方法与新技术跟踪和评估学生,为调整教育教学提供信息,并通过自适应学习工具为每个学生提供定制化内容;创新特殊儿童教育教学与康复服务方式,突破地域边界、人员边界、学科边界,构建新型的特殊儿童诊断与评估、教育教学、康复训练服务体系。

4. 建立特殊教育质量标准与监测制度

建立特殊教育质量标准,包括各级各类特殊教育学校以及融合学校标准、各类特殊教育教师标准以及特殊儿童教育与发展标准。建立特殊教育质量监测体系与制度,动态追踪特殊学生的发展状况以及特殊教育质量。

(四) 建立高质量特殊教育师资队伍

1. 全面提高普通教师融合教育素养

支持高等院校面向全体师范生开设融合教育课程;将融合教育课程纳入普通学校教师职后继续教育课程体系中,各级各类教师资格证书考试中增加"融合教育"模块知识与技能的要求,提高普通学校管理者与教师实施融合教育的能力。

2. 加强特殊教育师资队伍建设

配足配齐各类特殊教育教师,包括特殊教育学校教师、巡回指导教师、普通学校特殊教育专职教师。采取分类分层的方式,培养高质量特殊教育教师。建立特殊教育教师专业发展平台,通过特别扶助政策,支持高校特殊教育专业培养高层次特殊教育专业人才。全面提高特殊教育教师待遇。提高特殊教育教师津贴标准,建立融合教育教师津贴制度,吸引优秀人才充实特殊教育师资队伍。

3. 加强特殊教育相关专业服务人才的培养力度

医学院校加强 OT/PT/ST 等康复专业人才的培养,满足特殊教育对相关专业服务人员的迫切需求。

(五) 加强特殊教育管理与支持力度

1. 完善特殊教育管理体系

建立跨部门管理服务制度与运行机制,完善各级特殊教育管理与服务体系。理顺各级教育管理部门普特分离的管理机制,通过普通教育的改革来解决融合教育和一系列阻碍特殊教育发展的问题,积极探索建立普特深入合作的育人机制。

2. 保障特殊教育经费投入

提供充足的经费支持,保障对特殊儿童教育教学、支持服务、特殊教育资源建设、队伍建设、人才培养、科学研究等领域的经费投入,促进各级各类特殊教育优质协调发展。

报告执笔人:刘春玲、姚小雪

党的十八届三中全会以来,推进国家治理体系和治理能力建设就成为全面深化改革的总目标,而建立教育领域多元参与、共建共享的系统治理机制更是其重要组成。[①] 十九大及十九届三中全会之后,以深化党和国家机构改革的全面启动为标志,我国全面深化改革已驶向更深水域[②],这也预示着国家层面的治理体系和能力建设正步入新的阶段。就教育领域而言,五年来全国层面已完成"四梁八柱"体制改革任务,教育改革进入"全面施工内部装修"阶段[③];而作为全国教育改革排头兵的上海,立足于 2035 年建设全球城市的宏愿,更需要领先一步打造面向未来、适应新时代需求的教育生态,以不断满足人民日益增长的美好生活需要。[④] 上述目标的实现,也越发有赖于一个结构合理、活力充沛、能量强劲的现代治理体系来驱动和支撑。

一、现状与趋势

作为国内首屈一指的大都市以及颇具潜力的全球性城市,上海始终担当着引领中国教育现代化、探路教育综合改革的先锋。尤其是近五年来,上海在原有的

---

① 参见 2013 年 11 月十八届三中全会通过的《中共中央关于全面深化改革若干重大问题的决定》有关内容。
② 参见人民网,"中央深改委首会,习近平如何谋划全面深改新阶段?",2018 年 4 月 2 日。http://js. people. com. cn/n2/2018/0402/c360299-31410895. html。
③ 参见陈宝生,教育改革进入"全面施工内部装修阶段",搜狐网,2017 年 10 月 20 日,http://www. sohu. com/a/199210787_407299。
④ 见 2017 年 10 月习近平总书记所作的党的十九大报告。

教育优势基础上取得了更大进展,综合改革释放了"红利",激发了活力,增强了实力,教育在整体上保持国内高位领先,并在某些领域形成了较为显著的国际影响力和话语权。① 尽管成绩显著,但相对于人们对更优质教育的旺盛需求、相对于建设有竞争力和包容性的全球性城市的战略目标而言,上海教育还有很大的提升与发展空间,也存在诸多体制机制问题有待破解,深层次的治理体系和能力建设工程也亟待进阶。

而放眼全球,社会转型与教育变革的浪潮愈发风起云涌、势不可挡。全球化、信息化和网络化的强劲力量,不断冲击、瓦解并重构着百余年来现代社会发展所形成的制度体系与文化结构,工业社会的文明形态正面临着新一轮的蜕变与重生。"复杂性""不确定性""风险""变革"乃至"不可思议"已经越来越成为标识当下后工业社会生活"变动不居"特征的热词。② 纵览各国人们面临的不少社会现象和问题,越来越彰显出"无界性"(boundarylessness)的特征③,气候与环境、安全与反恐、金融危机和经济动荡、移民流动与社会分化等问题,无一不超越了时空局限、国别界限和社会系统的边界,经济、政治、文化和社会等多重因素在不同的层次维度和时间阶段,交织聚合为不同的形态从而突现为异常复杂的"魔性问题"(wicked problem)④,这对传统上基于线性逻辑和封闭系统的公共政策和社会管理模式都带来了极大挑战。

正是在此背景下,一场近乎席卷全球的公共治理转型在近三十年间不断蔓延扩展,形成了一场声势浩大的社会运动。为了探索如何有效应对"无界性"复杂公共议题的冲击,在西方主流国家以及经济合作与发展组织、世界银行等国际组织的助推下,"现代治理"或"新治理"的理念和实践逐渐进入各国关注的视野。

何谓治理? 是一个需要廓清的概念。传统语境中,"治理"往往和一些具体的社会及教育疑难(尤其是一些负面的、棘手的难题和现象)的破解有关。基本是"整治"或"整顿"的含义,其意在为民排忧解难、兴利去弊,扫除乱象、建规立制。

① 丁晓东:"新时代上海教育综合改革的思考",http://mini. eastday. com/mobile/171105001451812. html(阅读时间:2018 年 4 月 2 日)。
② Bauman, Z. *Liquid Times*:*Living in an Age of Uncertainty*. London:Polity, 2010.
③ Siegel, D. J. (2010). *Organizing for social partnership*:*Higher education in Cross sector collaboration*. N. Y. :Routledge.
④ Grint, K. *Leadership*:*A Very Short Introduction*. Oxford:Oxford University Press, 2010.

广义上讲,治理的概念可以包括任何一种规制形态(all patterns of rule),甚至囊括传统社会等级森严的政府管制。[①] 但在当前的社会语境下,"治理"尽管看起来表意多样、内涵丰富,像一个无所不包的概念大伞[②],但却体现出一种有别以往的"新治理"(the New Governance)理念,它特指近三十年来伴随着经济全球化、信息网络化社会转型而缘起的,广泛体现在世界范围内各国公共部门改革而形成的新管治形态。其典型特征是,公共服务的供给从原先主要依靠层级化政府,愈发转向仰赖市场、准市场、伙伴关系和社会网络等渠道和机制;换言之,它表达了这样一种信念:政府应该借助其他机构和组织来舒缓其压力、实施其政策、建立管治模式。[③] 应当指出的是,现代治理的概念至今仍在动态发展中,尽管人们对其的理解存在一定的分歧,但人们在有关治理的主体多元化、手段多样化、过程的互动性以及总目标的公共利益最大化等内涵特征的认识上还是拥有共识的。[④]

简要回顾历史可以发现,现代治理理念在近三十年的发展脉络中经历过两波变革潮流:首先"新公共管理"(New Public Management)运动乃是第一波变革,在此之后,公共部门改革开始更强调建立"网络"和"伙伴关系"(Networks and partnerships)、倡导"公共服务"和"社会融合"的价值目标,这就形成了一种"联合治理"(joined-up governance)的理念。[⑤] 所以,在一定程度上,治理是在全球化及民主化语境下形成的一种创新的管理范式,是一个高级的民主化的管理形态。近三十年来,世界公共部门管理转型的基本趋势,就是分权、参与、多中心的网络化公共管理、公共政策以及公共服务体系的逐渐形成壮大。[⑥]

作为公共部门的重要组成,教育领域也经历了一个从"管理"走向"治理"的转型过程,而其基本背景,正是复杂社会情境下教育系统日趋复杂化的趋势。OECD在一份名为《复杂世界的教育治理》(Governing Education in A Complex World)的

---

① Bevir, M. ed. *Encyclopedia of Governance(Ⅰ)*. SAGE, 2010:pp360 - 380.

② Bevir & Rhodes (2003), *Searching for civil society:changing patterns of governance in Britain*. Public Administration. 81(1):41 - 62.

③ Bevir, M. ed. *Encyclopedia of Governance(Ⅰ)*. SAGE, 2010:pp360 - 380.

④ 范国睿:"教育管办评分离改革:理论假设与实践路径",《教育科学研究》2017 年第 5 期。

⑤ Bevir, M. ed. *Encyclopedia of Governance(Ⅰ)*. SAGE, 2010:pp360 - 380.

⑥ 鲍勃·杰索普:"治理的兴起及其失败的风险:以经济发展为例的论述",《国际社会科学杂志(中文版)》1999 年第 1 期。

报告中,将这种"复杂性"概括为四个方面:一是其包含地方、区域、国家和世界的多层次体系,这为教育的联合行动带来巨大挑战;二是由于社会人口结构以及相应的价值系统和身份认同的多样化,给教育的社会凝聚功能带来巨大挑战;三是多样化的教育利益相关者越来越积极主动地表达对于个体家庭乃至教育系统的诉求,正极大考验着既有教育系统的有效回应能力;四是教育系统内部知识生产的特殊性和复杂性,集中表现在每个人都可以基于自身的身份、相应的教育期待和经验感触对于什么是好的教育、何为有效的教育方法存有一己之见,而这些强有力的先验性教育信念(priori beliefs)并不完全是基于实证研究的,由此导致教育场域话语模式的多元并立、争议不断、莫衷一是。[1] 除此以外,教育所嵌植的社会环境不断变迁,教育改革成效对于时间的需求与人们的耐心和期待难以匹配,教育改革的运行过程中不免又会衍生出新的情形,所有这些都进一步加剧了教育决策者需要应对挑战的复杂程度。[2]

面对教育世界的复杂挑战,传统的公共教育治理模式已经显得不合时宜,新的治理模式已然呼之欲出。与前述公共部门治理转型的总体趋势相一致,现代教育治理变迁的总方向,也在逐渐摆脱传统由政府单向度主导的治理模式,向一种不同利益相关者基于共同利益的共同治理模式靠近。[3] 换言之,就是由国家机关、社会组织、利益群体和公民个体,通过一定的制度安排进行合作互动,共同管理教育公共事务的过程。[4] 其本质在于现代教育管理的民主化与科学化的统一,其核心价值在于为追求和实现更好的教育、保证教育公益的最大化、实现教育中的"善治"。[5]

从全球视野来看,教育治理的新形态必将带来如下的变化[6]:第一,治理主体多元化。教育公共事务不仅仅由政府承担,大量非政府组织、社会中介组织、社会、家长、学校等都共同承担着教育公共事务治理的责任。多元共治的趋势已愈发明显。第二,治理结构从等级制向网络化转变。政府、学校和社会等主体形成

① Burns, T. & Köster, F. (2016). *Governing Education in a Complex World*. OECD, p. 22.
② 同上,p. 23.
③ 范国睿:"教育管办评分离改革:理论假设与实践路径",《教育科学研究》2017 年第 5 期。
④ 褚宏启:"教育治理:以共治求善治",《教育研究》2014 年第 10 期。
⑤ 褚宏启:"教育治理:以共治求善治",《教育研究》2014 年第 10 期;范国睿:"教育管办评分离改革:理论假设与实践路径",《教育科学研究》2017 年第 5 期。
⑥ 胡丽娟、严凌燕:"国际视野下的教育治理创新与发展动态",《教育发展研究》2015 年第 8 期。

一个多元化的网络联盟,引发的是权力的重新调整,新的角色分工,各方主体采取互动的方式,相互协作,共同参与,共同协调不同主体的价值追求和利益诉求,相互补充和统一。第三,治理方式从公私对立走向公私合作。越来越多的非营利性组织、私营企业加入到教育治理的团队中,为教育事业的发展提供技术支持、资金支持,以及政策指导。第四,治理手段从命令和控制向协商转变。教育治理更多地是强调各个主体之间的自愿平等合作。尽管上述趋势乃是全球教育治理发展的共性表现,但各国在从管理走向治理的过程中,所选择的模式、展现的生态仍然带有多样性和复杂性色彩。不同的经济形态、不同的政治体制、不同的社会文化所衍生的问题自然不同,教育治理体系和能力建设在参考和借鉴全球经验的同时,也必然需要根据本土的情境来设计创新和发展的机制。

二、问题与差距

OECD 的报告指出,复杂世界中的教育治理给各国带来的共同挑战集中体现在三个方面,即如何在"问责体制"(accountability)、"能力建设"(capacity building)以及"战略思考"(strategic thinking)方面突破原有藩篱,构建新的体系。而上述治理框架的重构,又毫无疑问是与人的因素及相互关系(尤其是"信任")的重建密切相关。①

具体而言,首先,如何建立适应不同国家和所在地情境的问责机制并无统一答案。尽管各国教育治理改革的总体趋势,表现为在基于政府层级管理的"纵向问责"和基于市场以及社会公众参与的"横向问责"之间求取平衡,需要清晰界定参与教育治理的主体职责,不断提升各主体的参与能力,同时学校需要尽可能开放吸纳各方的介入,但是研究显示这些机制的效能往往是含混不定的。②

其次,如何不断提升各方利益相关者参与教育治理的能力水平仍是有待探索和研究的议题。教育治理视野下的"能力建设",主要是指帮助处于不同层级的各方参与者有效获取相关的信息和知识,并在特定情境下实现教育改革期待的政策

---

① Burns, T. & Köster, F. (2016). *Governing Education in a Complex World*. OECD, p.24.
② 同上,p.26.

目标的过程和努力。它既包括纵向的上下层级之间的相互支持,也包含横向不同主体间的知识与经验共享;它既包括针对参与者个体的支持与帮扶,也囊括组织、系统以及社会层面的增能行动。在当前尤为强调基于证据的决策和治理背景下,数据信息(data)在教育治理中的角色和作用显得更为紧要,这也是能力建设需要重点关注的对象。为了有效避免教育治理中对于数据的"漏用""误用""滥用"等问题,能力建设需要着重考虑需要搜集什么数据,如何获取数据,怎样使用数据,是否有必要拓展大数据等关键问题。①

再次,如何在短期需求和长期的治理规划、政策设计和实施中求取平衡,极大考验着政府和决策者的战略思考力。对于变革的长远规划和对于系统的有效掌舵,呼唤着"智慧政府"(smarter state)或者"战略政府"(strategic state)的建立,这既需要整合富集在不同层次的知识信息并且增进有关各方的合作信任,同时,也需要设计能够维系长期战略性变革的机制举措以应对教育和社会系统中无时不在的要求快速变革的呼声。②

基于以上讨论,OECD"治理复杂教育系统"项目组(Governing Complex Educational System project)提出,复杂世界的教育治理并没有唯一适合的参照体系;系统整体取向的变革尤为关键;有效的教育治理注重能力构建、对话沟通以及利益共享者参与;即便在分权化的制度框架下,国家的参与对于发起和推动变革而言仍然必不可少;而相对于要实现教育治理的转型目标而言,如何转型的策略和路径等原则问题则显得更为重要。③

据此反观上海的情形,可以看到,上海的教育治理体系和能力建设已经具备相应的基础,在体制机制改革方面也实现了一系列突破,但在政府宏观管理、学校自主办学、社会参与治理和评价等方面,与世界教育治理的转型发展趋势还存在差距,相对于上海2035的建设目标,未来在治理体系和能力建设的诸多方面仍有待进一步健全和完善。打造更为高效、科学的现代教育治理体系,提升治理能力,需要直面现实挑战、回应解决一系列关键问题。

现代教育治理的价值与目标有待进一步明确,社会的教育需求还有待积极回

---

① Burns, T. & Köster, F. (2016). *Governing Education in a Complex World*. OECD, p. 27.
② Burns, T. & Köster, F. (2016). *Governing Education in a Complex World*. OECD, pp. 29 – 30.
③ 同上, p. 30.

应。不容忽视的是，当前上海的教育改革还存在着目标、成效与社会需求的相对脱节问题，人民在改革中体验到的获得感还不明显，多数市民群众对教育综合改革面向长远发展重大改革并不关心，只对涉及切身利益等事项密切关注。① 因此在凝练教育治理发展目标的过程中，需要进一步"接地气"，以关键问题和具体需求为导向，将教育治理的愿景和目标具体化，同时在各方利益相关者中间凝聚共识，增强人民群众对于长远目标的认同度。

现代教育治理的体系结构和运行机制需要进一步完善。目前的突出问题在于，一是在运行机制上，市区、政府和学校之间以及学校内部存在普遍存在"上热、中温、下冷"的改革动力逐层衰减现象；从横向改革配套上看，教育综合改革"单兵突进"现象客观存在，配套改革保障机制还没有跟进，跨部门的大合作与项目的整合性都有待改善；从内部教育治理体系看，政府、学校、社会三者之间权责关系尚未完全理顺，科学的"管办评"机制尚待健全。②

现代教育治理的能力层级和能效水平有待进一步提升。相对于治理结构和体系等框架性问题，治理能力的提升更是迫在眉睫，甚至于以上所提及的结构和机制问题，某种程度上都可以归因于参与各方治理能力不足。改革的推进遭遇"最后一公里"、政策实施出现"天花板"效应，反映出政策执行者在实施能力和获得支持上的相对不足；跨部门和机构的大规模有效合作的欠缺，反映出参与各方在改革共识的理解、对协同工作的投入，以及人际互助的信任等方面的能力都有待提升；第三方机构参与教育评价和监督的不充分，以及其专业性、权威性和公信力的不足，也都是能力建设乏力的具体表现。因而，如何提升教育治理专业知识的生产能力，提升各方运用知识参与治理实践的能力，提升各方共同参与和共建共享的协同能力，都是下一步需要重点予以解决的现实问题。

三、目标与思路

落实党的十九大有关精神，结合新近颁布的《上海市城市总体规划（2017—

---

① 丁晓东："新时代上海教育综合改革的思考"，http://mini. eastday. com/mobile/171105001451812. html(阅读时间：2018 年 4 月 2 日)。
② 丁晓东："新时代上海教育综合改革的思考"，http://mini. eastday. com/mobile/171105001451812. html(阅读时间：2018 年 4 月 2 日)。

2035)》，到 2035 年，上海要成为卓越的全球城市，令人向往的创新之城、人文之城、生态之城，具有世界影响力的社会主义现代化国际大都市。据此，相应的教育发展目标，也将集中体现为全面实现教育现代化，建成具有全球影响力的卓越、开放的教育之城；全面建成全民共享的终身教育体系，努力办好人民满意的教育。

据此，上海市在教育治理体系和能力建设方面的总体目标，集中体现为：

其一，坚持正确的价值导向，立足国情市情，积极探索建立与中国特色现代国家治理和上海卓越全球性城市治理目标相契合的教育治理原则，进一步凝练并形成符合上海大都市教育治理"法治""共治"和"善治"气韵的具体表达，形成各方对话沟通、汇聚共识、凝心聚力建设卓越全球城市教育治理体系的精神内核与方向引领。

其二，构建现代教育治理体系，理清不同参与主体之间的权力责任边界，进而对管办评等各关键环节牵涉的权力做出结构性调整。结合上海大都市教育发展的具体实际，在政府内部的央地、府际关系调整以及政府与社会权责关系的优化重构过程中，不断形成并优化新型的"政府—学校—社会"关系体系。①

其三，提升现代教育治理能力，为深化教育领域综合改革、推动系统性学校变革和持续性教育转型提供充沛动力。其中既包括教育官员、学校教育者、学生和家庭、其他利益相关者个体的专业智识和治理能力，还包括多元主体依托各种"合作伙伴关系"形成的组织整体所具备的"专业资本"，也就是相互信任、支持及合作解决问题的专业能力，一种蕴含于教育治理体系中的"集体能力"（collective capacity）。②

为实现以上教育治理体系和能力建设的目标，我们将参考和借鉴国际教育治理转型的关键命题和一般趋势，重点结合上海教育发展的具体情形和远景目标，形成如下发展思路。

首先，加强体系建设、优化机制设计、增强系统活力。坚持"上下联动"的基本导向，加强顶层设计，鼓励基层创新，激发政府、学校、社会各方面参与积极性和创造性。依托现行的"部—市共建合作机制"不断完善省级政府教育统筹机制，推动

---

① 范国睿："教育管办评分离改革：理论假设与实践路径"，《教育科学研究》2017 年第 5 期。

② Fullan, M. *All Systems Go: the Change Imperative for Whole System Reform*. Thousand Oaks: Corwin 2010: pp. 35 - 60.

政府决策科学化。建立健全"自上而下"的监督机制、"自下而上"的反馈机制、"上下联动"的沟通机制。建立有助于实现上海教育现代化各项发展目标的政—校—社主体结构,深化推进管办评、放管服改革,针对各级各类教育所面临的关键问题,明确各利益相关者的边界和权责清单,建立问题研究、方案设计、协商行动、成果共享的联盟,健全各方有效参与教育治理的法律、规章、政策和制度体系。整合政府、市场和社会网络等多种动员与协作机制,不断激发系统活力,打造广泛参与、权责明确、充满活力、运行规范、互惠共享的教育治理结构和模式。

其次,立足问题导向、结合战略导向,持续深化改革。教育改革与发展涉及千家万户的切身利益,教育改革给人民带来的获得感需要以热点与难点问题为抓手,敢啃"硬骨头",敢下"深水区",剖析症结、寻找对策,将教育治理建设从宏观框架的构想切实转化到具体问题的破解中去。眼下及未来,需牵住高考改革、均衡发展、职教、国际化等综改"牛鼻子",争取"一子落而满盘活"。具体而言:一是优化完善高考综合改革,总结试点经验,优化操作细节,扩大对人才培养的正向引导作用。二是促进基础教育高位均衡,为每一个孩子的健康、快乐、全面发展奠定坚实基础。三是规范义务教育秩序,分步规范教育培训市场秩序、规范民办学校办学秩序、规范义务教育学校内部教学秩序。四是持续深化高等教育、职业教育内涵发展,加快改革高素质应用技术型人才培养模式,多途径引导高校分类发展、办出一流水平。五是主动参与全球教育服务贸易,支持推进中外合作办学,推动"一带一路"教育对外开放。①

第三,注重研究支撑、着眼实践应用,强化能力建设。在教育治理体系建设的同时,更注重治理能力的建设。② 教育治理能力可以理解为参与治理的主体在教育治理实践的过程中应具备的各项专业能力与合作共事的能力。为此,教育系统的能力建设和能量提升,可以从以下三方面切入。一是要提升教育治理专业知识的生产能力。积极推动跨部门教育知识生产共同体的形成,推进以数据和证据为基础的研究范式转型,促进先进教育理念、科学教育知识和有效教育经验的传播与共享。二是要提升各方运用知识参与治理实践的能力。全面提升政府科学管

① 丁晓东:"新时代上海教育综合改革的思考",http://mini. eastday. com/mobile/171105001451812. html(阅读时间:2018 年 4 月 2 日)。
② 2013 年 11 月 2 日,习近平总书记在十八届三中全会第二次全体会议上的讲话。

理和民主决策、学校依法自主办学、社会参与监督评价的质量与效能。三是提升各主体共建共享的协同能力。通过优化权力的配置,畅通理性协商和对话的渠道,培育各方之间的信任关系和各自的角色认同,强化对于教育治理共同体的卷入感和归属感,确保集体行动和公共治理的制度化。

四、任务与举措

未来的上海教育,定位于助推和引领上海卓越全球城市的建设,立足于促进每一个人个性、全人和终身发展本真价值的复归,着眼于通过教育实现人民过上美好生活的远景。为此,需要从以下几个方面的任务着手,采取有针对性的举措策略,构建与新时代理念及卓越全球城市气韵相契合、能够为具有全球竞争力的卓越人才培养和发展提供有力支撑的教育治理体系。

(一) 着眼"善治"目标,完善地方教育治理的法律框架

在积极落实好已有法律对于"受教育者"基本权益的确认和保障的前提下,积极研究并制定以"学习者"权益保障为核心,适应上海全球性城市建设和学习型社会构建实际、促进无边界学习发生和发展的法律体系。努力在法律上确保每一个学习者在学习机会获取、学习资源享有、学习能力提升等方面的基本权益,明确政府及社会各方面主体所应当承担的法律责任,主动而稳妥地梳理并逐步扫清现行的各部教育法律文本中有碍无边界学习的相关规定,使学习者的正式学习与非正式学习、专业学习与跨界学习、深度学习与终身学习、个体学习与社会学习的行为不受时间、空间和制度等客观条件的制约。

(二) 立足"效率"原则,优化政府公共管理与服务质量

重塑适应全球城市教育发展的政府职能,改进政府的教育管理方式,减少行政对于办学的干扰,进一步促进管办评的有效分离,提升政府综合运用法律规则、标准与问责、信息服务等现代治理手段,推动教育改革发展的能力和水平。继续坚持放管服相结合,深化简政放权、放管结合、优化服务改革,把该放的权力坚决放下去,把该管的事项切实管住管好,加强事中事后监管,构建政府、学校、社会之间的新型关系。强化政府在创设制度环境、优化资源配置、提供支持服务、加强督导问责等方面的职能。进一步推动服务型政府建设,强化服务理念、明确服务内

容、提升服务质量,提升教育服务的专业化与便捷化水平。

（三）依托"合作"机制,聚通全社会参与教育治理的合力

建立有助于激发社会活力的政—校—社主体结构,针对各级各类教育所面临的关键问题,明确各利益相关者的边界和权责清单,建立问题研究、方案设计、协商行动、成果共享的联盟,健全各方有效参与教育治理的法律、规章、政策和制度体系。整合政府、市场和社会网络等多种动员与协作机制,努力打造广泛参与、权责明确、充满活力、灵活高效、运行规范、互惠共享的教育治理结构和格局。进一步完善社会参与教育决策的机制,提升各级教育决策过程中的公众参与水平,通过常态化教育舆情调查,及时将热点问题吸纳入决策议程。健全和优化社会参与教育评价和监管的机制,大力培育第三方专业教育服务机构。探索建立向高资质、高信誉的专业教育服务机构购买学校管理、研究咨询、教育考试和鉴定、教育质量监测评价、课程资源供给等服务的机制。建立并优化社会参与学校办学和管理的机制。鼓励开放办学,努力形成家、校、社以及用人单位、行业协会、基金会和公益组织等共同参与学校教育治理的局面。改善家校关系,促进良性的家校互动,发挥育人合力。创新学校理事会和家长委员会组织机制,增加学校治理透明度。提升社区参与学校治理的程度,引导学校和社区形成互利互助的共建关系,实现基础教育的社区化治理,聚通社会和社区的教育合力。积极探索混合所有制办学,鼓励和吸引社会力量以多种方式参与办学。支持培育新型教育业态,鼓励发展互联网形态新型学校,推进办学主体和发展模式的多样化。

（四）强化"能力"建设,提升各方参与者的教育治理效能

努力促进现代教育治理各层次、各方面参与主体专业能力的不断提高,从而激发教育治理体系的活力,提升系统效能。一是要提升教育治理专业知识的生产能力。大力推动高水平教育智库的建设,为无边界学习及相应的教育治理体系的建设提供卓越的智力支持;积极推动跨部门教育知识生产共同体的形成,推进以数据和证据为基础的研究范式转型,促进先进教育理念和科学教育知识的传播与共享。二是要提升各方运用知识参与治理实践的能力。全面提升政府科学管理和民主决策、学校依法自主办学、社会参与监督评价的质量与效能。三是提升各主体参与、共建共享的协同能力。通过优化权力的配置,畅通理性协商和对话的渠道,培育多方信任关系和各自的角色认同,强化对于教育治理共同体的卷入感和归属感,确保集体行动和公共治理的制度化。

(五)坚持"问题"导向,在破解难题的过程中提升治理水平

围绕当前全球教育改革、我国教育特别是上海教育改革与发展中遇到的关键问题、热点问题与难点问题,借助治理的视角和方式展开教育创新和协同攻关,通过具体而真实的问题解决过程,将教育治理体系和能力建设的目标加以落实。

从课程、教学和学习的互动关系入手,探索如何基于"核心素养"和"关键能力"的课程设计理念,积极探索适应不确定社会和复杂性情境的课程教学形态,提升课程与教学对个体学习者的支持与适应性,兼顾"共同知识与素养"和"个性天赋与潜能"的培养,进一步增强课程的选择性与学习的个性化程度,为人人能学习、无时无处不学习的泛在学习奠定可靠的课程教学政策支撑。

继续探索以新高考改革为核心引领教育评价和人才选拔政策的持续优化。合理参照国际考试评鉴研究的前沿成果和实践的有效经验,结合上海和我国的实际,不断改进高考评价和选拔的技术水平,提升评价和甄别的有效性和可靠性,降低高考改革潜在的技术风险和社会风险。充分发挥考试评价改革对教育系统变革的良性激励作用,借考试评价制度的变革为基础教育的改革与创新释放更多的可为空间。提升中小学学业绿色评价模式的科学化水平,探索借助新技术手段对学习者的深度体验、学习痕迹和个性发展程度进行精准表征和测评,为学习者的深度学习和有效学习提供支持。

继续大力推进教育公平制度体系的完善,减少教育和学习机会在学习起点和过程中的非均衡配置、消除学校教育中非正义的教学模式和制度安排,努力遏制因教育资源和机会分配不公而导致的不同群体教育结果差距持续扩大的趋势。为此,要实施惠及全民的公平教育,建成以义务教育为核心、涵盖学前教育和高中阶段教育的、覆盖城乡的基本公共教育服务体系,完善进城务工人员随迁子女、家庭经济困难学生和残疾学生的"精准资助"保障体系,逐步实现基本公共教育服务的一体化和均等化,持续推动教育优质均衡发展配套政策体系的完善,基本建成服务全民的教育信息与资源共享平台,为人人参与无边界学习创设透明和公平的政策环境。

探索构建与未来学校建设及全球教育中心相适应的教育财政制度。坚持兼顾公平、效率与充足的财政原则,创新教育投融资机制,优化教育转移支付政策,不断提升财政资源优化配置的水平与成效。落实《民办教育促进法》，优化其实施细则，参照国际经验和本地实际情况，科学测定政府与社会教育投入的合理比例，在确保政府教育投入的前提下，充分激发和调动社会各界投资教育事业改革和创新发展的积极性，鼓励并支持个人、企业、基金会及其他社会机构以各种形式投资各级各类教育的行为。进一步优化公共财政在教育系统内各级各类教育间的配置结构，构建和完善城乡一体化财政保障机制，优化科学测算的财政转移支付制度，提升经费使用和管理的有效性和规范性，加强经费的绩效考核，确保财政资源能够为各类教育发展和人才成长提供支持，确保城市在未来的发展中立于不败之地。

探索如何深度参与全球教育治理、提升上海服务全球教育融通与创新的能力。积极参与国际组织重大教育行动，充分挖掘提炼中国和上海教育的成功经验，深度参与国际教育规则、标准、评价体系的研制，不断开拓与国际组织的教育合作方式，积极为国际组织提供人才支持，广泛吸纳国际组织及其二级机构落户上海，扩大对发展中国家的教育援助。努力为环太平洋和一带一路国家和地区创设更为开放、便捷和高效的教育咨询、资源、人才集聚与交换的平台，成为全球教育理念与制度创新、模式和方法创新的策源地、孵化地。努力跻身国际教育"领跑者"行列，为全球教育的发展发挥更有建设性的引领作用。

（六）再造"文化"氛围，为卓越教育治理提供社会意识支撑

重塑人们关于"学习"和"学校"的常识，在更深层次上推动学习与学校的革命性变革。通过各种形式和渠道的文化启蒙与宣传教育活动，改变人们对于"学习"和"世俗成功"之间关联的狭隘认知，让学习和教育回归本真价值，以每个人的全面发展、个性发展、终身发展为根本落脚点，以个人福祉和公共福祉的增益为价值归宿，改变人们对于现行学校教育形态的"刻板印象"，逐步打破以学校、教材、教师、教室为中心的教育格局，积极推动学校物理空间的转型，构造以学习者为中心的课堂和学校物理空间布局；积极树立数字化教育形态的新典范，选取能够体现"更加开放的课堂与学校、更加融合的知识与技术、更加和谐的人与技术的关系、更加注重人的创造力的开发"的教育和学习载体，以此为突破口，改变教育者、学习者以及其他利益相关者对教育和学习的陈旧认识，为无边界学习的理念与实践的运行奠定观念基础。在基于信息技术开创全新学习形态和学校组织模式的同时,也应该引导教育者、学习者和其他社会成员对如何促进技术与人、技术与社会的和谐关系展开批判性思考,在引导社会成员应对潜在的社会新形态与新模式的过程中,避免滑向技术方案主义的另一个极端。

打通教育和就业两方面的政策关联,支持无边界学习、人的全面和终身发展,营造人人皆可成功的社会氛围和政策环境。在各级各类教育内部实行更为有效和完备的生涯教育和创新创业教育政策,在基础教育阶段全面普及职业探索与生涯规划教育课程,大力支持政府、学校、家庭和社会建立多方协作机制,为学生早期的生涯教育提供充分而适宜的学习机会和辅导。在职业教育和高等教育阶段,探索建立创新创业导向的人才培养机制,完善产学研用的协同育人模式。进一步促进创新创业、就业指导等方面的课程与支持体系建设,为学生提供灵活的学程规划,满足个性发展和创新创业的需求;尝试突破现有学历学位制度和入职需求之间的刚性关联,在政府必要的监管下,积极探索基于市场和专业的学分认证制度,为学习和就业之间的转换提供弹性制度安排。积极与相关部门协调,制定和完善支持各类人才充分就业和创新创业的政策体系,提供充分的就业创业机会。在人才落户、人才资助、人才流动和人才评价等方面实施制度创新,为充分灵活的就业格局奠定基础。大力发展众创空间,加强人才创新创业服务体系建设,健全创新创业法治环境,优化人才生活环境和文化环境。

重振上海城市精神中的优良传统,挖掘其支撑无边界学习的新意义和价值。上海作为百年中国现代化发展的前沿阵地,作为改革开放的排头兵以及全球城市建设的探路者,逐渐形成了海纳百川、追求卓越、开明睿智、大气谦和的特色城市精神,迎接无边界学习时代的到来,更需要从这笔宝贵的精神财富中提炼有益元素,为无边界学习的核心理念的生根与壮大,提供适宜的文化土壤。为此,要通过多种途径和形式擦亮城市名片,努力进一步提升城市的开放度和包容性,延续城市文脉、彰显城市个性、提升海派文化的吸引力及其与无边界学习理念的兼容性。大力弘扬海纳百川、追求卓越、开明睿智、大气谦和的城市精神,培育鼓励创新、宽容失败的社会氛围,为无边界学习形态和制度体系的扎根,营造广阔的社会意识基础。

报告执笔人:董辉

第十三篇
师资队伍专题报告

第一部分　上海师资队伍的现状和未来需解决的问题

上海正在加快建设具有全球影响力的科创中心,上海也是新高考改革的两个先行试点省市之一,同时又是教育部"两校一市"教育综合改革的试验区。上海初中老师在教学国际调查(TALIS)中至少在 10 个指标上取得了"世界之最",全球知名的中英基础教育教师交流项目选择了上海师范大学作为启动地和实施地,中国大陆第一个区域性教师发展协作联盟也在上海成立了,联合国教科文组织 2017 年底在上海设立了教师教育中心。这些变革的方向和进一步发展的动力有赖于高水平、高质量的上海师资队伍。在师资队伍建设方面,上海已经做出了一系列的努力。

1989 年,上海建立了教师培训制度,之后逐步实施了"见习教师培训制度",并着重培养"讲台上的"优秀教师,开设有"上海市农村优秀青年教师专题研修班",确立了两百多所教师专业发展学校,这些教师专业发展学校对于教师专业发展、见习教师培训、师范生学习指导方面都很有成效。此外,上海还完善了"教师专业职务职称晋升体系",尤其是设置了中小学正高级教师职称并完善了评级标准,突破了中小幼教师职称评定的高原效应。同时,上海也已经实施了城乡教师交流制度,选派特级教师到市郊学校和乡村学校任教。这些举措关注了教师专业发展一体化、职业晋升、城乡教师均衡性等问题,由于这些举措的实施,上海已经形成了以校为本的教师教研制度,关注教师的实践智慧,也拥有了更加关注教师个体发展和激发教师改革自觉的意识。在城市发展与教育综合改革的双重变革背景下,上海的师资队伍建设呈现出了可喜的战绩,同时也正面临着一系列全新的问题。在未来的师资队伍建设中,要创新突破教育中深层次的瓶颈问题,从外延式发展向内涵式发展过渡,关注宏观政策与解决具体问题相结合。

要在国际教育坐标中确定上海位置,在师资队伍建设方面,上海亟需培养一批热爱教育、锐意革新,具备丰富理论知识与现实体验的预备教师,发掘一批具有丰富一线教学实践经验的领航者,留住一批奋斗一辈子、仍可发挥余热的老教师。所以,上海师资队伍建设要立足本土、放眼国际、脚踏实地、开拓创新,要完善高校、地方政府、中小学三位一体的协同育师机制。一方面,以政府为依托,引入国外先进的教师教育理念,并将上海教师培养和培训经验推向海外,发出中国声音,另一方面,要以学校或学校系统为载体,发掘和鉴定优秀教师,丰富优秀教师教学和管理经验,培养教师领导力,发挥教师的专业引领作用。

在教师培养方面,要立足教师教育培养机构,在当前强调在学科主导的预备教师培养模式下,相对深化大文大理的综合培养模式,拓展预备教师的知识面,提高其综合知识素养等,同时要更加注重需求导向的个性化、多样化培养,注重预备教师的个人魅力和教育境界与专业能力的提升。

未来需要探索建立多渠道招生制度。由于最近几年的上海中小学师资招聘市场上,不少学校早已向非师范生敞开大门。高水平大学非师范专业的毕业生,已经成了不少名校眼中的香饽饽。为此,要有"开源"招生意识。对生源的背景要求要更加开放,鼓励更多其他专业方向的优秀本科生进入教师教育学院学习;同时,可以尝试引进其他行业的从业人员进入教师队伍之中,他们可以作为兼职教师、短期教师或长期教师。

未来需要探索提升教师培养层次。信息化、人工智能等技术的冲击使得教师职业必须升级,这就要求教师培养层次也应该得到相适应的提升。未来可以实验探索小学教师本科化、初中教师硕士化、高中教师博士化,要逐步实现这样的设想,未来就需要继续实施卓越教师培养计划,扩大教育硕士招生规模,培养高层次、高学历的中小学教师;也可以试点设立教育专业博士点,招收有志于从事教育的不同学科背景的优秀硕士,在接受过教育科学的专业训练后进入基础教育领域。

在教师培训方面,下一步需要关注解决发生在教师身边的具体问题,注重提升针对性、科学性和适用性,比如,针对性地解决入职第一年新教师(the first year teacher)的职业适应问题和多方人际关系处理问题以及教育理念与教育现实的兼容问题,全纳教室中教师如何面对特殊学生的问题等。

总之,上海师资队伍建设的最终目的是要培养出具有坚定的教育信仰、高阶位的国际视野、回归本土的改革意识、"多"专多能、具有个人魅力的上海卓越教师队伍,鼓励和支持他们勇于研究、聚焦一些学术新问题,让他们在今后的教学改革、课程改革和学校文化改革,以及适应未来社会发展所需要的学科核心素养、人才培养培育方面,主动破冰,做出创新性的探索,发挥示范引领作用。

第二部分　上海师资队伍建设的参考方向

一、培养多角色融合的智能时代教师

(一) 面向未来的、目标取向的学习观决定教师角色变革

到 2035 年,凡是能够促成学习的环境都是学校,交互作用、深度链接的媒介环境和大量的学习型游戏及未来导向的知识生成观,目标导向的学习观将使得那时的学生有不同认知技能和风格,这时候的教师就要教的不同,也就是教的内容不同,教的方法不同,教的形式不同,教的手段不同。2035 年教育要学习过去的学术知识,更重要的是要学习在互动中生成的知识,这就要求教师的教要超越课堂,引导学生在情境中学习,在无围墙的世界中学习。让学生的知识生成于行动中,生成于与世界的互动中,生成于与师生互动中,生成于与不同教师之间的互动中。这就要求,要变教室里的教师为共同世界中的教师,连接不同国家不同年龄的学生,变小范围共享课堂为大范围共享课堂,让知识在世界共享中实现共生,在"世界网"的沟通中实现群体知识的增长,实现从个人智慧到群体智慧的智慧生成。

(二) 以学生为中心的定制化学习需求决定教师角色变革

智能时代的学生仍旧是教育的中心,此时的学生是数字化一代,是屏幕一代,是人工智能时代的原住民。他们需要的教育已经不再是"教师菜单式"的供给式学习,而是"下订单式"的需求式学习。教师不再是课堂中的粉笔与讲课的主导

者,而是师生互动中的引导者。根据每一个学生的特定需求提供个性化的教育产品和服务,提供适宜每一个学生发展需要的个性化学习环境,让每一个学生在互动中体验到独特的经验及生成属于自己的知识。学生具备选择教师的权利,教师需要根据学生的需求提供相适宜的教育服务。教师需要面向"学生消费市场选择",在教育市场中评估自己,这就要求教师要具备创新、创业、创智的能力。

(三) 校内外及线上下无缝连接的学习催生教师新角色

计算机系统和人工智能充当虚拟导师,借助网络平台进行远程教育服务的学习支持模式;学生无处不在,学习无处不在,学习无时不在发生是智能形态;区域链、共享数据平台的增多使得教师作为信息提供者的角色发生变化,技术的创新和课程的创新将会从根本上改变教师的角色。教师必须要从工业时代的直线性的教育模式中的教师转变为智能时代的非直线性的教育模式中的教师。

智能时代以数字化为支撑的个性化、定制化、即时化、混合式的学习形态决定了教师不再是一言堂的演讲者,不再是被行政管理机构安置在教室机器中的螺丝钉,而是由学生决定要不要跟随的互动者。教学形态从一个人、一个实体讲台、一群相对同质的学生受众向许多人、许多实体与虚拟讲台、多元学生互动者转变,教师从固定教室中的布道者、演讲者、任务发布者和规训惩罚者,转变为学生学习的推动者、倾听者、合作者、组织者、架构者、孵化者、变革代言人、网络导航者、虚拟导师及学习者模型等新角色。

(四) 智能对教师流转能力提出新要求

学习边界可跨越的环境下,提高教师自身在边界之内、边界之间流转能力是智能得以实现的保障,也是教师流转的流畅性的保障。教师需要具备可流转的特性,其一是以教师知识流的流转为核心,指教师可以在同一时间教不同群体的学生学习,教学空间可以是线下课堂与线上课堂同时,教学对象可以是不同区域、不同肤色、不同国别的学生,教学方式可以是粉笔与演讲同在,也可以是人工智能与实践同在;其二是作为物质个体的教师的流转,指教师可以在不同的学习环境进行教学活动,在实体学习环境之间、虚拟学习环境之间、实体与虚拟学习环境之间、在制度化的学习环境与非制度化的学习环境之间。

教师流转可以发挥的作用,一是在在线的制度化的、正式化的学习环境中,教师充当网络另一端的学生的导师,或是传播知识,或是提供技术支持,或是提供心理帮助;二是在非制度化的、非正式化的学习环境中,导师将自己的课程放在网络上,或者对非特定的对象进行课程知识传播而作为"影响者""重要他人"而存在。

(五)智能时代的三种重要的教师新角色

1. 教师成为学习架构师

2035 的教师需要具备设计学习环境,规划学生学习的思维和行动的能力,那时候的学生可以自由地选择自己想要学习的知识,而人工智能和计算机算法的升级可以为学生以解决问题为出发点的主题检索式学习提供"菜单式"的资源单元,学生在线学习痕迹和数据记录会不断增多,而实体学习环境中的学习体验可能会弱化,这就需要教师以学习架构师的身份帮助学生可视化自己的学习数据,理性分析自己的学习路径,切实感受自己的学习体验,结合学生线上与线下的学习经验为学生的学习提供大方向的引导和具体学习思维与学习方法,为学生提供进一步学习的"指导套餐"服务。

在定制化学习的过程中,教师要利用网络技术、教育科学数据、移动互联平台等筛选、跟踪、分析学生的虚拟学习痕迹,同时运用个人教育教学知识、社会生存技能等观察、分析、挖掘学生在实体课堂中的表现及潜在需求,在综合虚拟数据与现实经验数据的基础上,教师为学生提供个性化的学习过程诊断、学习结果评价及学业规划方案。

2. 教师作为变革代言人

变革不仅仅是时代名词,更是教师的实践行动,作为教育要素的重要组成部分的教师必须具备面向未来的前瞻意识、面对变革的适应能力及面向学生未来而教的教学行动。这就成为了对教师的教育新诉求,要求教师角色发生变革。教师应该成为学校变革的代言人,应该在与学生发展相关的事件中有发声的意识和权利。作为变革代言人的教师需要在与学生交互作用的学习环境中,透析学生智能的内部动机、分析学生智能的外部表现、塑造学生智能的学习环境、提供学生智能的硬件资源和心智资源支持,最终成为促成学生的智能的意识先决者和行动推动者。创新创业型教师是变革代言人,创新创业型教师的本质是教师自身具备领导自我学习、开拓创新学习环境的能力。具体体现为,这些教师具备重启传统教室空间的能力,比如,可以利用教室内的一切资源甚至是看似无用的资源进行学习环境设计。

3. 教师必须是群体智慧的助产师

将个人智慧变成群体智慧，再生成知识，将会是未来知识学习的重要方式，而公共沟通是群体智慧生成的重要途径，共享成为学习的主题词，不仅仅是共享数据、信息，更是共享想法与智慧。多元化学生群体、多功能学习媒介、多体验学习空间等是教师将要面对的学习生态环境，这些为公共沟通提供了发生的环境。在这场公共沟通中，教师将变成群体智慧的助产师，引导学生将个人想法碰撞、融合、提炼，进而推动群体知识和群体智慧的生成。比如，教师帮助学生利用与学习目标相关的一切资源进行协助学习，帮助学生联结社区、他人及虚拟空间进行环境重构学习，帮助学生在与真实的情境的互动中生成智慧。

二、打造智能时代的未来教师队伍

尊重智能时代的教育规律、学习规律及教师成长规律，把促成学生的智能发展作为教师工作的出发点和落脚点，2035 年教育的主导价值观应该是全纳、包容、公平、优质，围绕促进教育公平、激发教育创新和提高教育质量，重点关注教师工作的薄弱环节，创新教师教育培养制度，变革教师培训制度，以师德建设和教师专业化为核心，加强教师队伍建设，为智能时代的教育变革提供强有力支撑。到 2035 年，形成一支师德高尚、高度专业、结构扁平、创新活力的高度专业化、异质化的教师队伍。

（一）研制教师资格认证新制度，建立未来教师储备库

1. 为学习专业化而教，以教学专业化为教师资格认证核心依据

教学专业化要建立在学生的学习专业化的基础上，2035 年的教师不仅仅是为学生而教，更重要的是要为学习而教。这就要求教师必须具备为了未来学生而教的教学专业化思维、教学思维及开放的教育思维，这些思维素养的养成需要教师自身具备智能时代意识及能力。在现有的教师资格认证内容中加入"智能时代指标""未来学习指数""创新性思维""创新性实践活动"等具体指标，要求想要获取教师资格证书的教师提交符合这些指标要求的材料及实践项目。

实施智能时代理念之下的教师资格证制度，设置双学科教师资格证、融合学科教师资格证。认证途径，一是沿用现有的教育行政部门考核认证制度，二是教

育部门批准的教育数据类企业根据申请人在线学习痕迹选拔候选人,再在此基础上,进行考核,合格之后,授予相关的教师资格证书。

2. 建设致力促成智能时代环境塑造的未来教师中心

在教育行政机构内部设置未来教师中心,在各级各类学校中建设未来教师中心,在没有足够的数字化资源及人力资源支持的学校则可以鼓励、支持教师自发的关于未来教师的行动。未来教师中心的成员必须是不同年龄阶段、不同性别、不同文化背景及不同兴趣的异质化群体。

在教师教育培养体系中设置"未来教师专项计划",在教师教育的招生中设计"未来教师计划",致力于培养可以适应智能时代且有能力促成学生适应智能时代的教师,可以在部分学校试点实施。在此基础上,以未来思维、学习思维、创新思维、个人技能、传播能力、变革能力、创生知识为核心,研制未来教师培养方案及课程体系。

(二) 培养融合学科教师,建立融合学科教师人才库

1. 教师教育体系的转型发展,以培养融合学科教师为核心

变革当前的教师教育学科结构,变现有的分科教师培养模式为"分科＋融合"的培养模式,采用"主导导师＋融合导师＋教育学导师"的三导师制度,主导导师是本学科的教师,融合导师是其他学科背景的教师,教育学导师是教育学学科背景的教师。比如,数学教育的预备教师在主导导师的指导下进行数学学科的理论知识、实践知识的传播;融合导师负责另外一门学科的理论知识、实践知识的传播;教育学导师负责对预备教师进行教学知识、教学技能、学生学业规划、学生发展指导等知识和技能的传授。

制定"融合学科教育人才发展指导方案",实施"融合学科教育人才培养计划",为师范院校及非师范院校的有志于做教师的学生在校期间提供"融合学科项目""全学科项目""双学科教师培养计划""未来教师领军人才计划"等有助于推动智能时代的行动方案,为有意愿、有潜力从事教育事业的学生提供先期体验的机会和智能时代的环境,让预备教师在校期间就可以享受与"未来同行"之间的共享学习体验,潜在地熏陶他们的智能时代意识。

2. 唤醒教师终身学习意识,引导教师不断跨界学习

随时随地、人人可学的时代给了教师终身学习的机会,跨界学习是终身学习的表现之一。教师的跨界学习一方面可以是在与教育教学相关的领域进行"界内

跨"学习,比如,基础教育阶段的教师可以发挥自己的专长在不同的学段、年级进行教学体验或其他的实践、师生角色互换体验、校长与教师角色互换体验;另一方面是教师可以在教育教学之外的行业进行学习,即"界外跨"学习,这样可以培养出具备多行业知识与技能的多面体型教师。

开办"教师跨界学习班",设立"教师跨界俱乐部"。举办"跨界之星"表彰大会,举办"师生互动会""回归童年""穿越时代与行业""跨行业对话"等主题类活动。师生互动类活动,让教师与学生在课堂之外发现对方的特长,在互动中学习;回归童年类活动,让教师参与儿童活动,回忆儿时行为,探索儿童心理,让教师从最纯真的儿童身上学习人类最初的探索与发现的欲望;穿越时代与行业类活动,可以参观博物馆、历史纪念馆、4D类体验场馆等,可以模拟、表现或再现其他时代或当代其他行业的从业者的工作情况。

(三) 淡化教师制度身份,建立独立教师社会流动站

1. 弹性化教师制度身份,让体制内教师有其他的角色实践机会

淡化公办学校教师制度身份。细化公办学校内部教师职责,保证专职教师与兼职教师同在,减少教师校内工作时间,让教师带领学生走出课堂、走向社区,同时允许教师在工作之外的时间尝试其他的角色;教师业余时间兼职工作合法化,在完成学校要求的教学任务及其他安排之后,体制内的中小学教师也可以在其他的机构或企业中从事工作。

鼓励实体学校中的教师参与在线教学或主题演讲,尤其是在跨国的在线教育平台上,这样一方面可以更广泛地传播自己的专业知识和技能,助力中国教育的国际影响力;另一方面可以使自己的教学成为"典型案例",从而在教师同行之间引发观摩和研讨,对其他教师的教育教学起到启发作用。

推动私立中小学学校教师与公办学校教师互换教学环境,让两个群体的教师在对方的环境中教学、学习和体验。2035 的教师的教学机会将依赖于学生的选择,教师处于被选择的地位,只有被学生选择,教师才有机会进行教学活动,这就需要教师具备竞争意识,私立学校中的教师由于其学校所处的环境较之于公办学校中的教师更具备竞争意识。

2. 独立教师身份法制化,发挥独立教师活跃学习形态的作用

教育部门要实施独立教师身份认证制度,实现独立教师资格合法化。那些离

开体制的教师和致力于做独立教师的持有教师资格证的毕业生,需要经过官方认证,认证合格,颁发"独立教师资格证书",才可以获得独立教师的身份和从业资格。独立教师可以拥有法人资格,可以经营教育相关的营利性和非营利性项目。

制定《独立教师法》《独立教师资格条例》,详细规定独立教师的认定程序、认定对象、资格审查、业务范围等,规范独立教师的从业行为与从业范围;设置独立教师社会流动站,开发独立教师数据库,在册登记独立教师,让教育消费者有选择的平台和资源,保证教育市场中独立教师的供给数量与质量。

(四) 升级教师培训制度,优化教师发展通道

1. 培训教师新角色,为教师角色变革提供支持

多样化教师培训内容,除却现有的对教师进行学科知识、教育学知识、教学技能、职业道德、团队建设等的培训之外,还要加强对教师需要承担的其他角色的培训,丰富教师培训项目,提供多样化的教师培训形式。比如,培训教师适应游戏与教育结合的游戏式学习。游戏与教育的结合使得教师要让学生在玩中学,需要对教师进行"玩"的培训,如何高级地玩、玩得有深度、玩得有教育意义、玩得有助于学生学习与发展。

设立在线教师培训专项计划,教育部门要联合新闻传播学专业、教育技术学专业及教育大数据公司等对教师进行在线教学培训。虚拟学校、在线课堂、直播课堂等要求教师具备镜头前的教学能力,这就需要对教师进行相关培训,如何在镜头面前表现,语言如何使用,语音及语速如何控制,如何在技术媒介中更高效地传播知识、更深度地探究问题等都应该成为教师培训的内容。

2. 设置多路径教师发展通道,优化教师进阶制度

分别设置双学科教师、融合学科教师、独立学科教师的职业发展通道,让不同的教师在不同的教学环境中实现生涯发展;扩展实体学校教师的晋升范围,开辟多渠道的教师晋升路径;教师可以"教而优则管",从教师岗位到管理岗位,也可以"教而优则升",在教师职业内部拓展自己的业务能力而实现晋升。树立能者为师的晋升观念,规避教师晋升中的年龄限制,能力突出就可以进阶发展。

将教师在教学之外的业务发展作为教师职业发展的参考,并赋予一定的权重。比如,一个获得攀岩类大奖的教师可以在教育教学相关的职业发展通道上晋升的时候被给予一定的赋值。此外,也可以设置"教师跨界之星"职业发展通道,

让教师在非教学岗位上也能得到晋升的发展机会。

(五) 更新教师评价制度, 纯净师德师风环境

1. 完善教师评价制度, 教师评价要以激发教师专业化发展为核心。

完善重视师德师风、知识生成、个人技能、学生智能时代环境构建、奉献感的教师评价标准, 以学生学习产出而非学术成就、教师教学专业化而非学科专业化作为教师评价的主要内容。

理性审视教师绩效工资制度的不足, 严禁简单运用学生学术成就进行教师评价。针对不同教师进行不同评价, 比如, 幼儿阶段教师需要付出更多的情感, 可以将情感评价加入评价系统中, 也可将教师在教学之外的业务发展作为教师职业发展的参考, 并赋予一定的权重。

探索实施以教师的直接教学对象, 即学习相关者评价为主的教师评价方法, 以学校、社会及政府为辅的评价管理方法, 引导教师潜心塑造适合学生智能时代的学习环境。

尽快研制在线教师评价方法。可以将课程内容的融合程度进行数据分析, 以此作为无边界教学评价的主要依据, 以其课程的传播率、点击率、贡献值、公众参与率、口碑、访客浏览时长等作为客观的评价参考数据。

2. 加强监督与管理师德师风建设, 防止出现边界流转带来的混乱。

多重角色的教师、体制内外的教师、独立教师、专职教师与兼职教师等可以实现流畅的边界渗透和边界跨越, 在此过程中可能会出现有损于师德师风的不文明事件。尤其是网络平台的低门槛、移动互联学习的便利使得通过微信、QQ 等即时通信软件进行直播教学的行为逐渐增多, 有必要对直播类课堂进行严格的监督和管理, 从而杜绝部分不合法及违背师德的行为。

加强在线教师自我监督和管理。最前沿的教育变革态势与传统思想相呼应, 为人师表的在线教师就必须用"慎独"的传统思想规范和约束自我在线教育教学行为, 注重网络传播课程的内容合法合理、传播方式干净可控、传播过程合法合规。

电信部门、网络管理部门、信息部门需加强对在线课堂的外部监督和管理。制定《在线教师行为准则》《直播课堂规范准则》等相关的法律法规, 利用在线网民的力量, 众筹公众监督力量, 为净化虚拟空间的教育教学行为提供强有力的管制

环境。

三、多样化教师教育培养以保证教师供给的灵活性

面向 2035 的教师教育要以变革为核心，让教师教育现场成为促进下一代学生创新的源头，让今日的教师教育现场呈现出想象中未来学生学习现场的样貌。让教师用拥抱变化的自信变革态度推动触摸未来的教师教育行动实践，以为迈向未来的教育提供高质量的教师预备军。

（一）两类培养目标

教师教育的直接目标是，让有计划成为教师的学生在完成教师教育培养项目之后，具备从事教育教学应该具备的知识储备和教育教学技能，可以直接在真实的课堂情境中进行教育教学。延伸目标是教师可以在具体的教育教学岗位中进行反思性实践活动，具备变通施教、创造课程、引领学生发展、自觉引导自我职业发展的能力。

（二）四种培养模式

国际组织、其他国家及我国对教师职业的最低学历学位要求均为本科毕业并获得学士学位，以下四种培养模式的设置是以学士学位的基本要求为基准的。

1. 同步培养模式

上学期间就有计划成为教师的学生，在攻读非教育类学士学位期间，同时修读教育学类相关课程，获得学士学位的同时获得本科层次的教师职业资格证书。

2. 连续培养模式

上学期间就有计划成为教师的学生，在获得非教育类学士学位之后，接受 2—3 年的硕士水平的教育学类课程，获得硕士层次的教师职业资格证书。或者，在获得硕士学位之后，在 3—4 年博士学位攻读期间有至少半年的时间进行教育学类课程学习，且在毕业一年内的现场教学中表现出合适的教学行为，考核合格后，方可获得博士层次的教师职业资格证书。

3. 异步培养模式

其他行业的已从业者转行想要从教的，最低要求是需要获得学士学位，满足该条件之后，通过申请参与经过国家批准认可的教师教育项目，考核合格之后，方

可获得教师职业资格证书,可申请参加的教师教育项目包括以大学为基础的教师教育、营利性教师教育项目、非营利性教师教育项目。

4. 进修培养模式

此种模式主要在于培训学科及教育教学新知识和新理论、社会及教育变革新要求及新态势,以及培训新教师角色,解决教师在日常工作中遇到的教育教学问题,给教师职业发展提供专业化的支持。

(三) 定向化和个性化的培养方案

培养方案制定的总原则是依需求提供个性化培养方案,进行定制化培养。因国家和地区建设需要不同,不同地区会产生不同的教师需求,教师教育项目需要迅速响应,制定满足特定需要的教师教育培养方案;因个人教育经历、成长经历不同,不同的教育申请者会有不同的诉求,教师教育需制定个性化的教师培养方案,可以是申请人自己提供方案,也可以是教师教育培养机构提供多种备选方案,方案调整要具备随时随需变动的灵活性。

1. 定向年级段培养

不同年级段的学生对知识、情感、技能等的需求不同,需要根据不同阶段学生的特点定段培养教师。比如,小学教师更重要的可能是教育,学科教学则弱;高中教师则学科教学要强。

针对 K-12 年级段进行预备教师培养,K-12 全段教师,幼儿阶段教师,小学全段教师,1—3 年级教师,4—6 年级教师,初中阶段教师,高中阶段教师;特殊阶段的教师培养,比如,6 年级,9 年级,12 年级过渡阶段教师培养;针对大学阶段的教师的培养。非教育学博士毕业生,均需要参与专门的教师教育项目并获得证书。

2. 定向学科培养

按照学科进行教师培养,主要包括三类:单学科教师、多学科教师、融合学科教师。

除了传统的语文、数学、英语等学科外,鼓励培养多学科教师或融合学科教师,可以是在教师教育项目中设置多学科或融合学科课程,也可以是在获得单学科职业资格证书之后再经过培训获得其他的学科职业资格证书。比如,语言方面的多学科教师,顺应国际化办学的趋势,专门培养双语、多语教师,培养熟悉掌握汉语普通话和其他国家语言的教师;顺应本土化、社区化的办学理论,也需要培养熟悉掌握地方方言和汉语普通话的教师。

融合学科教师可以将人为区隔的学科、内容、工具等进行融合,比如,技术融合教育的融合学科教师,是具备最大化利用网络技术进行教育教学的教师,可以直接使用技术、利用技术开发课程、利用技术与学生沟通、利用技术与其他教育相关者沟通,一方面可以提高个体的教学专业性,另一方面可以形成个人的数据痕迹,为教育大数据献力。

3. 依教学场所培养

技术融合教育催生了在线教师、虚拟教师、独立教师、前台教师、后台教师等新的教师样态,这就要求教师教育项目需根据预备教师未来所想要从事的教学现场的不同而进行针对性的培养。比如,在线教师在网络教学环境中需要被培养为具备上镜形象、媒介利用能力及媒介传播技能与技巧等素质和能力的教师;在图书馆、博物馆、科教场馆等场所工作的教师则需要具备流畅的沟通技能、准确的信息传递技能及精准高效的服务能力等。

(四) 理论与真实教学结合的培养过程

消除"老师只存在于课堂"这样的观念,预备教师成长过程均需要融合学科理论学习、教育教学经典理论与最新理论学习、教学技巧学习、学生心理学习、社区文化等。在教授导师、有经验的课堂导师的指导下体验和实践,进行实践性教学,在学期间就将理论学习与实践教学结合。

同步培养模式和连续培养模式下的预备教师需要经历1—2年的理论学习和模拟现场教学学习,成绩达标,考核合格之后,需在有经验的课堂教师的指导下进行至少1年的真实情境下的教学,成绩达到要求,并获得学位证书之后才可以获得教师职业资格证书。

转行培养模式下的预备教师,可以通过两种方式获得教师职业资格证书。一种是与前两种模式一致的长线培养模式,一种是可以参与为期半年、一年等时间不等的官方认可和就业市场认可的教师教育机构的培训并获得结业证书,参与为期1年的真实情境下的教学之后方可获得教师职业资格证书。

(五) 鼓励创建多样化的教师教育培养培训机构

以大学为基础的教师教育必须穿越学校的围墙,可以在机构内部设置预备教师成长中心,举办各种形式的交流、对话、协作活动;设置教学创新实验室,举办多形式的教学模拟,可以邀请社区内的孩子进入实验室,由教授 1 对 1 地进行实验室授课;在有经验的课堂教师的指导下,预备教师可以走进教学现场进行现场教学实践。

形成以大学为基础的与以社会机构为基础的教师教育机构相结合的供给方,以多样化的教师教育供给机构,丰富教师教育供给项目和课程内容;鼓励和支持创办以社会机构为基础的教师教育培训机构,支持开办包括营利性和非营利性教师教育培训机构,形式包括实体机构和在线机构。

两种教师教育运营机构都要保有强烈的市场敏感性,充分创造和挖掘教师教育市场的需求。一方面,坚持内容制胜的服务理念,施行"顶尖教师 + 运营团队"的教师教育服务模式;另一方面,向前延伸 K—12 阶段至学前,向后延伸至大学,摸索试验出 K—12 阶段教师教育服务模式以及大学教师教育的服务模式。

四、创新未来的教师人事管理制度

未来的教师人事管理的主要目的将是为在职教师释放其才华提供激励环境,为吸引、留住和培养优秀教师提供更加灵活和人性化的支持。

(一)创建以吸引优秀教师为核心的教师招聘制度

一方面,拓宽教师招聘的对象。吸引转行人员进入教师队伍。比如,拥有商业或公共管理经验的老师可以指导学生为应对人生中可能遇到的各种变化做好准备。鉴于老年化社会来临、当前的学制相对较长以及有生活阅历和经验的人应对顽皮儿童更有经验等,可以放宽甚至取消教师年龄限制。可以招聘退休人员进入适合的教育阶段,根据具体情况,可安排其担任兼职教师或辅导教师。

另一方面,多样化教师招聘渠道。除了常用的招聘方式,如校园现场招聘、网络招聘之外,学校系统也可以增加猎头招聘的使用率,委托第三方进行教师搜寻和招聘;教师面试方式方面,第一步必须明了其是否有志于从教,是否有爱教育、爱学生的仁爱之心和教育信仰。第二步直接进入课堂教学,让学生评分,分数达到学校要求。第三步审查背景及履历,符合要求即可。如果有申请者完成第一步和第二步,但是第三步部分条件不符合录用要求,如果不涉及重大问题则可以给予缓冲时间。

（二）建立以促进教师流动为中心的教师任用制度

增加教师职业内外流动的机会。一是增加教师职业内部人员的流动机会，在满足职业资格证条件下在不同的年级、区域、场所之间流动；二是增加教师职业与其他职业之间的流动机会，教师有机会去体验其他职业，其他职业人员也有条件体验教师职业。

树立能者为师的晋升观念，打破教师晋升中的年龄限制，能力突出就可以进阶发展。分别设置单学科教师、多学科教师或融合学科教师的职业发展通道，让不同的教师在不同的教学环境中实现生涯发展；扩展实体学校教师的晋升范围，开辟多渠道的教师晋升路径，教师可以"教而优则管"，从教师岗位到管理岗位，也可以"教而优则升"，在教师职业内部拓展自己的业务能力而实现晋升。

（三）开辟作为个体人的教师职业发展通道

教师教学专业化在提高教师职业地位方面的历史使命已基本达成，在新的历史时代，教师人事管理应该在强调拔高教师专业化的同时，不过度强调作为工具人的教师人事管理，而是走向关注教师作为有生命体验、有个人偏好、有理性限制的系统中的个体人角色。

关注教师生命价值和教学体验，关注作为整体人的教师所想与所需，比如，可以设置"教师跨界之星"职业发展通道，一个获得攀岩类大奖的教师可以在教育教学相关的职业发展通道上晋升的时候被给予一定的加权赋值，在教学工作中可以让该教师开发攀岩等课外活动特色课程或特色项目等，真正将教师个人兴趣与职业发展结合起来。

报告执笔人：周彬、郭晓琳

参考文献

【中文参考文献】

［1］泰勒：《课程与教学的基本原理》，罗康等译，北京：中国轻工业出版社 2008 年版。

［2］埃贡·G·库巴，伊冯娜·S·林肯著：《第四代评估》，秦霖等译，北京：中国人民大学出版社 2008 年版。

［3］丝奇雅·沙森：《全球城市》，周振华等译，上海：上海社会科学出版社 2001 年版。

［4］肖远军：《教育评价原理及应用》，浙江：浙江大学出版社 2004 年版。

［5］瞿葆奎主编，陈玉琨、赵永年选编：《教育学文集·第 16 卷·教育评价》，北京：人民教育出版社 1989 年版。

［6］陈玉琨：《教育评价学》，北京：人民教育出版社 1999 年版。

［7］钟启泉：《现代课程论》，上海：上海教育出版社 1989 年版。

［8］徐国庆：《职业教育课程论》，上海：华东师范大学出版社 2015 年版。

［9］刘春生，徐长发主编：《职业教育学》，北京：教育科学出版社 2002 年版。

［10］世界银行与国务院发展研究中心联合课题组著：《2030 年的中国：建设现代、和谐有创造力的社会》，北京：中国财政经济出版社 2013 年版。

［11］罗伯特·赫钦斯：《学习型社会》，林曾等译，北京：社会科学文献出版社 2017 年版。

［12］王辉耀：《人才战争》，北京：中信出版社 2009 年版。

［13］李佐军：《供给侧改革改什么？怎么改？》，北京：机械工业出版社 2016 年版。

［14］迈克尔·奥斯本，彼得·凯恩斯，杨进编：《学习型城市——发展包容、繁荣和可持续的城市社区》，苑大勇译，北京：教育科学出版社 2016 年版。

［15］诺曼·朗沃斯著：《学习型城市、学习型地区、学习型社区：终身学习与地方政府》，欧阳忠明等译，北京：中国人民大学出版社 2016 年版。

［16］中国教育发展战略学会全国学习型城市建设咨询指导小组，中国教育发展战略学会终身教育工作委员会主编：《中国学习型城市建设案例》（第一辑），北京：高等教育出版社 2013 年版。

［17］马仲良，吴晓川主编：《建设学习型城市》，北京：北京工业大学出版社 2008 年版。

［18］徐国庆：《职业教育原理》，上海：上海教育出版社 2007 年版。

［19］崔文霞：“国际大都市纽约的城市教育研究”，华东师范大学 2004 年硕士学位论文。

［20］闫东：“层级互动式教学模式及其在高中数学教学中的实践探索”，西南大学 2016 年博士学位论文。

［21］张军，徐力恒，刘芳：“鉴往知来：推测中国经济增长潜力与结构演变”，《世界经济》2016 年第 39 期。

［22］上海社会科学院世界经济研究所宏观分析组：“疲弱复苏的世界经济：新变量、新趋势与新周期——2017 年世界经济分析报告”，《世界经济研究》2017 年第 1 期。

［23］上海市统计局综合处课题组：“上海经济发展阶段特征及十三五经济增长动力研究”，

《调研世界》2015 年第 4 期。

[24] 李进，夏人青，严军，朱炎军："上海职业教育政策演变述论——基于 1980—2013 年文本的分析"，《教育发展研究》2017 年第 5 期。

[25] 胡丽娟，严凌燕："国际视野下的教育治理创新与发展动态"，《教育发展研究》2015 年第 8 期。

[26] 鲍勃·杰索普："治理的兴起及其失败的风险：以经济发展为例的论述"，《国际社会科学杂志(中文版)》1999 年第 1 期。

[27] 徐玲："国际教育指标体系的分析与思考"，《教育科学》2004 年第 2 期。

[28] 孙志麟："教育指标的概念模式"，《教育政策论坛》2000 年第 2 期。

[29] 李光，赵建英："终身教育视野下的员工职业生涯管理"，《职教论坛》2014 年第 15 期。

[30] 彭小虎："小学教师生涯发展需求满意度调查研究"，《教育研究与实验》2013 年第 3 期。

[31] 范国睿："教育管办评分离改革：理论假设与实践路径"，《教育科学研究》2017 年第 5 期。

[32] 和震："职业教育校企合作中的问题与促进政策分析"，《中国高教研究》2013 年第 1 期。

[33] 高宝立："高等职业院校的人文教育：理想与现实"，《教育研究》2007 年第 11 期。

[34] 吴青松："面向 2030 年职业教育发展中的挑战、问题及改革方向"，《教育与职业》2017 年第 11 期。

[35] 肖静："面向 2030 职业教育发展中的挑战与应对"，《教育与职业》2018 年第 1 期。

[36] 张秋华："论政府经济管理权的理性收缩——以有限政府理论为分析框架"，《东北师大学报(哲学社会科学版)》2015 年第 6 期。

[37] 李玉静："走向 2030：UNESCO 战略框架下全球职业教育发展趋势"，《现代教育管理》2017 年第 7 期。

[38] 徐桂庭："政府经济学视角下的职业教育资源配置方式的演进与思考"，《中国职业技术教育》2015 年第 27 期。

[39] 潘建华："制度架构下的职业教育发展研究论要"，《现代教育管理》2013 年第 9 期。

[40] 褚宏启："论教育发展方式的转变"，《教育研究》2011 年第 32 期。

[41] 褚宏启："中国教育发展方式的转变：路径选择与内生发展"，《华东师范大学学报(教育科学版)》2018 年第 36 期。

[42] 鲍勃·杰索普："治理的兴起及其失败的风险：以经济发展为例的论述"，《国际社会科学杂志(中文版)》1999 年第 1 期。

[43] 褚宏启："教育治理：以共治求善治"，《教育研究》2014 年第 10 期。

[44] 王直节，许正中："中德职业教育公共财政支持机制的比较研究"，《教育研究》2013 年第 6 期。

[45] 陈鹏，庞学光："培养完满的职业人——关于现代职业教育的理论构思"，《教育研究》2013 年第 34 期。

[46] 上海市统计局综合处课题组："上海经济发展阶段特征及十三五经济增长动力研究"，《调研世界》2015 年第 4 期。

[47] 彭正梅，郑太年，邓志伟："培养具有全球竞争力的中国人：基础教育人才培养模式的

国际比较",《全球教育展望》2016 年第 8 期。

[48] 孙其信:"担当发展使命提升创新能力",《中国高等教育》2016 年第 5 期。

[49] 马海倩,杨波:"上海迈向 2040 全球城市战略目标与功能框架研究",《上海城市规划》2014 年第 6 期。

[50] 汪怿:"我国亟待构建全球人才枢纽",《光明日报》,2016 年 3 月 1 日,第 16 版。

[51] 杨冬华:"浅析优化教育投入的路径",《教育导刊(上旬刊)》2012 年第 4 期。

[52] 全国人大科教文卫委员会调研组:"加大教育经费投入,保障教育事业发展",《求是》2011 年第 4 期。

[53] 曹培杰:"未来学校的兴起、挑战及发展趋势——基于'互联网＋'教育的学校结构性变革",《中国电化教育》2017 年第 7 期。

[54] 邬春芹:"西方发达国家促进幼小衔接的国际经验",《比较教育研究》2013 年第 2 期。

[55] 李敏谊,崔淑婧,刘颖:"近十年国外不同利益相关者对于幼小衔接问题看法的研究综述",《外国中小学教育》2010 年第 5 期。

[56] 张杰:"大学中学一起携手 共架人才培养桥梁",《上海教育》2013 年第 19 期。

[57] 共建"长三角教育综合改革试验区"课题组,薛明扬、沈健等:"推进长三角教育综合改革 实现区域教育联动发展",《教育发展研究》2012 年第 5 期。

[58] 纪宝成:"变革的时代呼唤宁静的校园",《教育》2008 年第 28 期。

[59] 权衡,李凌,刘芳等:"新常态与上海经济增长潜力研究",《科学发展》2016 年第 3 期。

[60] 周振华:"伦敦、纽约、东京经济转型的经验及其借鉴",《科学发展》2011 年第 10 期。

[61] 习近平:"做党和人民满意的好老师——同北京师范大学师生代表座谈时的讲话(2014 年 9 月 9 日)",《人民教育》2014 年第 19 期。

[62] 何勇,姜乾之,李凌:"未来 30 年全球城市人才流动与集聚的趋势预测",《中国人力资源开发》2015 年第 1 期。

[63] 苏洪雨:"伦敦教育现代化发展近况述评",《外国教育研究》2007 年第 4 期。

[64] 陆璟:"伦敦基础教育均衡发展的机制及其启示",《上海教育科研》2006 年第 1 期。

[65] 金保华,刘晓洁:"世界城市纽约高等教育的演进、特征及启示",《现代教育科学》2017 年第 6 期。

[66] 周京峤:"美国:纽约推出'3 岁及以上儿童免费学前教育计划'",《上海教育》2017 年第 29 期。

[67] 郤海霞,陈超:"城市与大学互动关系探讨——以纽约市与其高等教育系统的互动为例",《清华大学教育研究》2013 年第 1 期。

[68] 中国教育科学研究院高等教育研究中心:"'基本形成学习型社会'指标体系的实证研究",《教育研究》2012 年第 1 期。

[69] 朱新均:"学习型社会建设的理念、路径和对策",《现代远程教育研究》2011 年第 1 期。

[70] 谢浩:"学习型城市评价根据的国际比较研究",《开放学习研究》2017 年第 3 期。

[71] 徐小洲,孟莹,张敏:"学习型城市建设:国际组织的理念与行动反思",《教育研究》2014 年第 11 期。

[72] 邓莉,彭正梅:"通向 21 世纪技能的学习环境设计——美国《21 世纪学习环境路线图》述评",《开放教育研究》2016 年第 5 期。

[73] 邓莉,彭正梅:"面向未来的教学蓝图——美国《教学 2030》述评",《开放教育研究》

2017 年第 1 期。

[74] 刘世清,苏苗苗,胡美娜:"从重点/示范到多样化:普通高中发展的价值转型与政策选择",《华东师范大学学报(教育科学版)》2013 年第 1 期。

[75] 刘世清:"'科教合作:普通高中科技创新人才培养'研讨会综述",《教育发展研究》2010 年第 1 期。

[76] 毅茗:"多样化:普通高中发展的世界趋势,《红蕾·教育文摘旬刊》2011 年第 9 期。

[77] 郝天聪,石伟平:"就业导向,还是生涯导向?——职业教育发展两难抉择的破解之策",《教育科学》2017 年第 2 期。

[78] 南旭光:"多元共治:现代职业教育治理创新研究",《现代教育管理》2017 年第 3 期。

[79] "开创更有质量更高水平的教育对外开放新局面",《人民日报》,2016 年 4 月 30 日,第 1 版。

[80] 黄忠敬:"中国:补齐短板,迈向高等教育强国",《文汇报》,2017 年 8 月 18 日,第 6 版。

[81] 中国共产党第十八届中央委员会第五次全体会议,http://www. cnta. gov. cn/ztwz/zggcddsbjzywyhdlcqthy/wjhb/201612/t20161226_810454. html(阅读时间:2017 年 12 月 15 日)。

[82] 习近平:"习近平主席在联合国"教育第一"全球倡议行动一周年纪念活动上的视频贺词",人民日报,2013 年 9 月 27 日,第 3 版。

[83] 习近平:"习近平主席致清华大学苏世民学者项目启动的贺信",人民日报,2016 年 9 月 11 日,第 1 版。

[84] 习近平在参加十二届全国人大三次会议上海代表团审议时的讲话,http://politics. people. com. cn/n/2013/0305/c1001-20687148. html(阅读时间:2017 年 12 月 15 日)。

[85] 上海市教育委员会关于 2017 年本市特殊教育高中阶段学校考试招生工作的实施意见,沪教委基[2017]22 号,http://www. shanghai. gov. cn/nw2/nw2314/nw2319/nw12344/u26aw51473. html(阅读时间:2017 年 12 月 15 日)。

[86] 范国睿:"为上海高等教育治理现代化提供法律保障",http://news. ecnu. edu. cn/50/97/c1835a151703/page. htm(阅读时间:2017 年 12 月 15 日)。

[87] 上海市教育委员会:"上海教育对外开放"十三五"发展规划",http://www. shmbjy. org/item-detail. aspx? NewsID＝6942(阅读时间:2018 年 10 月 15 日)。

[88] 上海市统计局:"上海统计年鉴 2016",http://www. stats-sh. gov. cn/html/sjfb/201701/1000339. html(阅读时间:2017 年 12 月 15 日)。

[89] 教育部 2016 年教育统计数据,http://www. moe. edu. cn/s78/A03/moe_560/jytjsj_2016/2016_qg/201708/t20170823_311707. html(阅读时间:2017 年 12 月 15 日)。

[90] 人民网:"中央深改委首会,习近平如何谋划全面深改新阶段?",http://js. people. com. cn/n2/2018/0402/c360299-31410895. html(阅读时间:2017 年 12 月 15 日)。

[91] 陈宝生:"教育改革进入'全面施工内部装修阶段'",http://www. sohu. com/a/199210787_407299(阅读时间:2017 年 12 月 15 日)。

[92] 习近平:"习近平在中国共产党第十九次全国代表大会上的报告",http://cpc. people. com. cn/n1/2017/1028/c64094-29613660. html(阅读时间:2018 年 6 月 16 日)。

[93] "2017 年上海市教育工作年报",http://www. shmec. gov. cn/html/xxgk/201803/9042018001. php(阅读时间 2018 年 3 月 26 日)。

［94］ 丁晓东："新时代上海教育综合改革的思考"，http://baijiahao. baidu. com/s? id = 1588604790478130907&wfr = spider&for = pc(阅读时间：2017 年 12 月 15 日)。

［95］ 上海教育："关于编制和发布 2017 年度上海中等职业教育质量年度报告的通知"，http://www. shmec. gov. cn/html/xxgk/201711/403182017002. php(阅读时间：2017 年 12 月 15 日)。

［96］ 上海教育："上海市普通高等学校一览表"，http://www. shmec. gov. cn/web/glxx/listInfo. php? id＝27471(阅读时间：2017 年 12 月 15 日)。

［97］ 上海教育："关于 2018 年增设 25 个专业点开展中高职教育贯通培养模式试点工作的批复"，http://www. shmec. gov. cn/html/xxgk/201804/420042018002. php(阅读时间：2017 年 12 月 15 日)。

［98］ 上海教育："关于 2018 年增设 14 个专业点开展中等职业教育—应用本科专业贯通培养模式试点工作的批复"，http://www. shmec. gov. cn/html/xxgk/201804/420042018001. php(阅读时间：2017 年 12 月 15 日)。

［99］ 上海教育："关于开展 2018 年上海市学生职业体验日活动的通知"，http://www. shmec. gov. cn/html/xxgk/201803/403092018002. php(阅读时间：2017 年 12 月 15 日)。

［100］上海教育："上海市职业教育改革和发展'十三五'规划"，http://www. shmec. gov. cn/html/xxgk/201611/301132016008. php(阅读时间：2017 年 12 月 15 日)。

［101］上海政府："上海年鉴 2016"，http://www. shanghai. gov. cn/nw2/nw2314/nw24651/nw42131/nw42161/u21aw1231837. html(阅读时间：2017 年 12 月 15 日)。

［102］ 中国上海："上海城市规划 2017—2035"，http://www. shanghai. gov. cn/nw2/nw2314/nw32419/nw42806/index. html♯(阅读时间：2017 年 12 月 15 日)。

［103］上海统计局："2017 年上海统计年鉴"，http://www. stats-sh. gov. cn/(阅读时间：2017 年 12 月 15 日)。

［104］2017 年 3 月，浙江省印发《政府向社会力量购买学前教育服务实施方案》，http://www. moe. edu. cn/jyb_xwfb/s5147/201703/t20170301_297631. html(阅读时间：2017 年 12 月 15 日)。

［105］"上海城市总体规划(2017—2035)"，http://www. shanghai. gov. cn/nw2/nw2314/nw32419/nw42806/index. html(阅读时间：2017 年 12 月 15 日)。

［106］"上海城市总体规划(2016—2040)"，http://www. shanghai. gov. cn/nw2/nw2314/nw2319/nw12344/u26aw48617. html(阅读时间：2017 年 12 月 15 日)。

［107］中国教育学会：《中国教育改革发展二十年》，北京：北京师范大学出版社 1999 年版。

［108］中华人民共和国国家产权局：《2015 年专利统计年报》，http://www. sipo. gov. cn/tjxx/jianbao/index. htm(阅读时间：2017 年 12 月 15 日)。

［109］王元、王伟中、梁桂主编：《2014 中国创业投资年度研究报告数据》，北京：经济管理出版社 2015 年版。

［110］上海市教育委员会：《上海市职业教育改革和发展"十三五"规划》，http://www. shanghai. gov. cn/nw2/nw2314/nw2319/nw12344/u26aw49535. html(阅读时间：2017 年 12 月 15 日)。

［111］中华人民共和国国务院．《关于〈中国教育改革和发展纲要〉的实施意见》，http://old. moe. gov. cn//publicfiles/business/htmlfiles/moe/moe_177/200407/2483. html(阅读

时间：2017 年 12 月 15 日）。

[112] 2014 年《国务院关于加快发展现代职业教育的决定》，http://www. gov. cn/zhengce/content/2014-06/22/content_8901. htm(阅读时间：2017 年 12 月 15 日）。

[113] 国务院印发《新一代人工智能发展规划》，http://www. gov. cn/zhengce/content/2017-07/20/content_5211996. htm(阅读时间：2017 年 12 月 15 日）。

[114] 2015 年，教育部下发《关于深入推进教育管办评分离促进政府职能改变的若干意见》，http://old. moe. gov. cn//publicfiles/business/htmlfiles/moe/s7049/201505/186927. html(阅读时间：2017 年 12 月 15 日）。

[115] 2016 年，全国妇联联合教育部、中央文明办、民政部等九部：《关于指导推进家庭教育的五年规划（2016—2020 年)》，http://news. cctv. com/2016/11/14/ARTIAWTiU2XMVqZ5oovtvXTt161114. shtml(阅读时间：2017 年 12 月 15 日）。

[116] 2017 年 9 月，教育部印发了《中小学德育工作指南》，http://www. moe. edu. cn/srcsite/A06/s3325/201709/t20170904_313128. html(阅读时间：2017 年 12 月 15 日）。

[117] 2017 年 1 月，中共中央办公厅、国务院办公厅印发《关于实施中华优秀传统文化传承发展工程的意见》，http://www. gov. cn/zhengce/2017-01/25/content_5163472. htm(阅读时间：2017 年 12 月 15 日）。

[118] 上海市教育委员会、上海市残疾人联合会："关于加强特殊职业教育管理的实施意见"沪教委基［2017］11 号，http://www. shanghai. gov. cn/nw2/nw2314/nw2319/nw12344/u26aw51619. html(阅读时间：2017 年 12 月 15 日）。

[119] 上海市统计局："上海市 2010 年第六次全国人口普查主要数据公报"，http://www. stats. gov. cn/tjsj/tjgb/rkpcgb/dfrkpcgb/201202/t20120228_30403. html(阅读时间：2017 年 11 月 26 日）。

[120] 国家知识产权局："2015 年专利统计年报"，http://www. sipo. gov. cn/tjxx/jianbao/year2015/indexy. html(阅读时间：2017 年 11 月 26 日）。

[121] 国家统计局、科学技术部、财政部："2015 年全国科技经费投入统计公报"，http://www. stats. gov. cn/tjsj/zxfb/201611/t20161111_1427139. html(阅读时间：2017 年 11 月 26 日）。

[122] 清科研究中心："2014 年中国创业投资年度研究报告"，http://www. pedata. cn/(阅读时间：2017 年 11 月 26 日）。

[123] 《改变我们的世界——2030 年可持续发展议程》，http://genevese. mofcom. gov. cn/article/wjysj/201604/20160401295679. shtml(阅读时间 2018 年 10 月 16 日）。

[124] "习近平在同北京师范大学师生代表座谈时的讲话"，http://politics. people. com. cn/n/2014/0910/c70731-25629093. html(阅读时间 2018 年 10 月 17 日）。

[125] 陈子季："全面加强党对教育工作的领导——深入学习习近平总书记教育思想（十二)"，http://www. moe. gov. cn/jyb_xwfb/moe_2082/zl_2017n/2017_zl37/201710/t20171016_316341. html(阅读时间：2018 年 10 月 13 日）。

[126] "《上海市中长期教育改革和发展规划纲要(2010—2020 年)》"，http://old. moe. gov. cn//publicfiles/business/htmlfiles/moe/s4604/201010/110458. html（阅读时间：2018 年 10 月 15 日）。

[127] "《中华人民共和国国民经济和社会发展第十三个五年规划纲要》"，http://www.

xinhuanet. com/politics/2016lh/2016-03/17/c_1118366322. htm(阅读时间：2018 年 10 月 15 日)。

[128] "国务院关于印发国家教育事业发展'十三五'规划的通知", http://www. gov. cn/zhengce/content/2017-01/19/content_5161341. htm(阅读时间：2018 年 10 月 15 日)。

[129] "上海市人民政府关于印发《上海市教育改革和发展"十三五"规划》的通知", http://www. shdrc. gov. cn/fzgggz/sswgg/ggwbhwgwj/27706. htm(阅读时间：2018 年 10 月 15 日)。

[130] 徐飞："高等教育的深度国际化", http://edu. people. com. cn/n1/2016/1130/c1006-28912955. html(阅读时间：2018 年 10 月 15 日)。

[131] "教育部关于全面深化课程改革 落实立德树人根本任务的意见", http://old. moe. gov. cn/publicfiles/business/htmlfiles/moe/s7054/201404/167226. html(阅读时间：2018. 10. 15 日)。

[132] "上海高等教育布局结构与发展规划(2015—2030 年)", http://www. shanghai. gov. cn/nw2/nw2314/nw2319/nw12344/u26aw45954. html(阅读时间：2018 年 10 月 15 日)。

[133] 习近平："中国将努力发展全民教育、终身教育", http://politics. people. com. cn/n/2013/0926/c1024-23047714. html(阅读时间：2018 年 10 月 15 日)。

[134] "全球科技创新中心：上海下一站", http://sh. people. com. cn/n/2014/0925/c201504-22431729. html(阅读时间：2018 年 10 月 15 日)。

[135] "习近平主持召开十九届中央全面深化改革领导小组第一次会议强调，全面贯彻党的十九大精神 坚定不移将改革推向深入，审议通过《全面深化新时代教师队伍建设改革的意见》等", http://www. moe. edu. cn/jyb_xwfb/s6052/moe_838/201711/t20171121_319559. html(阅读时间：2018 年 10 月 15 日)。

[136] "习近平在省部级主要领导干部学习贯彻十八届三中全会精神全面深化改革专题研讨班开班式上的讲话", http://www. rmlt. com. cn/2014/0218/231641. shtml(阅读时间：2018 年 10 月 15 日)。

[137] "上海市人民政府关于本市推进供给侧结构性改革的意见", http://www. shanghai. gov. cn/nw2/nw2314/nw2319/nw2404/nw40924/nw40925/u26aw49669. html(阅读时间：2018 年 10 月 15 日)。

[138] 韩正："上海要当好新时代排头兵先行者", http://cpc. people. com. cn/19th/n1/2017/1020/c414305-29598858. html(阅读时间：2018 年 10 月 15 日)。

[139] "为建设世界科技强国而奋斗——在全国科技创新大会、两院院士大会、中国科协第九次全国代表大会上的讲话", http://www. xinhuanet. com//politics/2016-05/31/c_1118965169. htm(阅读时间：2018 年 10 月 15 日)。

[140] "2016 上海统计年鉴", http://www. stats-sh. gov. cn/html/sjfb/201701/1000339. html? pClassID＝664&ClassID＝665&MatterID＝56381(阅读时间：2018 年 10 月 15 日)。

[141] "现代职业教育体系建设规划(2014—2020 年)", http://old. moe. gov. cn/publicfiles/business/htmlfiles/moe/moe_630/201406/170737. html(阅读时间：2018 年 10 月 15 日)。

【英文参考文献】

[1] Fullan, M. (2010). *All Systems Go: the Change Imperative for Whole System Reform.* Thousand Oaks: Corwin, 35 - 60.

[2] Bevir, M. ed. (2010). *Encyclopedia of Governance(I).* SAGE, 360 - 380.

[3] Bauman, Z. (2010). *Liquid Times: Living in an Age of Uncertainty.* London: Polity.

[4] Siegel, D. J. (2010). *Organizing for social partnership: Higher education in Cross sector collaboration.* N. Y. : Routledge.

[5] Burns, T. &. Köster, F. (2016). *Governing Education in a Complex World.* OECD.

[6] Grint, K. (2010). *Leadership: A Very Short Introduction.* Oxford: Oxford University Press.

[7] Bevir &. Rhodes. (2003). Searching for civil society: changing patterns of governance in Britain. *Public Administration*, 81(1),41 - 62.

[8] Otis Dudley Duncan. (1969). *Toward social reporting: Next step.* New York: Russell Sage Foundation.

[9] OECD. (2011). *Quality framework and guidelines for OECD statistical activities.* Retrieved from: http://www. oecd. org/officialdocuments/publicdisplaydocumentpdf/? cote = std/qfs(2011)1&.doclanguage = en.

[10] Heinz Herbert Noll. (2004). *The European System of Social Indicators: A Tool for Welfare Measurement and Monitoring Social Change.* Hanse institute for advanced study. Delmenhorst.

[11] The Silicon Valley Institute for Regional Studies, "2016 Silicon Valley Index", Retrieved from: http://siliconvalleyindicators. org/data/.

[12] Berry,B. The Teacher Solutions 2030 Team. (2011). *Teaching 2030: What We Must Do for Our Students and Our Public Schools — Now and in the Future.* Teachers College, Columbia University.

[13] Brooks M. , Holmes B. (2014). *Learning 2030.* Waterloo Global Science Initiative.

[14] Brynjolfsson, E. , McAfee, A. (2014). *The Second Machine Age: Work, Progress, and Prosperity in a Time of Brilliant Technologies.* New York: W. W. Norton.

[15] Buck Institute for Education(2016). *What is Project Based Learning.* Retrieved from: . http://www. bie. org/about/what_is_pbl.

[16] OECD(2016). *What Influences Spending on Education?.* Education Indicators in Focus, OECD Publishing.

[17] Ducan A. , Wheeler T. (2015). Connecting the pieces to prepare America's schools for 21st century learning. Retrieved from: https://www. edsurge. com/news/2015-12-22-connecting-the-pieces-to-prepare-america-s-schools-for-21st-century-learning.

[18] Redecker C. , Leis M. et al. (2011). *The Future of Learning: Preparing for Change. Joint Research Centre*, European Commission, 34,77 - 81,81,33.

[19] Robinson J. P. , Winthrop R. , McGivney E. (2016). *Millions Learning: Scaling Up Quality Education in Developing Countries.* Center for Universal Education at

Brookings，28.

[20] Roland Berger Strategy Consultants. (2011). *Trend Compendium 2030*. Retrieved from：https：//espas. secure. europarl. europa. eu/orbis/sites/default/files/generated/document/en/Trendcompendium2030. pdf.

[21] Talwar R. , Hancock T. (2010). The shape of jobs to come：Possible new careers emerging from advances in science and technology (2010－2030). *Fast Future Research*.

[22] Thoman E. , Jolls T. (2006). *Literacy for the 21st Century：An Overview & Orientation Guide To Media Literacy Education*. Center for Media Literacy：8.

[23] Times Higher Education World University Rankings. (2015). Future perfect：What will universities look like in 2030? Retrieved from：https：//www. timeshighereducation. com/features/what-will-universities-look-like-in-2030-future-perfect.

[24] UNESCO. (2012). *EFA Global Monitoring Report：Youth and skills：Putting Education to Work*. UNESCO Publishing.

[25] National Intelligence Council. (2012). *Global Trends 2030：Alternative Worlds. Office of Director of National Intelligence*, USA.

[26] World Bank. (2012). *Finland：School Autonomy and Accountability*. SABER Country Report：2.

[27] World Innovation Summit for Education. (2014). 未来已经来临. Retrieved from：http：//open. 163. com/special/openclass/wisebook. html.

[28] European Commission. (2017). *Review of the 2006 Framework of Key Competences for Lifelong Learning*. European Union.

[29] European Strategy and Policy Analysis System(ESPAS). (2015). *Global Trends to 2030：Can the EU meet the challenges ahead?*. Luxembourg：Publications Office of the European Union.

[30] Finn Jr. C. E. (2010). *American Education in 2030*. 2010 Board of Trustees of the Leland Stanford Junior University.

[31] Foresight 2030(2013). What kind of Finland do we aspire to in 2030. Retrieved from：http：//tulevaisuus. 2030. fi/en/index. html.

[32] Frey C. B. , Osborne M. A. (2013). *The Future of Employment：How Susceptible are Jobs to Computerisation?*. Oxford Martin Programme on the Impacts of Future Technology.

[33] Lettvin E. , South J. , Stevens K. (2016). Idea to retire：Technology alone can improve student learning. Retrieved from：http：//brookings. edu/blogs/techtank/posts/2016/03/18-technology-improving-student-learning-south-stevens-lettvin.

[34] Moe, T. , Chubb, J. (2010). An interview with Terry Moe and John Chubb, Authors of liberating learning：Technology, politics and the future of American education. Retrieved from：http：//www. liberatinglearning. org/? page_id＝20.

[35] Secretary of State for Education and Skills. (2006). The government's response to the house of commons education and skills committee report：The schools white paper：High standards，better schools for all. Retrieved from：https：//assets. publishing.

service. gov. uk/government/uploads/system/uploads/attachment _ data/file/272249/6747. pdf.

[36] Statics of education educational needs in England. Retrieved from: http://www. edfes. gover. uk.

[37] Statics of education educational: class sizes and pupil reacher ratics in England. Retrieved from: http://www. dfes. gov. uk.

[38] Mayor of Lodon. (2014). Mayor of Lodon's Education Programme Delivery Plan Refresh 2014 - 2015. Retrieved from: http://www. lodon. gov. uk/sites/files/Mayor％20of％20Lodon％27s％20Education％20Programme％20Delivery％20Plan％20refresh％2014-2015_0. pdf.

[39] UK Department for Education. Pupil Absence In School In England: AutumnTerm 2013. Retrieved from: http://www. gov. uk/government/uploads/system/uploads/attachment_data/file/315569/SFR12_2014. pdf.

[40] Regional Profiles: Key Statics-Lodon(2012). Retrieved from: http://www. ons. gov. uk/ons/rel/regional-trends/region-and-country-profiles/key-statics-and-profiles-auguse-2012/key-statics-lodon-august-2012. html.

[41] Key Statics and Quick Statics for Local Authorites in the United Kingdom. Retrieved from: http://www. ons. gov. uk/ons/dcp171778_343047. pdf. 2013 - 12 - 4.

[42] Harris, R. (2005). Deriving Measures of Plant-Level Capital Stock in UK Manufacturing, 1973 - 2001. Retrieved from: http://www. defsgov. uk.

[43] World City World Knowledge. Retrieved from: http://www. lodon. gov. uk/mayor/economic_unit/.

[44] Data Management and Analysis Group. (2005). Statistics of Schools in Lodon: Key Facts 2001 - 2005. Retrieved from: http://www. defs. gov. uk.

[45] Revised GCSE Results Statics of Schools Lodon: Key Facts 2001 - 2005. Retrieved from: http://www. defs. gov. uk.

[46] The Board of Regents 2008 Progress Report on the Statewide Plan for High Education, 2004 - 2012. (2008). New York: New York State Education Department.

[47] Zukin, S. , Braslow, L. (2011). The life cycle of New York's creative districts: Refections on the unanticipated consequences of unplanned cultural zone. *City Culture and Society*, 9(2),131 - 140.

[48] New York University Uffice of Industrial Liaison. Technology Transfer at New York University. Retrieved from: http://www. med. nyu. edu/oil.

[49] UNESCO Institute for Lifelong Learning. *What is a Learning City*. Retrieved from: http://uil. unesco. org/lifelong-learning/learning-cities.

[50] OECD. (1992). City Strategies for Lifelong Learning: A CERI/OECD study prepared for the second congress on educating cities. *Gothenburg City Education Committee*, 26 - 32.

[51] U. S. Department of Education. (2012). Investing in America's Future: A Blueprint for Transforming Career and Technical Education. Retrieved from: http://www. ed.

gov/news/speeches/investing-americas-future-biueprint-transforming-career-and-technical-education.

[52] Dede, C. (2010). *Technological supports for acquiring 21st century skills*. In E. Baker, B. McG aw and P. Peterson(eds), International Encyclopedia of Education, 3rd Edition (Oxford, UK: Elsevier) Retrieved from: http://learingcenter. nsta. org/products/symposia _ seminars/iste/files/Technological _ Support _ for _ 21st Century _ Encyclo_dede. pdf.

[53] United States Department of Education Office of Special Education and Rehabilitatives Services. (2007). History: Twenty-Five years of progress in educating children with disabilities through IDEA. Retrieved from: http://www. ed. gov/policy/speced/leg/idea/history. pdf.

课题组人员

课题负责人：童世骏　华东师范大学党委书记

课题组组长：荀　渊　华东师范大学高等教育研究所

课题组成员：

姜　勇	郑楚楚	华东师范大学学前教育系
刘春玲	姚小雪	华东师范大学特殊教育系
刘世清		华东师范大学教育学系
吴战杰		华东师范大学教育技术系
陆素菊		华东师范大学职业与成人教育研究所
董　辉		华东师范大学教育管理系
彭正梅	邓　莉	华东师范大学国际与比较教育研究所
周　彬	郭晓琳	华东师范大学教师教育学院
侯定凯		华东师范大学终身教育研究院
崔海丽	秦一鸣	华东师范大学教育学系
刘信阳	梁昌猛	华东师范大学高等教育研究所
权　衡	周佳雯	上海市社科院世界经济研究所
周海旺	惠　竞	上海市社科院人口与发展研究所
殷德生	冯晓楠	华东师范大学经济与管理学部
黄忠敬	肖　驰	华东师范大学教育学系
杨小微		华东师范大学教育学系
朱益民		华东师范大学教育学系
郅庭瑾		华东师范大学国家教育宏观政策研究院
金　晨		华东师范大学国家教育宏观政策研究院